내 인생의
작가가 되기 위한

동화 창작
심리상담

강새로운 저

학지사

머리말

　동화의 결말이 대개 해피엔딩인 것처럼 누구나 행복을 꿈꾸며 삽니다. 그러나 개인적으로는 우리가 살아가는 중에 동화 속의 아름다운 결말과 같은 '해피엔딩'이란 없다고 생각합니다. 문자 그대로의 '행복하기만 한 엔딩'은 말이지요. 수능만 잘 치면, 이 학교에만 붙으면, 여기에 취직만 하면, 이것만 있으면, 이것만 잘하면 다 잘될 것 같은데, 행복해질 것 같은데 막상 그 순간이 지나고 나면 그렇게 행복하지만은 않습니다. 우리의 삶은 계속 이어지는데 행복은 순간적이고, 오래 지속되지 않습니다. 동화 속의 "그리고 오래오래 행복하게 살았답니다."는 현실적으로 보자면 '행복만으로 꽉 차 있다.'가 아니라 '좋은 일도 있고, 나쁜 일도 있었지만 대체로 행복했다.'라는 뜻을 담고 있을 겁니다. 죽음의 순간 그렇게 느낄 수 있다면 진정한 해피엔딩이라 할 수 있지 않을까요?

　우리는 종종 행복을 갈망하는 만큼 행복하지 않은 상태를 못 견디고, 나아가 타인의 행복과 비교하며 자신의 삶을 더 불행하게 여깁니다. 많은 내담자가 다음과 같이 이야기합니다. "왜 나만 이렇게 힘들고, 외롭고, 고통스러운가요?" 그 나름대로 노력해 보지만 상황은 크게 달라지지 않아 불행에서 헤어나올 수 없다고 합니다. 그래서 저는 요즘 들어 그런 생각을 합니다. 세상을 바꾸는 것도, 남을 바꾸는 것도 결코 쉽지 않은 일이라면 내 삶을 바라보는 기본값을 조금 바꾸어 보면 좋지 않을까 하고요. 고해(苦海)라고 하지요. 삶이란 고통의 바다와 같아서, 어머니의 뱃속에서 세상에 나오는 순간부터 삶의 고통도 시작됩니다. 그런데 삶이 곧 고통으로 가득한 것이라면, 반대로 이렇게 생각해 볼 수 있지 않을까요? 인생에서 크고 분명한 형태를 가진 좋은 것만이 행복이 아니라, 고통스럽지 않은 평범한 순간이 사실 모두 행복이라고 말이지요. 평범한 일상을 회복하고 유지하는 것부터 작은 행복을 찾아 나가다 보면 인생에서 행복의 총량이 불행의 총량을 훨씬 수월하게 넘어서게 될 것이라고 생각해 봅니다.

　우리는 삶의 지도도 나침반도 없기에 어디로 가는지도 모르고 인생을 항해합니다.

바다는 잔잔한 듯 보여도 언제나 파도치고 있습니다. 우리의 삶도 늘 그렇게 오르락 내리락하지요. 멀미도 나고, 짠 내 나는 바닷물도 튀고, 맑은 날과 흐린 날도 겪으면서 우리 마음도 같이 요동칩니다. 때로는 혼자, 때로는 주위의 배들과 함께. 그러다 가까이 있는 배와 부딪히기도 하고, 암초나 해일, 해적을 온몸으로 맞이하여 배가 뒤집히거나, 해류에 휩쓸려 길을 잃거나, 무풍지대에 갇혀 꼼짝 못하게 될 때도 있습니다.

그럴 때 항해를 계속 이어 가기 위해서는 새로운 바람, 새로운 동력, 새로운 의지, 주위의 도움 같은 것들이 필요합니다. 그렇기 때문에 항해를 시작하기에 앞서 배를 정비하고, 날씨를 살피고, 통신장비를 점검하며, 비상전력과 구명보트를 준비하여 미래를 대비해야 합니다. 조류와 날씨, 별자리를 읽는 법, 항해술이나 낚시, 생존 수영과 같은 기술도 익힐 필요가 있을 겁니다.

저는 심리상담의 역할이 이와 같다고 생각합니다. 상담의 시작은 종종 특정 요소를 중심으로 진행되지만, 결국 그 끝은 내담자가 스스로 인생의 방향을 결정하고 책임지는 온전한 존재가 되는 방향으로 나아가곤 합니다. 그렇기 때문에 이 책은 개개인의 세부적인 목표는 다를지라도 동화 창작 과정 또는 동화 속 상황에서 대부분 다음을 전제로 합니다.

- 신체적 · 심리적 · 정서적 · 인지적 · 사회적 발달과업을 달성한다.
- 필요한 상황에 적절한 사회적 기술을 사용한다.
- 신체적 · 정신적으로 자기조절을 경험한다.
- 좌절 인내력과 회복 탄력성을 기른다.
- 신뢰감과 안전감 회복 등 내적자원을 갖춘다.
- 자신의 문제와 욕구를 알아차리고 직면한다.
- 자신의 대처자원을 파악하고 스트레스와 문제 상황에 적절하게 대처한다.
- 부족한 자원을 제공하여 단점은 보완하고 강점을 개발하여 향상을 경험한다.
- 자신의 경험을 긍정적으로 통합함으로써 긍정적 자아와 긍정적 사고를 형성한다.
- 삶의 중심과 방향을 찾아 스스로 계획하고 실행한다.
- 스스로의 인생을 책임진다.
- 좋아하는 것을 찾고 향유한다.

● 자기 자신을 사랑하고 아끼며 잘 키워 나간다.

별다른 말을 하지 않아도 아이들은 동화를 쓰면서 이야기합니다. "에이~ 이거 제 얘기잖아요!" 스스로 이야기 속에서 자기서사를 찾아내는 모습이 대견하지요. 처음에는 쓰기 싫다고 툴툴거리던 아이도, 동화를 쓰기 시작한 뒤에는 부러 여기까지만 쓰고 쉬라고 하면 오히려 "왜요?" 하고 불퉁하게 대답합니다.

어른들은 풀어내고 싶은 이야기를 정해 오기도 하고, 어르신들은 몸을 뒤로 쑤욱 빼시며 "내는 몬 한다."거나 "희한하다." 하시면서도 막상 작업에 들어가면 돋보기를 올려 쓰며 색연필을 꾹꾹 눌러 그리시지요. 창작 작업에 몰입하는 내담자들의 모습을 보면 누구에게나 자기의 이야기를 스스로 써 나가고 싶은 갈망이 잠재해 있음을 느끼곤 합니다.

그러나 동화 창작이라고 하면 막연히 어렵게 여겨 쉽게 접근하지 못하는 경우가 많고, 일단 시작은 했으나 진행과 마무리를 어렵게 여기기도 합니다. 때문에 제가 자주 사용하는 심리상담을 위한 동화 창작 기법들을 정리하여 이 책을 출간하게 되었습니다.

0세부터 100세까지 동화를 즐기는 나이에 한계가 없듯이, 작가가 되는 데에도 한계는 없습니다. 누구나 작가가 될 수 있고, 누구나 자신의 인생을 스스로 써 내려갈 힘이 있음을 동화 창작을 통해 많은 내담자가 경험할 수 있기를 바랍니다.

끝으로, 『동화치료: 창조적 통합치료』에 이어 『내 인생의 작가가 되기 위한 동화 창작 심리상담』이 나올 수 있게 해 주신 학지사 김진환 사장님께 감사드립니다. 그리고 양치기 소년처럼 일정을 미루고 미룬 원고를 묵묵히 기다리고 잘 다듬어 주신 담당자님께도 감사의 마음을 전합니다.

세상의 모든 인생 작가들을 응원하며

강새로운

차례

제**1**장

심리상담과 동화 창작

심리상담과 동화 창작

　오늘날 동화는 문학의 한 갈래로 아동문학이라는 분류에 속해 있는데, 여기에 더해 최근에는 그림책 분야가 단순히 글과 그림의 조합에 그치는 것이 아니라 하나의 종합적인 예술 장르로 자리매김하면서 동화와 그림책이 각각의 영역을 구축하고 있다. 그리고 동화치료, 미술치료, 문학치료, 이야기치료, 독서치료 등 여러 심리상담 분야에서 동화와 그림책이 접목되고 있다.

　『동화치료: 창조적 통합치료』(강새로운, 2020c)에서는 동화치료의 접근법을 크게 동화 읽기와 연계활동, 동화 창작과 시각적 표현으로 나누고 있다.

　동화 창작은 이야기 만들기에서 끝나기도 하고, 시각적 표현을 더하여 그림책으로 완성하기도 한다. 시각적 표현은 일반적인 그림책의 전문적인 일러스트 표현 형태를 참고하기는 하나, 주로 텍스트를 시각화하는 과정에서 미술치료적으로 접근하게 된다. 동화나 그림책을 만든다고 하면 막연히 어렵게 느껴질 수는 있지만, 심리상담에서의 창작은 그 과정에서 무엇을 얻는가가 중요하다. 결코 '글을 잘 써야' 하는 것이 아니고, '그림을 잘 그려야' 하는 것도 아니며, '좋은 동화를 만들어야' 하는 것도 아니다.

　전문 작가의 동화 창작과는 달리 치료적 동화 창작 과정은 독자를 고려하기보다 자신의 내면을 표현하고 이해하며, 그림책 창작 과정에서의 심리적·신체적 변화와 개인적 성장을 이루는 것에 초점을 둔다. 동화 창작 심리상담 과정을 통해 우리는 우리의 문제를 다양하게 마주 보고 해결해 나가며, 자기 자신을 좀 더 깊이 이해하고, 나를 표현하는 즐거움을 알게 될 것이다.

1. 상징과 은유

상징이란 어떠한 추상적인 개념을 그것을 연상시키는 구체적인 대상을 통해 암시하거나, 또는 그 대상 자체를 뜻한다. 은유는 표현하고자 하는 대상을 다른 대상에 빗대어 표현하는 비유법의 하나로서, 사물의 상태나 움직임을 암시적으로 나타낸다. 우리는 상징과 은유를 통해 무의식을 드러내고, 이해하고, 소통할 수 있으며, 이를 바탕으로 나의 경험에 대한 새로운 은유를 찾고, 새로운 의미를 부여함으로써 새로운 실제를 창조하는 힘이 생긴다(이윤주, 양정국, 2007).

또한 은유적 표현이나 이야기 내용과 현실 사이의 거리감은 자신을 온전히 드러내어야 한다는 부담을 덜어 주고 안전함을 느끼게 한다. 내담자는 동화를 창작하며 감추거나 억누르고 있는 것, 또는 미처 알아차리지 못한 내면세계를 간접적으로 담아내게 되며, 상징과 은유를 자신의 경험과 연결하게 된다. 그리하여 당면한 문제에 대한 창조적 해결 방법을 스스로 찾아가게 된다.

2. 표현예술

"글과 그림은 작가를 닮는다."라고 한다. 창작의 과정에서 작가의 평소 생각이나 느낌이 자연스럽게 묻어나기 때문이다. 자유롭게 상상하고, 글과 그림, 다양한 재료를 활용해 자기의 내면세계를 상징화하여 표현하는 과정은 우리가 감정적 해소와 승화를 경험할 수 있게 한다.

또한 생각과 감정, 욕구, 신체감각과 지각, 상상과 상징, 관계 등 다양한 측면에 초점을 맞추어 이야기를 표현하는 경험은 우리의 내면아이를 보다 더 민감하게 이해하고 표현할 수 있게 하며, 그리하여 우리 삶의 이야기를 보다 생생하고 풍성하게 만들어 줄 것이다.

3. 관찰과 알아차림

동화와 그림책에 나타나는 패턴들은 종종 우리에게 어떤 의미를 가진다. 그것은 보편적이고 원형적인 상징일 때도 있고, 개인적인 의미가 깊은 것일 때도 있다. 때로 작가는 그것을 의도적으로 삽입하고, 때로는 무의식적으로 드러낸다. 숨은그림찾기를 하듯 거기에서 의미를 찾아볼 수 있다. 의도적으로 넣은 소재는 왜 그런 의도를 갖게 되었는지, 의도하지 않았다면 그것이 나에게 어떤 의미일지를 생각해 보는 것도 좋다.

게슈탈트 심리치료에서 강조하듯이, 우리 삶에서 알아차림은 중요한 부분을 차지한다. 우리는 지금-여기에서 일어나는 현상들을 관찰하고, 직면하여 알아차리는 것으로 자신을 성찰하고 한 걸음 나아가는 기회를 얻을 수 있다. "아는 만큼 보인다."라는 말을 넘어, '관찰하는 힘'을 기르면 더 많은 것이 보이고, 보이는 만큼 새롭게 알게 된다. 글을 쓰기 위해 소재가 되는 대상을 면밀히 관찰하고, 새로운 표현을 찾아내며, 우리의 세계는 더 넓어질 것이다.

4. 인지행동수정

이야기 속에는 다양하고 새로운 상황이 나타날 수 있다. 작가는 등장인물이 이러한 상황에 어떻게 반응하는지 등장인물의 생각과 말, 행동과 감정 등을 분석하여 서술하게 되고, 문제가 발생했을 때 이를 해결하기 위해 등장인물이 어떤 방법을 사용하는지 대처행동과 대처언어의 목록을 만들게 된다. 이 과정에서 작가 자신의 문제해결 방식이 이야기에 반영될 수 있으며, 특정 상황이나 문제행동, 스트레스에 대해 자신이 대처자원을 얼마나 가지고 있는지도 알 수 있게 된다.

또한 우리는 우리가 만든 이야기 속에서 자신의 왜곡된 인지와 비합리적 신념, 부적응적 사고, 건너뛴 사고, 반복되는 상징과 사건 등의 패턴들을 발견하고, 이를 인지적으로 재구성하며 문제해결에 다가갈 수 있다.

그리고 동화를 만들며 마주치게 되는 여러 가지 어려움이나 그림책 속 문제 상황들을 해결하며 자기지시를 통한 상황의 변화를 직간접적으로 경험하거나, 새로운 상황이나 문제 상황에 처했을 때 어떻게 대처할 것인지 계획하고 연습할 수 있다.

5. 주도적으로 이야기 쓰기

"구슬이 서 말이라도 꿰어야 보배."라고 한다. 인물, 소재, 배경, 사건, 내적 반응 등 이야기의 구성 요소들을 어떻게 연결하느냐에 따라 이야기는 전혀 다르게 진행된다.

마찬가지로, 한 사람에게 일어나는 많은 사건은 어떻게 연결시키느냐에 따라서 전혀 다른 방향으로 나아갈 수 있다. 우리는 동화 창작을 통해 주도적으로 이야기를 이끌어 가는 연습을 할 수 있다.

예를 들어, '가'라는 사람과 '나'라는 사람이 있다. 다음에서 알 수 있듯이 두 사람이 살아 온 인생의 궤적은 전혀 달라 보인다.

> 가: 친구들의 놀림 → 친구를 때림 → 학교폭력을 당함 → 등교 거부 → 입시 실패 →
>   대인기피
> 나: 글쓰기를 좋아함 → 인터넷에 글을 올림 → 팔로워 증가 → 출간 제의를 받음 →
>   작가가 됨

그러나 사실 '가'와 '나' 두 사람의 이야기는 '다'라는 사람의 삶에서 따로따로 진행되어 온 이야기일 수 있다. '다'의 경우, 글쓰기를 통해 '가'와 '나' 두 개의 이야기를 통합해 나갈 수도 있다.

우리는 자신에게 일어나는 모든 일을 다 통제할 수는 없으며, 또한 이미 일어난 과거를 돌아가서 바꿀 수 없다. 그러나 과거를 바라보는 나의 시선은 달라질 수 있으며, 앞으로 인생의 방향을 어느 쪽으로 향하게 할지는 지금의 내가 선택할 수 있다. 지금부터 어떤 이야기들을 이어 가느냐에 따라 우리의 삶은 전혀 다른 방향으로 나아갈 수 있다.

흔히 '우리 각자가 자기 인생의 주인공'이라고 하지만, 거기서 한 발 더 나아가 "우리 모두 자기 삶의 작가가 되어야 한다."라고 말하고 싶다. 동화 창작 심리상담은 단순히 이야기를 쓰는 것에 머물지 않고 더 나아가 자기 삶의 이야기를 주도적으로 이끌어 가는 연습이 될 것이다.

6. 완결하기

로저스(Rogers, C. R.)는 인간에게 완전한 발달을 이루기 위해 성장하고자 하는 실현 경향성이 있다고 하였다. 우리는 동화를 만들며 하나의 이야기를 '완결'함으로써 어떤 단계를 시작부터 끝까지 온전히 경험하고 마무리하는 '완성'된 경험을 할 수 있으며, 이를 게시하고 출판·전시하는 것으로 사회적 인정과 보람, 유능감을 경험하게 되면서 성취욕구와 자기성장욕구를 만족할 수 있게 된다.

한 사람의 인생이 책이라면 탄생은 서문이고, 죽음은 결론일 것이다. 마지막 문장을 어떻게 마무리할 것인지는 오로지 작가의 손에 달렸다.

당신은 어떤 이야기를 쓰고 있는가? 당신의 책을 어떻게 마무리하고 싶은가?

7. 표현력과 창의성 촉진

그림 이야기 검사(Draw A Story: DAS)는 자극 그림을 선택하고, 그 사이에서 무슨 일이 일어나는지 상상하여 그리게 하며, 그림을 다 그리면 제목과 이야기를 추가하는 검사이다. 동일한 자극 그림이라도 개인에 따라 다르게 지각하는데, 이는 각자의 과거 경험이 영향을 주고, 정서와 인지가 기능적으로 반영된 결과라고 한다. 마찬가지로, 소재를 선택하고 결합하여 글과 그림으로 표현하는 동화 창작 활동 또한 개인의 경험과 정서, 인지를 반영하고, 이 과정에서 내담자의 표상 능력과 창의성이 촉진될 수 있다.

8. 언어적 기초 능력 향상

언어학자 로만 야콥슨(Roman Jakobson)은 그의 실어증 연구에서 '선택'과 '결합'을 기본적인 언어적 작용으로 보고, 실어증 환자를 통해 언어 습득과 상실 과정에서 발견되는 공통되는 원칙을 제시하며 실어증의 유형을 분류하고자 하였다. 그에 의하면 언어 산출은 단어를 선택하고 결합하여 문장을 만드는 것이고, 언어 이해는 이를 반대로 진행하는 것이다. 따라서 전체에서 부분을 결합하는 능력의 문제를 보이면 표현언어장애이고, 선택 능력의 문제를 보이면 수용언어장애라고 보았다.

신경학적 언어연구가 진행되어 언어 사용과 연관된 뇌의 구조와 기능이 속속들이 밝혀지면서, 비록 실어증 유형의 분류에 있어서는 그의 이론으로 설명할 수 없게 된 부분이 있지만, 그의 착상은 신경언어학 분야에 많은 영향을 주었고, 선택과 결합이란 언어적 작용에서 시작하여 은유와 환유로 이어지는 그의 설명은 여전히 주목할 만하다.

로만 야콥슨은 이 연구에서 '선택'과 '결합'의 작용을 '유사성' 및 '인접성'과 연결하여 설명하면서 이 두 과정이 은유적 표현과 환유적 표현에 영향을 준다고 하였다. 정상적인 언어행동에서는 이 두 과정이 지속적으로 작동하고 여기에 개인적 스타일이나 언어적 편애 및 선호도가 나타나나, 실어증에서는 이 두 과정에 제한이 있거나 완전히 차단된다는 것이다.

이러한 과정은 동화 창작 과정에서 사용되는 언어적 작용과도 맞닿아 있다. 동화를 만들기 위해서는 소재가 되는 단어를 선택하고 문장으로 결합하여야 하는데, 이러한 과정은 로만 야콥슨이 말한 언어 산출과 언어 이해의 과정과 일치할 뿐만 아니라, 동화에서 은유와 환유가 흔히 사용된다는 점에서 '선택과 결합'의 원리와 밀접한 연관이 있다고 볼 수 있다.

한편, 동화 창작은 말하기와 쓰기를 통해 이야기를 표현하게 된다.

언어는 크게 '형식, 내용, 사용'의 세 가지 요소로 구성되어 있다. 각각의 요소는 다시 다섯 가지 이론으로 정리된다. 형식은 말소리의 체계와 자음과 모음 음소의 결합 규칙과 관련된 음운론, 의미를 가진 가장 작은 단위인 형태소와 단어에 관련된 형태론, 문장의 성분, 어순, 구조 등을 다루는 구문론(통사론)으로 나뉜다. 내용은 단어나 문장 등의 의미 이해에 대한 의미론으로, 상황과 맥락에 따른 언어 사용은 화용론으로 구분하고 있다.

동화 창작 과정에서 이 영역들은 통합적으로 사용되며, 지도와 교정을 통해 각 영역의 발달을 촉진함으로써 언어적 기초 능력을 향상하는 데 도움을 줄 수 있다.

9. 동화 창작을 통한 심리상담 과정

1) 상담 과정

초기 상담
- 라포 형성과 탐색
- 초기 검사
- 문제 인식 및 목표 설정

동화 창작
- 소재 선택, 이야기 만들기 연습, 질문을 통한 이야기 전개
- 동화 창작(문제 상황 제시, 창조적 해결 방안 탐구, 상징과 은유를 통한 자기표현, 해소)
- 시각적 표현(자기표현, 이완과 조절, 영역별 발달 촉진)

질문과 탐색
- 질문을 통한 작품 탐색(자기 경험과의 연결, 해석을 통한 자기 이해, 통찰)
- 내면 관찰과 직면(내적 반응, 억제된 감정과 욕구 발견)
- 동화 속의 해결 방법과 실제적인 대처 방법 비교

변화
- 대처기술 습득(대처생각, 대처행동, 대처언어, 적응기술)
- 대처기술 연습
- 출판 및 전시를 통한 긍정적 피드백, 격려와 지지

종결
- 종결 검사
- 미해결 과제 탐색
- 대처기술의 일반화

[그림 1-1] 동화 창작 심리상담 과정

2) 생각의 다리 놓기

키워드, 질문, 작품 탐색을 통해 동화와 일상을 연결한다.

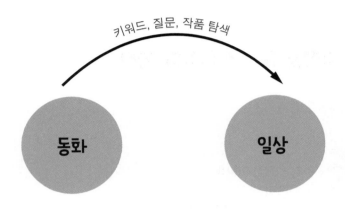

[그림 1-2] 생각의 다리

10. 동화 창작을 통한 심리상담 진행 시 주의점

1) 경청

때로는 내담자의 이야기 속에 내담자가 경험했던 외상적 사건이 언급될 수 있다. 내담자 스스로 이야기를 현실로 끌어오기도 하지만, 그렇지 않을 수도 있음을 유의해야 한다. 또한 내담자가 창작한 동화의 내용이나 상징이 항상 내담자의 이야기를 담고 있지 않기 때문에 상담자는 내담자가 만든 동화를 주의 깊게 파악하되 함부로 판단하지 않아야 한다.

내담자의 동화에 존재하는 것과 결핍된 것, 반복되는 패턴, 결말 등을 분석한 내용을 사전 검사나 사례개념화에 비추어 상담자가 종합적으로 살펴보고, 필요하면 내담자에게 질문하여 그것의 의미를 분명히 확인하는 과정이 필요하다.

2) 공감과 소통

상담자는 내담자가 동화를 만드는 과정을 함께하며 작품 안에서 공감하고, 동화의 내용에 적절하게 반응해야 한다. 다만, 앞서 이야기했듯이 동화를 자의적으로 해석하거나 판단하지 않아야 하며, 열린 질문으로 내담자의 표현 의도를 알아보아야 한다.

3) 존중

우리는 모두 각자에게 알맞은 속도와 방향이 있다. 이는 동화 창작에서도 마찬가지이다. 동화 창작 작업의 속도는 내담자의 속도에 맞추어 진행하는 것이 좋으며, 상담자는 내담자의 이야기 방향을 억지로 바꾸려 해서는 안 된다.

내담자의 동화에 상담자 자신의 문제가 역전이되지 않도록 주의해야 하며, 이를 위해 상담자의 자기돌봄이 필요하다.

또한 상담자는 내담자가 각 장면에 원하는 만큼 충분히 머물 수 있도록 돕고, 주의를 분산시키는 질문은 하지 않는 것이 좋다.

4) 격려

상담자는 내담자가 동화 창작을 통해 표현하고자 하는 것을 마음껏 표현할 수 있도록 격려해야 한다. 할 수 없는 것은 연습을 통해 할 수 있게, 할 수 있는 것은 계속하면서, 잘하는 것은 더 잘할 수 있게 지지하고 격려하는 것이 좋다.

우리는 모두 철학자다.
We are all philosophers.

상징과 은유를 사용하여 다음의 문장을 완성하고, 그렇게 표현한 이유를 적어 보세요.

예) 나는 <u>고양이</u> 다.
<u>어떤 상황이든 고양이처럼 유연하게 대처하니까.</u>

예) 나는 <u>겨울잠을 준비하는 다람쥐</u> 다.
<u>만약을 위해 고장 난 장난감을 버리지 못하고, 재활용품도 잔뜩 모아 두니까.</u>

예) 인생은 <u>목적지가 정해지지 않은 항해</u> 다.
<u>어디로 갈지 모르고 출발하고, 자기만의 길을 찾아가니까.</u>

나는 _____.
아기는 _____.
어린이는 _____.
청소년은 _____.
사춘기는 _____.
어른은 _____.
태어난다는 건 _____.
배운다는 건 _____.
자란다는 건 _____.
나이가 든다는 건 _____.
살아간다는 건 _____.
죽는다는 건 _____.
인생은 _____.

제 **2** 장

심리·발달 이론과
동화 창작

심리·발달 이론과 동화 창작[1]

1. 심리상담 동화 창작과 심리·발달 이론

동화 창작 심리상담은 내담자의 심리적 발달단계에 알맞은 이야기 주제와 매체, 표현 기법을 선택하는 것으로, 내담자가 해당 발달과업을 성취하도록 촉진한다. 동화를 만들고, 이를 확장하여 그림책으로 만드는 것은 글과 그림을 구성하고 교정하여 이야기를 완성하는 목표 지향적이고 종합적인 과정이며, 이는 인간 발달의 여러 영역에 걸쳐 있다.

동화와 그림책 만들기 과정에서는 대상을 인식하고 분석하며 구상하고 계획하는 인지적 능력이 필요하며, 은유나 유추와 같은 추상적 사고와 논리적 사고, 여러 가지 상위 인지 능력, 인지적 융통성 등 실행 기능을 종합적으로 발휘해야 한다.

1) 이 장의 내용은 다음의 책을 참고하였다.
　권석만(2012). 현대 심리치료와 상담 이론. 학지사.
　김영태(2003). 아동언어장애의 진단 및 치료. 학지사.
　김효현(2023). 문학치료. 학지사.
　박성수, 김창대, 이숙영(2000). 상담심리학. 한국방송대학교출판부.
　유지원, 유아름, 송다겸, 강다영(2020). 특수아동을 위한 발달적 미술치료. 학지사.
　정옥분(2004). 발달심리학: 전생애 인간발달. 학지사.
　정옥분(2007). 전생애 인간발달의 이론. 학지사.
　정운채(2006). 문학치료의 이론적 기초. 문학과 치료.
　제석봉, 최외선, 김갑숙(2016). 현대의 교류분석. 학지사.
　Bannink, F. (2015). 1001가지 해결중심 질문들. (조성희, 신수경, 이인필, 김은경 공역). 학지사.
　Harris, T. A. (2020). 아임 오케이 유어 오케이: 성격의 비밀, 교류분석이 풀다. (이영호, 박미현 공역). 이너북스.
　Wright, J. H., Brown G. K., Thase, M. X., & Basco, M. R. (2019). 인지행동치료(2판). (김정민 역). 학지사.

이야기를 시각적으로 표현하는 방법은 아주 다양한데, 여러 가지 매체와 기법을 사용하기 위해서는 눈—손 협응이나 시지각운동 협응력, 소근육, 대근육의 발달과 같은 신체적 발달이 뒷받침되어야 한다. 따라서 우리는 그림책 만들기 과정 속에서 내담자가 각 영역별로 어느 단계에 있는지, 강점과 약점은 무엇인지를 파악하고, 비계를 설정하여 내담자가 다음 단계에 도달할 수 있도록 도울 수 있다. 더 나아가서 발달단계에 알맞은 확장 활동을 준비할 수도 있다.

발달 이론과 심리치료 이론은 여러 부분에서 겹쳐 있다. 이 장에서는 두 이론의 갈래를 구분하지 않고 제시하되, 심리치료 이론의 경우 치료 기법을 추가하였다. 심리 이론은 상담자와 내담자에 따라 각기 다르게 적용되며, 동화 창작을 통한 심리상담의 기초가 되는 한편, 주제 제시와 같이 심리치료 이론의 핵심 개념을 동화 창작 심리상담 과정에 직접적으로 반영할 수도 있으므로 그 활용 방법을 함께 제시하였다.

2. 정신분석 이론

1) 프로이트(Freud. S.)의 심리 성적 이론

(1) 주요 개념

① 심리적 결정론
② 의식, 전의식, 무의식
③ 추동(drive)
- 자기 보존적 추동: 숨쉬기, 먹기, 마시기, 배설하기
- 종(種) 보존적 추동: 리비도(성적 에너지, 성욕)
- 죽음 본능: 자기 소멸과 파괴, 공격욕
④ 성격 구조와 방어기제
⑤ 자아기능 강화와 건강한 성격 구조로의 변화 추구

(2) 성격 구조

① 원초아(id): 쾌락원리, 본능, 원초적 욕구 충족, 비논리적

② 자아(ego): 현실원리, 인지적 기능과 적응적 기능, 이차 과정(현실적·합리적·이성적 사고 과정)

③ 초자아(superego): 도덕원리, 행동통제, 충동 억제, 심리적 보상과 처벌의 반복을 통한 사회규범의 내면화, 부모의 가치관

원초아와 초자아는 서로 상반된 목적을 추구하며, 원초아와 초자아 사이의 긴장을 자아가 제대로 중재하지 못하면 불안을 느낀다. 이를 방어하는 기술이 방어기제다.

〈표 2-1〉 DSM-Ⅳ 방어 수준과 방어기제 분류

방어 수준	방어기제
높은 적응 수준	이타주의, 유머, 자기주장, 승화, 억제, 자기 관찰, 예기, 친화
정신적 억제 수준	전치, 주지화, 감정 분리, 반동 형성, 억압, 취소, 해리
가벼운 이미지 왜곡 수준	평가 절하, 이상화, 전능감
부정적 수준	부인, 투사, 합리화
주요 이미지 왜곡 수준	자폐적 공상, 투사적 동일시, 자신이나 타인에 대한 이미지 분열
행동 수준	행동화, 수동-공격성, 무감동적 철회, 도움-거절 불평
방어적 와해 수준	망상적 투사, 정신병적 부정, 정신병적 왜곡

출처: APA(1994).

〈표 2-2〉 이화 방어기제 검사의 방어기제 유형 분류

방어 수준	방어기제
불안정한 예민화 방식	행동화, 전치, 신체화, 해리, 투사, 수동-공격
자아 확대적 방식	통제, 왜곡, 이타주의, 유머, 승화
자아 부정적 방식	반동 형성, 허세, 동일시, 퇴행
행동 억제적 방식	부정, 합리화, 억제, 예견, 회피

출처: 김재은(1999).

(3) 프로이트의 심리 성적 발달단계

각 단계별 쾌락을 만족시켜야 다음 단계로 나아갈 수 있다. 이 단계에 대한 자세한 내용은 〈표 2-3〉을 참조하길 바란다.

〈표 2-3〉 심리 성적 발달단계

연령	구분	심리 성적 발달단계
0~1세	구강기	• 입과 구강을 통한 쾌락 추구 • 구강기 고착: 소유욕, 불신, 거절, 관계 형성의 두려움, 손톱 물어뜯기, 강박적 흡연
1~3세	항문기	• 배변훈련 • 지나친 엄격: 결벽증적, 의존적, 강박적, 완벽주의적 • 지나친 방임: 낭비, 무질서, 불결, 분노, 양가감정적 • 적절한 만족: 독립적, 자기주장적, 협동적
3~6세	남근기	• 성적 관심, 생식기 자극에서 만족감 • 동성 부모를 경쟁자로 인식 • 오이디푸스 콤플렉스, 거세불안 • 엘렉트라 콤플렉스
6~12세	잠복기	• 학교, 친구, 신체활동 등으로 관심 대치 • 사회화
12세 이후	생식기	• 육체적 성숙, 2차 성징 • 이성 친구 • 부모로부터의 심리적 독립 추구 • 자기정체성 확립

(4) 기법

① 자유연상: 자신의 마음에 떠오르는 것을 있는 그대로 이야기

② 꿈 분석: 꿈은 무의식 내용이 변형되어 반영됨. 자유연상과 통합적 자료를 통해 꿈의 의미 분석

③ 전이 분석: 내담자가 상담자에게 과거 인물에게 느낀 감정을 전이. 무의식적 갈등과 방어기제 자각

④ 저항 분석: 비협조적 · 저항적 · 반치료적 행동. 무의식적 의도와 갈등 탐색, 자각

⑤ 해석: 무의식적 갈등에 대한 통찰. 스스로 하기 어려운 경우에 상담자가 해석해 줄 수 있음

⑥ 훈습: 적응적 행동 실천. 점진적 변화 과정

2) 에릭슨(Erikson, E. H.)의 심리사회적 이론

(1) 주요 개념

① 사회적 맥락
② 인간발달의 전 생애적 접근
③ 내적 · 외적 · 문화적 · 사회적 환경 등과의 상호작용
④ 과업 성취
⑤ 위기 극복

(2) 에릭슨의 심리사회적 발달단계

〈표 2-4〉 에릭슨의 심리사회적 발달단계

연령	사회적 구분	발달단계	덕목
0~1세	유아기	신뢰감 대 불신감	희망
1~3세	초기 아동기	자율 대 수치/회의감	의지
3~6세	학령전기	주도성 대 죄책감	목적
6~11세	학령기	근면성 대 열등감	능력
12~18세	청소년기	정체감 대 역할 혼미	충실
18~35세	성인기	친밀감 대 고립감	애정
35~60세	중년기	생산성 대 침체감	배려
60세 이후	노년기	통합 대 절망	지혜

출처: 정옥분(2004).

3) 융(Jung, C. G.)의 분석심리학적 이론

(1) 주요 개념

① 목적론적: 무의식의 발현을 위해 나아가는 존재

② 의식: 지속적 성장

③ 자아: 의식의 중심, 정체성, 자기가치감 추구, 지각, 사고, 기억, 감정 의식 여부 판단

④ 개성화: 타인과 구별되는 고유 존재, 자기의식의 확대

⑤ 개인 무의식: 자아에 의해 인정받지 못한 것, 콤플렉스

⑥ 집단 무의식: 인류 보편적 심리 성향, 구조

⑦ 원형

- 페르소나(persona): 가면, 다양한 역할 수행 방식
- 아니마(anima): 남성에게 있는 여성성, 감성, 다정함 등
- 아니무스(animus): 여성에게 있는 남성성, 논리, 합리 등
- 콤플렉스(complex): 개인 무의식의 고통스러운 사고, 기억, 감정의 복합체
- 그림자(shadow): 의식적으로 인식하는 자신의 성격과 반대되는 특성
- 자기(self): 의식과 무의식을 포함한 성격 전체의 중심. 궁극적인 목표는 '자기실현'

⑧ 심리학적 유형설: 외향성, 내향성

(2) 기법

① 콤플렉스 의식화: 무의식적으로 부정적 영향을 주는 콤플렉스를 의식화하기. 아버지, 어머니, 구세주, 순교자 콤플렉스 등

② 꿈 해석: 인물로 상징화된 성격 요소, 반복되는 내용이나 주제의 의미 해석. 꿈은 드라마 형식을 취하며, 스토리가 있고, 도입, 전개, 절정, 결말이 존재. 꿈속 인물을 사실 그대로 이해하는 객관적 해석, 콤플렉스로 드러나는 무의식적 요소를 인식하는 주관적 해석이 가능

③ 전이와 역전이 분석: 개인 무의식과 집단 무의식에서 온 원형적 주제, 내담자에

게 통합되지 못한 부분이 상담자에게 투사. 문제의 단서, 해결책 암시

④ 적극적 상상: 새로운 무의식 주제들이 의식화되도록 하는 자극. 다양한 창조적 기법 사용

⑤ 치료 과정: 고백―해석―교육―변환

4) 아들러(Adler, A.)의 개인심리 이론

(1) 주요 개념

① 목적론적: 미래 목표를 향해 나아가는 창조적 존재, 이상 추구

② 사회적 존재: 내면 인식체계와 사회적 환경 사이의 조화 조절, 공동체 의식과 사회적 관심

③ 통합적 존재: 인간은 목표를 향한 미래지향적 존재

④ 가상적 최종 목표: 생에서 실현하고자 하는 최종 목표. 아동기에 형성되며 아동 행동의 방향을 결정. 무의식 수준에서 작용

⑤ 열등감 극복과 우월감 추구: 성격 형성에 영향

⑥ 생활양식(life style): 개인의 신념체계, 감정, 행동 방식, 초기 발달적 경험, 가족, 성 역할 등

⑦ 출생 순서와 가족 구조

- 첫째: 응석받이, 동생이 생기면 박탈감
- 둘째: 압박감, 경쟁적 성향, 인정욕구, 첫째와 반대되는 성격
- 중간: 압박감, 무력감, 사회적 관계 맺기에 강점, 갈등조정자
- 막내: 과잉 보호, 의존적, 자기중심적, 무책임, 자유로움, 개성
- 외동: 어른 수준의 성취에 노력, 성취동기가 높음, 너무 유능한 부모의 경우 낙담, 또는 다른 방향 탐색, 자기중심적, 관심 추구

⑧ 성격유형론

- 지배형: 지배적 태도
- 의존형: 타인에게 기대고 의존
- 회피형: 갈등과 거부 경험을 피하고자 대인관계 회피

● 사회적 공헌형: 타인에게 도움이 되는 방향으로 문제 해결

(2) 기법

① 관계 형성-탐색-해석-재교육/방향 재설정(훈습)

② 통찰, 격려, 직면, 긍정적 변화 과정(강점 인식), 공동체 기여

③ 가족 구조, 가족 분위기, 가족 가치, 성 역할, 가족 역할, 초기 발달 경험 등

④ 격려: 상담자의 기본 태도

⑤ 마치 ~처럼 행동하기: 새로운 인식과 행동

⑥ 수렁 피하기: 지속적 자기파괴 행동 변화를 위한 새로운 방식

⑦ 자신 포착하기: 반복적 부적응 행동 자각

⑧ 단추 누르기: 감정을 통제할 수 있음을 인식

⑨ 스프에 침 뱉기: 반복적 자기파멸 행동 동기의 매력 제거

⑩ 즉시성: 현재 인식. ~할 때마다 그것을 ~의 증거로 여기고 있음을 깨닫게 함

⑪ 직면: 잘못된 목표와 신념 자각

⑫ 과제 부여: 구체적 행동과제 수행

⑬ 생활양식 분석(Walton, 1998)

● "나는 항상 (   )한 아이였다."

● "형제자매 중 나와 가장 다른 사람은 누구인가요? 어떻게 다른가요?"

● "어린 시절 부모님의 어떤 부분이 가장 긍정적이라고 생각했나요?"

● "부모님에게 거부감을 느꼈던 것은 무엇인가요?"

● "성장 과정에서 잊을 수 없는 중요한 결심은 무엇인가요?"

● "기억할 수 있는 가장 어린 시절의 사건은 무엇인가요?"

● "어떤 순간이 가장 생생하게 기억나는가요? 어떤 느낌이었나요?"

(3) 초기 기억

① 어린 시절에 대한 선별된 기억. 개인이 자신과 타인, 삶을 지각하는 방식, 원하는 것, 생활양식, 신념체계, 삶에 대한 예견 등을 제시

② 초기 기억은 사건과 그에 대한 생각, 감정, 태도, 관계, 관점 등을 포함함. 이는

현재의 인간관계, 삶의 양식, 잘못된 신념 등에 대한 단서가 됨

- "어린 시절의 기억 중 기억에 남는 것들은 어떤 것이 있나요?"
- "내 인생의 첫 번째 기억은 어떤 상황인가요?"
- "어떤 곳, 어떤 분위기였나요?"
- "주변에 누가 있었나요?"
- "어떤 느낌이었나요?"
- "기억 속에서 가장 많은 비중을 차지한 감각은 무엇인가요?"
- "어떤 생각을 하고 있었나요?"
- "초기 기억에서 발견한 나의 생활양식은 무엇인가요?"
- "그때의 나에게 지금의 내가 곁에 있다면 어떻게 하고 싶나요?"
- "그때의 나에게 어떤 말을 해 주고 싶나요?"

예시 1 내 인생의 첫 번째 기억은 보행기에 앉아 사진을 찍은 것이다. 그 당시 엄마의 스카프를 둘렀는데, 그 느낌이 너무 까칠해서 싫었고 벗고 싶었다. 하지만 벗겨 내려 하면 다시 입히고, 벗겨지지도 않는 스카프 때문에 답답해서 울음을 터트렸고, 그것을 보고 웃는 소리가 기억난다. 지금 생각해 보면 애를 쓰는 아기가 귀여워서 웃은 것이겠지만, 당시의 나는 '나는 힘들어 죽겠는데 뭐가 재미있다고 웃는 거야, 이거나 벗겨 줘, 벗겨 달란 말이야.' 하고 생각했었다.

예시 2 세 살 때쯤에도 비슷한 기억이 있다. 화장대를 짚고 서서 거울을 보며 놀고 있는데 엄마가 사진을 찍게 돌아보라고 했다. 나는 거울로 엄마를 보고 있었는데, 돌아보고 싶지 않았던 기억이 난다. 명확히 기억나는 것은 아니지만 무언가 싫어서라기보다 거울로 엄마를 보고 있기 때문에 충분하다고 여겼고, 돌아보는 자세를 취하기 어려웠던 것 같다. 하지만 엄마는 자꾸만 돌아보라고 했고, 내가 돌아보지 않자 어깨에 수화기를 걸어 놓고 그대로 사진을 찍었는데, 어깨에 걸린 장난감 전화의 수화기와 전화선이 주는 감각이 싫어서 울었던 것 같다. 돌이켜 보면 뒤로 당겨지는 느낌, 방해받아 짜증이 나는 느낌, 돌아서면 넘어질 것 같은 불안이 떠오른다. 이런 기억 속의 내 반응은 다른 감각보다 촉감이나 청각에 상대적으로 예민한 부분이나 힘들어도 말을 못하고 속에 담고 있다가 남이 보기엔 뜬금없는 타이밍에 줄줄 울면서도 그 일을 계속하는 것, 내 계획을 방해받을 때 특별히 기분이 상하는 지금의 반응이 연상된다.

5) 동화 창작 심리상담 활용

(1) 주제 제시

① 발달과업 주제

② 방어기제 주제

③ 생활양식 주제

④ 꿈 주제: 태몽, 무서운 꿈, 즐거운 꿈, 최근에 꾼 꿈, 인상 깊었던 꿈

(2) 자유롭게 만든 이야기 속 상징과 은유 통찰하기

① 동화를 통해 내담자의 억압된 감정과 사고 표출

② 내담자와 상담자 간의 상호작용 속에서 기본 신뢰감 회복

③ 꿈 분석처럼 내담자가 만든 동화에서 연상되는 것 질문하기

④ 내담자가 만든 동화 속 상징, 작업 과정에서의 태도 등의 단서를 통해 내담자가 고착되어 있는 발달 시점, 방어와 방어기제를 통찰

⑤ 아동기 정서적 패턴 재경험과 동일시

⑥ 내담자가 자발적으로 자신의 동화를 해석하고, 통찰, 훈습, 재학습의 과정을 거쳐 자아 강화와 정서적 성숙을 이룰 수 있도록 촉진

(3) 내담자가 꾼 꿈 이야기에 대해 질문하기

- "꿈을 기억해 낼 때의 기분이 어땠나요?"
- "원하는 만큼 충분히 기억해 내었나요?"
- "꿈의 분위기는 어떠한가요?"
- "왜 이 꿈을 선택했나요?"
- "꿈속에서 어떤 느낌을 받았나요?"

- ● "꿈을 이야기한 후의 느낌은 어떤가요?"

(4) 난화

　① 난화 그리기: 초기 라포 형성 단계에 활용. 무의식을 의식화하는 이미지 연상. 내담자의 심리 상태와 관련한 현재 생활 파악. 종이에 자유롭게 낙서하듯 선을 그리고, 연상되는 형태를 찾아 표현한 뒤 색칠. 연상한 이미지를 내담자의 심리와 생활에 비추어 이야기

　② 난화상호이야기법: 상담자와 내담자가 서로가 그린 테두리선을 교환하여 심상을 투영하고, 연상되는 형태를 표현하여 완성함

　③ 난화에서 연상한 이미지로 동화 만들기

　④ 랜덤 소재로 이야기 만들기

　⑤ 자유연상과 같이 자유롭게 이야기 만들기

　⑥ 이야기에 제목 붙이기: 상징적 압축

(5) 만다라

　① 이완 → 이미지 상상 → 색상 선택 → 만다라 제작

　② 만다라의 방위 정하기

　③ 만다라에 나타난 상징 이해하기: 민담, 신화, 설화 등의 상징 포함, 색상, 숫자, 형태 목록, 형태에 대한 단어, 느낌, 기억 적기

　④ 제목 적기

　⑤ 만다라의 중심 주제와 연상, 제목으로 문장 만들기

　⑥ 내담자의 상황과 연결하기

(6) 개인심리 이론 기법 활용하기

　① 새로운 인식과 행동을 취했을 때의 변화에 대한 동화

　② 자기파괴 행동을 해결하는 동화

　③ 감정조절 동화

　④ 스프에 침 뱉기 기법으로 문제에서 벗어나는 동화

3. 인지발달 이론

1) 피아제의 인지발달 이론

(1) 주요 개념

　　① 의식적인 사고와 합리적 사고 과정
　　② 도식: 사물과 사건의 전체적 윤곽, 빨기, 잡기 등 물체를 탐색하고 이해하는
　　　 데 사용
　　③ 적응: 환경과의 상호작용으로 도식이 변하는 과정
　　④ 동화: 기존 도식으로 새로운 자극 이해
　　⑤ 조절: 기존 도식으로 이해가 불가할 때 기존 도식 변경
　　⑥ 평형: 동화와 조절의 균형, 변별

(2) 피아제의 인지 발달단계

〈표 2-5〉 피아제의 인지 발달단계

연령	구분	발달단계
0~2세	감각운동기	감각운동, 대상영속성 이해, 단순반사 → 초기 유아적 언어, 상징적 사고
2~6세	전조작기	급격한 언어발달, 상징적 사고, 자기중심적 사고, 물활론적 사고, 인공론적 사고, 전환적 추론, 직관적 사고, 상징놀이
6~12세	구체적 조작기	가역성, 보존 개념, 유목화, 서열화, 탈중심화, 조망수용, 논리적 사고, 현재의 문제
12세 이후	형식적 조작기	체계적인 과학적 사고, 추상적 사고, 가설적 연역적 사고, 이상주의적 사고, 시간을 초월한 문제 해결

2) 정보처리 이론

(1) 주요 개념

　　① 감각기관을 통한 외부 세계의 정보 투입

② 뇌에서 정보를 부호화, 저장, 인출, 행동으로 산출

③ 감각기억, 단기기억, 장기기억

④ 능동적 정보 탐색과 처리

⑤ 발달단계를 설정하지 않음

⑥ 발달은 연속적이고 계속적인 과정

(2) 기억 전략

① 주의집중

② 시연

③ 조직화

④ 정교화

⑤ 인출 전략

3) 비고츠키(Vygotsky, L. S.)의 사회문화적 인지 이론

(1) 주요 개념

① 사회적 관계

② 맥락 이론: 문화적 맥락, 문화적 배경, 문화적 특수성

③ 언어는 사고발달에 필수적인 것

④ 혼잣말: 인지발달에서 자기조절을 향하는 중간단계, 자기지시

⑤ 근접발달 영역: 실제 발달 수준과 잠재적 발달 수준 사이

⑥ 비계 설정: 스스로 문제를 해결할 수 있게 도움의 양 조절

(2) 기법

① 설명하기

② 단서 제시

③ 모델링

④ 격려

4) 동화 창작 심리상담 활용

(1) 감각적 표현하기

① 의성어

② 의태어

③ 오감 표현

(2) 주제 제시

① 발달단계별 주제
- 감각운동기: 빨기, 잡기 등 도식 사용 주제
- 대상영속성: 까꿍 동화, 대상이 가려졌다 다시 나타나는 동화
- 전조작기: 물활론적 표현, 나 주인공, 일과, 모방 행동, 역할놀이 주제
- 구체적 조작기: 특정 사건, 또래관계, 문제 상황과 해결 방법 제시
- 형식적 조작기: 보다 복잡한 사건, 추리, 논리적 · 체계적 해결 방법 사용

② 동화 소재 결합하여 문장 만들기

③ 자기지시 주제: 혼잣말, 특정 상황에 대한 대처 방식

④ 책 만들기: 사전/백과사전류 지식 책, 모방 그림책

(3) 비고츠키식 이야기 확장

① 표현의 비계 설정: 내담자 역량보다 조금 더 발전된 표현을 촉진

② 개념 및 예시 설명

③ 단서 제시

④ 모델링

⑤ 방향 예시

⑥ 칭찬과 격려 등

4. 학습 이론과 행동주의 상담 이론

1) 파블로프(Pavlov, I.)의 고전적 조건 형성 이론

(1) 주요 개념

① 무조건 자극: 반사적 반응을 유도하는 자극

② 무조건 반응: 무조건 자극에 의한 자동적 반응

③ 조건 자극: 무조건 자극과 함께 제시되어 조건을 형성하는 자극

④ 조건 반응: 무조건 자극 없이 조건 자극에 의해 유발된 반응

⑤ 자극 일반화: 조건 자극과 유사한 여러 자극에 반응

⑥ 자극 변별: 조건 자극과 현저히 다른 자극에는 반응하지 않음

2) 왓슨(Watson, J. B.)의 행동주의 이론

(1) 주요 개념

① 환경결정론: 외부 환경자극에 따른 성격 형성

② 자극-반응(S-R) 연합: 감각기관을 흥분시키는 자극과 그에 따른 반응의 연합. S-R은 다음 S-R 연합으로 연계되며, 이전 S-R 연합의 반응이 다음 S-R 연합의 자극이 되며 복잡한 행동체계를 형성

(2) 자극-반응 연합 영향요인

① 빈도법칙: 자극에 자주 반응할수록 같은 반응이 점차 강해짐

② 최근법칙: 특정 자극과 특정 반응 사이의 시간 간격이 짧을수록 그 연합이 일어날 가능성이 높아짐

3) 스키너(Skinner, B. F.)의 조작적 조건형성 이론

(1) 주요 개념

① 효과의 법칙: 보상이 있는 행동은 학습하고, 처벌이 있는 행동은 회피. 조건형성의 원리

② 조작적 행동: 특정한 결과를 얻거나 회피하기 위한 의도적 행동. 대부분의 인간 행동에 해당

③ 강화: 자극의 제시는 정적, 자극의 제거는 부적
  - 정적 강화 : 긍정적 강화인 제시를 통한 행동 증가(예: 잘한 행동에 대해 칭찬, 간식, 게임, 놀이, 장난감 제시)
  - 부적 강화 : 부정적 강화인 철회를 통한 행동 증가(예: 잘한 행동에 대해 숙제 면제, 청소 면제)

④ 처벌: 불쾌한 자극 제시로 반응 감소 또는 제거
  - 정적 처벌 : 부정적 강화인 제시를 통한 행동 감소(예: 잘못된 행동에 대해 숙제, 청소, 꾸지람 제시)
  - 부적 처벌 : 긍정적 강화인 철회를 통한 행동 감소(예: 잘못된 행동에 대해 게임 금지, 외출 금지)

⑤ 소멸: 조작적 행동 감소, 행동에 따른 결과 없음

⑥ 변별자극: 행동의 기준이 되는 자극

⑦ 행동조성법: 목표에 근접한 행동 수행을 강화하여 점진적으로 학습시킴

(2) 기법

① 강화

② 처벌

③ 소멸

④ 강화계획: 계속적 강화, 간헐적 강화(횟수, 시간)

⑤ 연쇄: 자극-반응-강화 중 하나의 사건에 강화인이 된 자극이 다음 사건의 변별자극이 됨

⑥ 조형: 점진적 접근법. 목표에 다가갈수록 강화 제시

⑦ 자극 일반화: 특정 반응이 여러 상황에서 보상받아 자극이 변하여도 동일한 반응을 보임

⑧ 반응 일반화: 자극은 동일하나 그에 대한 반응에 변화를 보임

4) 밴듀라(Bandura, A.)의 인지적 사회학습 이론

(1) 주요 개념

① 상호결정론: 개인, 행동, 환경 간의 상호작용

② 자기효능감: 자기 능력에 대한 신념

③ 관찰학습: 주의-기억-운동 재생-동기 유발

④ 모방학습: 흉내 내기

⑤ 대리학습: 다른 사람의 행동과 그 결과를 보고 자신의 행동 결과를 예상

⑥ 모델링 효과: 새로운 행동의 모방. 이전에 이루어졌으나 그러한 형태로 결합된 적 없는 행동의 재결합

⑦ 유도 효과: 모델이 존재하지 않으나 새로운 행동 유도, 촉진

⑧ 억제 효과: 억제, 벌, 좌절

⑨ 비억제 효과: 격려

5) 행동치료 기법

(1) 부적응 행동 감소 기법

① 소거: 부적응 행동의 강화 요인 제거

② 혐오적 조건 형성: 문제행동과 불쾌한 경험을 짝지어 제공, 타임아웃(time out)

③ 노출법: 자극 상황을 반복적으로 노출하되 문제행동을 막아 둔감화 유도. 점진적 노출법, 급진적 노출법, 홍수법, 실제 상황 노출법, 상상적 노출법

④ 체계적 둔감법: 긴장 이완 상태에서 점차 강한 공포 자극에 노출시키는 방법

(2) 적응 행동 증진 기법

① 행동조성법: 적응적 행동에 긍정적 강화, 부적응적 행동에 강화물 제거
② 토큰 강화: 도장, 스티커, 쿠폰 등을 일정 개수 이상 모으면 강화물과 교환할 수
  있게 하여 적응적 행동을 유도
③ 모델링: 모델을 관찰하여 적응 행동을 모방 학습
④ 생활기술 훈련: 구체적인 계획을 세우고 실행하도록 촉진
⑤ 활동계획: 구체적인 계획을 세우고 실행하도록 촉진
⑥ 자기지시 훈련: 자기지시를 통해 적응적 행동을 연습하고 실행하도록 촉진

6) 동화 창작 심리상담 활용

(1) 행동 형성 및 유지

동화 창작 과정에서 행동치료 기법(행동 조성법, 토큰강화, 모델링 등)을 활용하여 부적응 행동을 감소시키고, 다음과 같은 적응 행동을 증진시킨다.

- 착석 유지
- 주의집중
- 기다리기
- 지시 따르기
- 차례 지키기
- 규칙 지키기: 동화 창작 과정에서 주어지는 특정 양식이나 규칙 따르기
- 정리하기: 생활습관 형성, 생활기술 훈련
- 자기조절: 끼어들기 자제, 불안 및 강박행동 조절, 습관 수정, 감정조절, 신체조절
- 활동 계획을 세우고 실행하기: 이야기 줄거리 만들기, 이야기 구조 양식에 따라 이야기 구조화하기, 처음에 세운 이야기 구조에서 벗어나지 않고 이야기 완성하기
- 자기지시어 사용하기: 동화 창작 과정에서 발생하는 충동을 자발적으로 억제. 규칙이나 이야기 진행에서 벗어나고 싶을 때 사용할 자기지시어 목록을 만들고, 자

기 행동을 관찰하여 해당 상황이 되면 자기지시어를 회상하여 사용(예: "여기서 멈추지 말자. 할 수 있다!" "생각이 안 나는데……. 나는 어떻게 했더라? 생각해 보자." "문제는 다 썼네. 이제 해결 방법을 쓸 차례야." "줄거리에서 너무 벗어나고 있어.돌아와~" "이것만 하면 자유시간이야. 힘내자.")

(2) 주제 제시

- 부적응 행동 감소 기법을 활용하여 문제를 해결하는 동화
- 적응 행동 증진 기법을 활용하여 목표를 성취하는 동화
  - 각각의 기법을 제시하고 방법을 설명한 후에 해당 기법이 필요한 상황, 해당 기법으로 해결할 수 있는 문제 말하기
  - 그 상황에 처한 주인공이 누구일지 상상하기. 주인공의 특성, 그러한 상황에 처하게 된 이유를 서술하고 이야기 전개하기
- 강화나 처벌을 활용하여 문제를 해결하는 동화

5. 인지행동주의 상담 이론

1) 엘리스(Ellis, A.)의 합리적 정서행동치료

(1) 주요 개념

- 인지적 요인
- 비합리적 신념: 자기, 타인, 세상에 대한 비현실적인 기대와 요구, 당위적 사고
- 비합리적 사고: '반드시 ~해야 한다.' '그렇지 않으면 ~하는 것이 마땅하다.' 지나친 과장, 자기 및 타인 비하, 낮은 좌절 인내력, 파국화, 절대적인 강요와 당위, 흑백논리, 비약적 결론, 예언, 부정적인 것에 초점 맞추기, 전체로 싸잡아 평가하기, 축소하기, 감정적 추론, 이름 붙이기와 과잉 일반화, 개인화, 잘못된 근거로 주장하기, 완벽주의

(2) ABC 모델: 비합리적 신념의 구체적 기준과 내용

- A: 촉발사건(Activating events)
- B: 신념(Beliefs)
- C: 정서적 또는 행동적 결과(Consequences)
- 자극(S) A → 매개요인(O) B → 반응(R) C 또는 A × B = C
- 확장: 선행사건 → 합리적 사고 → 적응적 결과
  선행사건 → 비합리적 사고 → 부적응적 결과

(3) ABCDEF 모델: 비합리적 신념을 찾아 논박하여 합리적 신념으로 변화시키기(DEF)

- D: 비합리적 신념에 대한 논박(Dispute)
- E: 효과적인 철학(Effective philosophy), 비합리적 신념 해소, 합리적 신념으로 전환
- F: 합리적 신념에서 비롯된 새로운 감정(Feeling)과 행동

(4) 치료 기법

- ABC 기법: 비합리적 신념 찾기. 부적응적 감정과 행동 구체화(C) → 해당 상황이나 사건을 객관적 기술(A) → A와 C를 연결하는 신념과 사고 탐색
- 비합리적 신념 논박
  - 소크라테스식 문답법: 논리적 논박("타당하다고 생각하는 이유는 무엇인가?"), 경험적 논박 ("그렇게 생각하게 된 계기가 있는가?"), 실용적/기능적 논박("그것이 도움이 되는가?"), 철학적 논박 ("그것이 당신에게 어떤 의미인가?"), 대안적 논박("그것을 대신할 만한 합리적 신념은 무엇인가?")
  - 설명식 논박: 강의식 설명
  - 풍자적 방법: 내담자의 신념을 과장하거나 희화화하여 비합리성을 깨닫게 함
  - 모델링: 내담자와 유사하나 문제없이 살아가는 경우 예시
- 정서적 · 체험적 기법
  - 합리적 정서 심상법: 문제 상황을 상상하고 그에 따른 고통 구체적으로 표현하기. 건강

한 감정으로 바꾸기 위해 어떻게 대응하는 것을 상상했는지 탐색. 대처언어, 자기지시,
대처행동 등 대처 방법 탐색
- 합리적 역할극: 문제 상황을 역할 연기로 체험
- 대처언어 연습
- 유머
● 행동적 기법
- 강화와 벌칙
- 수치심 깨뜨리기 연습
- 행동기술 훈련
- 역설적 과제: 치료 목표와 반대로 행동해 보기

2) 아론 벡(Beck, A. T.)의 인지치료

(1) 주요 개념

● 자동적 사고
● 인지적 오류/왜곡: 인지적 과정의 오류. 선택적 사고, 잘못된 명명, 과잉 일반화,
과장과 축소, 개인화, 흑백논리, 독심술, 예언자, 감정적 추리
● 스키마(schema, 인지도식), 핵심 신념과 중간 신념

(2) 기법

● 왜곡된 인지 수정을 통한 인지도식 재구성: 자동적 사고 → 중간 신념 → 핵심
신념 → 인지도식
● 역기능적 사고 기록
● 하향 화살표 기법: 자동적 사고 기저의 역기능적 신념 찾기
● 행동실험: 실제 행동과 그 결과
● 이성과 감정 역할 연기
● 대처카드: 적응적 사고 문장 읽기, 말하기
● 활동계획표 작성
● 과제 부여: 적응기술, 점진적 과제

3) 인지행동치료

(1) 핵심 기법

- 여기-지금에 초점
- 사례개념화
- 치료적 관계
- 소크라테스식 질문
- 구조화하기: 목표 설정 → 문제 선별 → 증상 점검 → 회기 연결 → 피드백 →회기 진행 속도 조절 → 과제 부여 → 치료도구 사용
- 심리교육
- 인지적 재구조화
- 행동기법
- 재발 방지를 위한 대처 방안 연습

(2) 자동적 사고 수정

- 소크라테스식 질문
- 증거 점검
- 인지적 오류 탐색
- 생각의 변화 기록
- 합리적 대안 창조
- 파국적 사고 탈피
- 재귀인
- 인지적 예행연습
- 대처카드 사용하기

4) 동화 창작 심리상담 활용

(1) 주제 제시

- 여러 가지 문제행동 주제

- 여러 가지 자동적 사고, 인지적 오류/왜곡 주제

(2) 주인공의 문제행동 중재

- 주인공 분석하기: 생각, 느낌, 행동, 말을 구분
- 주인공이 가진 역기능적 사고 찾기
- 비합리적 신념을 과장 또는 축소하여 풍자하기, 유머 만들기
- 질문을 통해 비합리적 신념에 논박하기
- 주인공이 대처생각, 대처행동, 대처언어를 사용하는 장면을 표현하기
- 주인공의 교육과 훈련 장면을 표현하기
- 주인공의 변화와 결과를 표현하기

(3) 경험 연결

- 주인공과 나의 공통점 찾기, 자기 탐색
- 주인공과 비슷한 상황의 경험 말하기
- 나의 경험 분석하기: 생각, 느낌, 행동, 말을 구분하고, 문제에 이름 붙이기
- 문제의 영향 탐색하기
- 주인공과 나의 문제 해결 방법 비교하기
- 나의 대처생각, 대처행동, 대처언어 목록 만들기

6. 인간 중심적 이론

1) 매슬로(Maslow, A. H.)의 욕구위계 이론

(1) 주요 개념

- 인간 욕구의 위계

[그림 2-1] 인간 욕구의 위계

- 결핍동기
- 성장동기

(2) 자아실현인의 특성

- 효율적 현실을 지각
- 자신과 타인에 대한 수용
- 자연스러움, 솔직함
- 문제 중심적
- 초연함
- 자율성
- 신선함
- 신비로운 경험

- 인류애
- 깊고 풍부한 대인관계
- 민주적 성격 구조
- 수단과 목적을 구분
- 철학적 유머감각
- 창의성
- 문화에 대한 저항

2) 로저스(Rogers, C)의 인간중심상담 이론

(1) 주요 개념

- 자기: 개인적 특성
- 자기개념: 타인과 관계 사이에서 형성한 특성에 대한 통합적이고 전체적인 개념
- 자아상: 현실적 자기와 이상적 자기의 통합
- 실현 경향성: 완전한 발달, 자기실현의 동기와 성향
- 자기와 경험의 불일치
  - 유기체적 욕구와 존중받고자 하는 욕구 간의 괴리와 갈등
  - 자신이 보는 자아와 타인이 자신을 보는 자아의 일치: 성숙, 적응적, 충분히 기능, 현실적 사고
  - 자신이 보는 자아와 타인이 자신을 보는 자아 간의 불일치: 위협, 불안, 방어적 행동, 위축되고 경직된 사고
  - 실제적 자아와 이상적 자아 간의 불일치: 위협, 불안 방어기제
- '카운슬링(counseling)' 단어 처음 사용
- 비지시적 치료 → 내담자중심치료 → 인간중심치료
- 현재의 문제 해결을 넘어 심리적 성장을 이루고, 내담자가 충분히 기능하는 사람이 되도록 도움

(2) 실현 경향성 발현 조건

- 경험에 대한 개방성
- 실존적인 삶
- 자신 신뢰, 자기 수용
- 성장의지

(3) 기법

- 일치와 진실성: 상담자의 꾸밈없는 자세, 진실에의 노력
- 무조건적 긍정과 존중
- 공감적 이해와 공감적 반영
- 적극적 경청
- 즉시성: 지금－여기에서의 체험
- 자기 노출: 상담자의 생각과 경험 노출
- 상담자의 개성: 상담자 각자의 창조적 방식
- 자기와 경험의 일치: 자각 → 수용 → 표현 → 방어 감소 → 개방성 증가 → 자각 증가
- 부정된 경험 수용, 동화
- 변화에 대한 융통성: 건강하고 통합된 적응. 자신의 경험이 어떤 변화를 필요로 하는지 평가

3) 동화 창작 심리상담 활용

(1) 상담자의 태도

인간중심상담의 상담 기법에 기반하여 태도를 유지한다.

(2) 이미지화

- 이미지를 형상화함
- 이미지의 의미를 끌어냄. 상징적 해석보다 내담자 자신의 의미 부여가 중요

- 질문하기
  - 이미지에 대한 느낌이 어떤가요?
  - 관련해서 떠오르는 것이 있나요?

(3) 주제 제시

- 실제적 자아와 이상적 자아 간의 불일치를 주제로 한 이야기
- 매슬로의 인간 욕구위계 각 단계에 해당하는 등장인물로 만든 동화
- 결핍동기와 성장동기를 주제로 한 동화
- 주인공의 욕구위계에 해당하는 단계를 파악 → 자아실현인이 되기 위한 여정 주제

(4) 진행 방식

타인과의 신뢰를 형성하고, 공감과 존중을 표현 및 경험하는 방식으로 진행한다.

- 소재 골라 주기: 내가 고른 소재로 다른 사람이 이야기를 만들어 줌. 재미있고 행복한 결말 만들기
- 릴레이 동화: 서로 번갈아 가며 이야기를 진행. 이때 상대방이 다음 이야기를 이어 갈 수 있도록 지나치게 개연성이 없는 이야기는 지양하고 상대를 배려하며 이야기를 진행하도록 함
- 협동 동화: 브레인스토밍과 같이 여러 사람이 함께 소재를 정하고 방향을 조율하여 이야기 진행. 타인 존중하기(예: "그거 좋은 생각이다." "그러면 이렇게 이어 가면 되겠다.")

7. 동물행동학적 이론

1) 로렌츠(Lorenz, K. Z.)의 각인 이론

(1) 주요 개념

① 본능적 행동
② 각인: 결정적 시기에 일어남
③ 결정적 시기: 특정 기간 노출된 대상에 애착을 가짐
④ 특정 적응 행동을 습득하기 위해서는 적절한 자극적 환경이 필요

2) 볼비(Bowlby, J.)의 애착 이론

(1) 주요 개념

- 애착관계: 양육자와의 강렬한 정서적 유대감
- 민감한 시기: 생후 첫 3년, 사회정서 발달의 민감한 시기

(2) 애착 형성 단계

〈표 2-6〉

연령	구분	발달단계
0~6주	전 애착 단계	붙잡기, 미소, 울기, 응시
6주~8개월	애착 형성 단계	친숙한 사람과 낯선 사람 구분하여 반응, 분리불안은 보이지 않음
8~18개월	애착 단계	적극적 접근, 분리불안, 대상영속성
18개월~2세	상호관계 형성 단계	협상, 대상의 행동수정

(3) 애착 유형

- 안정애착: 긍정적, 주도적, 타인을 신뢰하고 존중
- 회피애착: 타인을 신뢰하기 어렵고, 친밀한 관계 형성이 힘듦
- 저항애착: 의존적, 감정적, 거절에 대한 두려움이 존재
- 혼란애착: 회피형과 저항형의 특징을 모두 보이며, 자신과 타인 모두에게 부정적

(4) 애착 반응

- 낯가림
- 분리불안

(5) 애착 손상의 회복

- 불안정 애착의 회복 방법: 접촉놀이 등을 통한 일관적 · 지속적 교감

3) 동화 창작 심리상담 활용

(1) 애착에 관한 주제 제시

- 애착인형, 애착 물건에 대한 동화
- 사랑을 표현하는 방법에 대한 동화
- 만남과 헤어짐에 대한 동화
- 안정적인 것과 안전한 것에 대한 동화
- 낯가림, 분리불안과 건강한 분리에 대한 동화
- 건강한 애착관계에 대한 동화(부모-자녀, 친구, 동료, 연인)
- 불안정 애착을 회복하는 동화

(2) 애착에 관한 다양한 표현 촉진

- 촉감과 온도 묘사하기: 부드럽다, 폭신하다, 포근함, 따스함 등
- 색채 표현하기: 노란색, 분홍색 등

- 감정 표현하기: 불안, 안정
- 연계 활동하기: 애착인형 만들기, 촉감놀이, 색채놀이, 감정놀이

8. 생태학적 이론과 도덕성 발달 이론

1) 브론펜브레너(Bronfenbrenner, U.)의 생태학적 체계 이론

(1) 주요 개념

- 사회문화적 관점
- 상호작용
- 환경체계
- 생태학적 전환: 하나 또는 둘 이상의 체계의 주요한 전환으로 발생하는 중대한 변화. 전 생애에 걸쳐 이루어짐

(2) 환경 체계

- 미시체계: 아동의 근접환경. 가정, 학교, 또래집단, 이웃 등. 부모, 친구, 교사와 상호작용. 능동적 존재인 아동의 성장과 함께 변화함
- 중간체계: 상호작용하는 미시체계, 환경들과의 관계. 부모-교사, 형제, 이웃 친구 등. 아동이 서로 다른 환경에서 다중적인 역할로 참여. 밀접할수록 발달이 순조로움
- 외체계: 아동이 직접 참여하지 않으나 아동에게 영향을 주는 사회적 환경. 공공기관, 사회복지시설, 문화시설, 대중매체, 부모의 직업 등
- 거시체계: 미시체계 + 중간체계 + 외체계 + 문화적 환경
- 시간체계: 전 생애에 걸친 변화와 사회적·역사적 환경 포함. 외적 사건과 내적 사건으로 구성

2) 콜버그(Kohlberg, L.)의 도덕성 발달 이론

(1) 도덕성 발달단계

- 1수준: 전인습적 수준
  - 1단계: 벌과 복종 지향의 도덕, 실제적인 물리적 손실이 선악 평가에 중요하게 작용
  - 2단계: 목적과 상호교환 지향의 도덕, 타인이 자신에게 한 행동에 따라 행동. 보상 획득을 위해 타인 이용. 나에게 이익이 되는 행동이 도덕적 행동
- 2수준: 인습적 수준
  - 3단계: 착한 아이 지향의 도덕, 타인의 기대와 인정, 동기와 의도가 중요, 신뢰, 충성, 존경, 감사 등이 중요
  - 4단계: 법과 질서 지향의 도덕, 법을 준수하는 것이 도덕적 행동, 권위와 법에 복종, 의무 이행과 희생을 감수한 질서 유지
- 3수준: 후인습적 수준
  - 5단계: 사회계약 지향의 도덕, 법 준수, 필요가 충족되지 않으면 변경할 수 있다고 생각
  - 6단계: 보편적 원리 지향의 도덕, 윤리 기준에 위배되는 경우 관습이나 법보다 보편적 원리에 따라 행동. 불복종과 처벌 수용

3) 동화 창작 심리상담 활용

(1) 내담자 이해

내담자가 속한 환경체계와 그에 대한 내담자의 태도와 생각, 내담자가 속한 도덕성 발달단계를 파악한다.

(2) 주제 제시

- 주인공이 속한 환경체계 파악 → 이야기 범위 확장
- 주인공의 도덕성 발달단계 파악 → 한 단계 높은 단계로 변화하기 위한 과정을 주제로 제시
- 내담자의 도덕성 발달단계 파악 → 한 단계 높은 단계로 변화하기 위한 과정을 주제로 제시

9. 실존적 심리상담

1) 실존적 심리치료

(1) 주요 개념

- 실존적 불안
- 실존적 조건: 죽음, 자유와 책임, 고독, 무의미
- 실존적 세계: 물리적 차원인 자연세계, 사회적 차원인 인간세계, 심리적 차원인 자기세계, 영적 차원인 초월세계
- 진실한 인간: 실존적 조건을 직면, 수용하고 실존적인 삶을 추구
- 성격 발달(May, 1992): 순수 → 반항 → 결정 → 관습 → 창조

(2) 기법

- 죽음 직면 및 둔감화: 죽음의 시각화, 언어화
- 자기 삶에 대한 자유와 책임 자각: 선택의 결과 인식
- 실존적 고독과 인간관계 양식 직면
- 자기인식: 소망, 감정, 내면적 욕구 언어화
- 삶의 의미 발견과 창조
- 지금－여기의 자유 경험, 자유연상과 표현
- 꿈 작업: 실존에 대한 무의식적 태도 통찰
- 상담자와 내담자의 치유적 관계

2) 동화 창작 심리상담 활용

(1) 주제 제시

- '삶'을 주제로 한 동화: 살아 있다는 감각, 고마움, 감사, 사랑 등 의미 있는 감정과 개념, 목표 찾기, 삶의 목표를 찾는 여정 등
- '죽음'을 주제로 한 동화: 사별과 애도 반응, 반려동물의 죽음, 주인공 및 등장

인물의 죽음과 그 반응, 사후세계, 영혼 등

- '고독'을 주제로 한 동화
- '자기인식'을 주제로 한 동화
- '자유와 책임'을 주제로 한 동화

(2) 배경 설정

- 자연세계 배경: 물리적 차원, 자연환경
- 인간세계 배경: 사회적 차원, 일상생활
- 자기세계 배경: 심리적 세계(예: 영화 〈인사이드 아웃〉)
- 초월세계 배경: 영혼, 사후세계(예: 영화 〈코코〉, 〈소울〉)

10. 게슈탈트 심리상담

1) 펄스(Perls, F.)의 게슈탈트치료

(1) 주요 개념

- 실존주의적
- 지금─여기
- 게슈탈트: 개인에 의해 지각된 자신의 행동동기
- 게슈탈트 형성: 지각을 통해 욕구나 감정이 전경으로 떠오름. 나머지는 배경으로 물러남. 전경과 배경이 구분되지 않으면 자신이 무엇을 하고 싶은지 모르고, 의사결정에 어려움을 보임
- 미해결 과제: 게슈탈트를 형성하였으나 해소되지 못하여 배경으로 사라지지 않고 전경으로 떠오르려고 하는 것. 억압된 감정으로 표현, 연습과 훈련을 통해 미해결 과제를 알아차리고 완결하는 것이 치료 목표
- 알아차림: 자신의 욕구나 감정을 지각. 게슈탈트를 형성해 전경으로 떠올림.

미해결 과제나 새로 형성된 게슈탈트 알아차리기

- 접촉
  - 게슈탈트 해소(완결)를 위한 환경과의 상호작용
  - 현재를 있는 그대로 경험하고 환경과 상호작용하는 것
  - 분명한 알아차림, 충분한 에너지, 자신을 표현할 수 있는 능력
- 접촉경계 혼란: 개체와 환경 간의 경계에 생긴 문제로 유기적인 접촉이 방해되는 것. 이로 인해 미해결 과제가 쌓이고 환경 적응에 실패함. 건강한 개체는 접촉경계에서 환경과 교류하며 필요한 것은 경계를 열어 수용하고, 유해한 것은 경계를 차단하여 보호하는데, 경계에 혼란이 생기면 심리적 · 신체적 혼란이 생김
- 개인과 환경의 연결성 회복
  - 내담자의 자각을 증진, 새로운 행동방식을 찾도록 도움
  - 지금 이 순간 내담자에게 나타나는 변화 깨닫기
  - 감정을 발산하여 통찰력을 촉진하고 감정을 조절
  - 통찰을 통해 효과적 행동 발달

(2) 접촉 방해 과정

- 내사: 무비판적 수용
- 투사: 자신의 생각이나 욕구, 감정을 타인이 자신에게 향하는 것으로 인식
- 반전: 환경과의 상호작용 없이 타인에게 하고 싶은 행동 또는 타인이 자신에게 행하길 원하는 행동을 자신에게 행함. 신체화, 강박, 열등감, 죄책감, 우울 유발
- 편향: 부정적 심리 상태에 압도당하지 않기 위한 접촉 회피, 감각 둔화를 통한 접촉 약화. 불안, 죄책, 갈등, 긴장 등에 대한 방어
- 융합: 융합관계. 밀접한 관계의 사람들이 독자성을 무시하고 동일한 가치와 태도를 지닌 것으로 여김. 외로움, 공허감, 경계선 성격장애 등
- 자의식: 자기 행동에 대한 타인의 반응에 지나치게 민감

(3) 기법

- 질문: What 질문, How 질문, Stay with the feeling을 통한 알아차림 증진

- 욕구, 감정 자각: "지금 어떤 느낌인가요?" "생각을 비우고 현재 느낌에 집중해 보세요. 당신이 원하는 것은 무엇인가요?" "'~하고 싶다'라는 문장을 3개 만들어 보세요." "원하고 있지만 얻을 수 없다고 여기는 것은 무엇인가요?" "그 말을 하는 지금 느낌이 어떤가요?"

- 신체자각: "눈을 감고, 호흡을 느껴 보세요." "몸의 감각을 느껴 보세요." "당신의 몸이 지금 어떻게 하고 있는지 자각해 보세요."(예: "지금 허리를 굽히고 있네요? 방금 코를 찡긋한 걸 아시나요?") "당신 몸의 목소리를 들어 보세요. 어깨가 뭐라고 말하고 있나요?"

- 환경자각: "눈을 감고 주변 소리에 귀를 기울여 보세요." "눈을 뜨고 주변을 둘러보세요." "이 공간 안에서 무엇이 보이나요?" "지금까지 보지 못한 새로운 것이 보이나요?" "주변 사물을 자세히 살펴보세요. 어떤 모양인가요? 무슨 색깔인가요?"

- 언어자각: 책임 회피적인 언어습관 수정, '수동태' 대신 '능동태' 사용하기, '나는'을 주어로 사용하기, '하지만' 대신 '그리고' 사용하기, '그 책임은 내가 집니다.' 덧붙이기

- 직면: 회피하지 않고 마주하기

- 역할 연기: 과거나 미래 특정 상황 설정, 역할과 행동 수행

- 빈 의자 기법: 의자에 미해결 감정의 원인이 되는 대상이 앉아 있는 것으로 간주하고 감정을 표현. 지금-여기에서 경험하고 있는 것처럼 대상에게 말하고 느낌 표출하기

- 꿈 작업: 꿈은 자기 일부가 외부로 투사된 것

- 창조적 투사: 의도적으로 자기 욕구나 감정을 타인에 투사하는 역할 놀이. 불평 대상이 되어 연기하여 자기감정 알아차리기

- 실험하기: 현실 검증, 반대로 하기. 생각한 행동이 환경에 알맞은지 확인하거나 행동 영역 확장

- 기타: 현재화, 과장하기, 머무르기, 반대로 하기, 과제 주기 등

2) 동화 창작 심리상담 활용

(1) 주제 제시

- 동화를 통해 갈등, 문제점, 억압된 감정을 표현하도록 함
- 동화 속에서 '자기 부분과의 대화' 표현하기

- 동화 속에서 주인공으로 '실험하기' 수행, 그에 대한 주변 반응 서술하기
- 동화 속에서 주인공으로 '알아차림' 표현하기. 접촉경계장애 행동, 사고패턴, 행동패턴 등의 행위 알아차리기. 신체감각, 욕구, 감정, 환경, 상황, 내적인 힘 등 현상 알아차리기
- 내 인생에서 의미 있는 순간들을 표현하고 연결하여 자전적 동화 만들기

(2) 게슈탈트 심리상담 기법을 활용한 이야기 확장

- 질문 활용하기: What 질문, How 질문, Stay with the feeling을 활용한 주인공의 욕구, 감정, 신체 감각, 언어, 행위, 환경 설정
- 주인공의 과거나 미래 특정 상황 설정, 역할과 행동 수행
- 등장인물을 미해결 감정의 원인이 되는 대상으로 간주하고 감정 표현하기. 지금—여기에서 경험하고 있는 것처럼 대상에게 말하고 느낌을 표출하며, 주인공의 대사로 감정을 표현하기
- 창조적 투사: 의도적으로 자기 욕구나 감정을 이야기에 투사하여 자기 감정 알아차리기
- 주인공에게 현재 문제에 대해 실험하기, 과장하기, 반대로 하기, 과제 주기 등

(3) 알아차림—접촉 주기에 따른 동화 창작

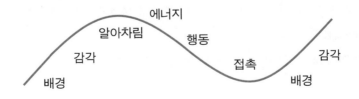

[그림 2-2] 알아차림—접촉 주기

① 일상적인 장면 속에 주인공의 몸과 환경에 대한 지각 상태를 표현한다.
② 작가가 가진 미해결 감정의 대상이 되는 인물을 등장인물로 만들어 등장시킨다.

③ 빈 의자 기법 활용: 반복되는 갈등 상황에 대하여 해당 등장인물에 대한 주인공의 반응을 표현하고, 이전의 경험에서 하지 못한 말이나 표현을 이야기 속에서 묘사한다.

④ 주인공의 문제를 해결하기 위한 에너지를 동원한다. 주인공의 강점과 약점, 장단점, 목표, 계획, 결핍과 결핍을 채워 줄 수 있는 것, 의지, 소망 등을 고려하여 새로운 행동을 탐색한다.

⑤ 주인공이 문제를 해결하기 위해 어떻게 행동할지를 묘사한다.

⑥ 새로운 결말 만들기: 처음의 문제는 더 이상 문제가 되지 않는 상태. 원하는 것을 이루는 미래, 구체적인 미래 계획 및 묘사, 사건의 종결 이후 긴 시간이 흐른 뒤의 후일담 등 지금까지와 다른 변화된 결말을 만들고 이야기를 완결한다.

(4) 두 의자 기법을 활용한 동화창작

- 여러 책이나 TV 프로그램 등에서 흔히 묘사되는 내 안의 천사와 악마와 같이, 내면의 각 부분을 인격화하여 등장인물화한다.
- 권위적이고, 우월하고, 지시적인 인물과 그에 의해 억압받고, 착취당하거나 희생당하는 인물과 같이 대립되는 성격의 역할을 만들어 이야기를 전개할 수 있다.
- 우월 vs 열등, 주인 vs 하인, 능동적 vs 수동적 등

11. 현실치료

1) 현실치료

(1) 주요 개념

- 선택이론: 인간 행동의 이유와 방법
- 기본 욕구를 충족하는 '좋은 세계'를 획득하기 위한 전체 행동
    - 기본 욕구: 생존, 사랑/소속, 권력/힘, 자유, 재미/즐거움

- 전체 행동: 행동, 생각, 느낌, 신체적 반응
- 자신의 욕구를 충족하면서 타인의 권리도 존중
- 인간관계 개선

(2) 기법

- 치료적 환경: 수용, 공감, 희망, 용기, 스스로 선택하고 통제할 수 있음을 격려
- WDEP 모델: 욕구(Wants), 현재 행동과 지향(Doing and Direction), 현재 행동 평가(Evaluation), 행동 계획과 실천(Planning and Commitment)
- 질문하기
- 동사로 표현하기
- 긍정적 접근
- 은유적 표현
- 직면
- 역설적 기법
- 유머

2) 동화 창작 심리상담 활용

(1) 주제 제시

- 기본 욕구(생존, 사랑, 권력, 자유, 재미)를 추구하는 동화
- 기본 욕구(생존, 사랑, 권력, 자유, 재미)의 정의를 탐구하는 동화[예: 『사랑 사랑 사랑』(맥 바넷 글·카슨 엘리스 그림, 2021), 『살아 있다는 건』(다니카와 순타로 글·오카모토 요시로 그림, 2020), 『사라지는 것들』(베아트리체 알레 마냐 글·그림, 2021)]
- 선택에 따른 변화, 좋은 세계 만들기를 주제로 한 동화
- 원하는 것과 현재 행하고 있는 현실의 차이를 주제로 한 동화

(2) WDEP 모델에 따른 이야기 전개

- 욕구

- 무엇을 원하는가?

- 원하고 있지만 얻을 수 없다고 여기는 것은?

- 원하는 것이 이루어지지 못하게 방해하는 것은?

- 원하는 대로 다 이루어진다면 갖고 싶은/하고 싶은 것은?

- 행복의 구체적인 형태를 묘사한다면?

- 만족스러운 상황을 위해 변해야 하는 것은?

- 세 가지 소원이 이루어진다면 무엇무엇일까?

- 기적이 일어난다면 어떤 기적이 일어날까?

● 행동과 지향

- 무엇을 하고 있는가?

- 어떤 생각을 하고 있는가?

- 어떤 노력을 하고 있는가?

- 전과 달리 이번에 하고 싶은 것은?

- 무엇을 할 예정인가?

- 전체 행동 자세히 묘사하기

● 평가

- 이것이 또는 이런 식으로 하는 것이 도움이 되는가?

- 이런 생각이 도움이 되는가?

- 실현 가능한가?

- 이게 최선인가?

- 본인의 가치관과 신념에 어긋나지 않는가?

- 원하는 방향으로 가고 있는가?

- 다른 사람에게 어떤 영향을 미치고 있는가?

● 계획과 실천

- 욕구 충족 계획 세우기

- 단순한 계획

- 실현 가능한 계획

- 측정 가능하고 구체적인 계획

- 즉시 실행 가능한 계획

- 관심을 갖고 참여 가능한 계획

- 통제 가능한 계획

- 일관성 있는 계획

- 실천에 대한 결심: 서약서

(3) 표현

- 다양한 동사 표현 활용
- 긍정적 표현
- 은유적 표현 사용
- 직면의 순간 표현
- 역설적 기법 사용
- 유머 사용

12. 해결중심상담 이론

1) 해결 중심 단기치료

(1) 주요 개념

- 내담자가 원하는 것을 이룰 수 있게 도움
- 상담자와 내담자의 관계 유형: 방문형 관계, 불평형 관계, 고객형 관계
- 칭찬: 상담 과정에서 나타나는 구체적 내용이 효과적
- 과제: 관찰과제, 행동과제
- 연결과 근거: 과제의 근거 제시, 칭찬과 과제의 연결
- 질문기법: 심리, 언어, 사회구성주의, 의사소통 이론, 대인관계 이론 등의 종합적 질문

(2) 질문기법

- 첫 회기 이전의 변화 질문: "지난번 면담 후 오늘 치료실에 다시 오기까지 변화한 것이 있나요?"
- 목표질문: "문제 대신 원하는 것은 무엇인가요?" "그것이 해결되면 무엇이 달라질까요?"
- 예외질문: "문제가 일어나지 않은 건 언제인가요?"
- 기적질문: "만약 기적이 일어나 문제가 해결된다면 어떻게 될까요? 무엇을 보고 기적임을 알 수 있을까요?"
- 척도질문: "1~10 중 1이 가장 고통스럽고, 10은 하나도 고통스럽지 않다고 하면 현재 어느 상태에 있다고 할 수 있을까요?"
- 대처질문: "어떻게 그렇게 할 수 있었나요?"
- 관계성 질문: "~는 어떻게 생각할까요? ~는 뭐라고 할까요?"
- 그 밖의 것에 대한 질문: "그리고 또 뭐가 있을까요?"

2) 동화 창작 심리상담 활용

(1) 내담자가 직접 주제, 소재, 주인공의 목표 선택

- 자전적 동화 만들기: 자신의 치료 과정을 반영
- 비슷한 문제를 가진 타인에게 도움을 주는 동화 창작

(2) 이야기 다리 놓기

- 현재의 문제 서술
- 목표 상황 서술
- 현재 문제와 목표 상황 사이의 중간 과정 채워 넣기

(3) 질문기법을 활용한 이야기 확장

- 변화 만들기
- 이례적인 상황 만들기

- 기적 만들기
- 느낌을 객관적으로 서술하기
- 대처 방법 만들기
- 등장인물의 관계성 만들기
- 그 밖의 것 추가하기

(4) 관찰과제와 행동과제 연습 및 반영

- 주인공의 행동을 서술하며 관찰과제와 행동과제 수행 연습
- 내담자의 관찰과제와 행동과제 수행 결과를 이야기에 반영

13. 교류분석상담 이론

1) 번(Berne, E.)의 교류분석상담 이론

(1) 주요 개념

- 교류: 사회적 작용 단위
- 교류자극: 상대의 존재를 인정하고 보내는 신호
- 교류반응: 자극에 대한 반응. 말, 행동
- 교류분석: 본인이 보여 준 행동에 대한 상대의 반응 행동을 분석하고 어떤 본성이 나타나는지 판단하는 방법
- 자아상태 모델(P−A−C)
- 삶의 태도
- 인생각본
- 스트로크: 신체적 자극, 심리적 자극, 존재 인정 자극. 언어적/비언어적, 긍정적/부정적, 조건적/무조건적
- (심리) 게임: 공격자, 구원자, 희생자

(2) 자아상태 모델(P-A-C)

- **부모자아(P)**
  - 배움. 초기 5년간 부모나 주 양육자의 행동이나 의견, 훈계, 규칙, 규율, 일상생활 기술, 부모와 자녀 간의 교류패턴, 그대로 기록, 일관성 부족. 평생 영향
  - 신체반응: 이마 찌푸리기, 꽉 다문 입술, 손가락질, 고개 젓기, 경악한 얼굴, 발 구르기, 허리에 손 얹기, 팔짱, 주먹 쥐기, 혀 차기, 한숨, 머리 때리기
  - 어휘 사용: '~해야 해' '나라면~' '내가 너라면' '몇 번 말해야 알겠니' '이번만 봐준다' '바보같이' '게으르기는' '미련하기는' '쓸모없기는' '감히!' '안 돼!' 등의 상대방을 평가하는 단어, 자동적 반응

- **어른자아(A)**
  - 자신이 생각하는 삶의 개념. 10개월부터 등장. 경험으로 체득한 데이터 수집과 처리. 부모자아와 어린이자아의 데이터 검토, 판단, 수용
  - 신체반응: 경청하는 자세, 꾸밈없는 얼굴, 호기심과 열정에 찬 어린이자아 드러내기
  - 어휘 사용: '언제' '어디서' '누가' '무엇을' '어떻게' '왜' '얼마나' '비교적' '참' '거짓' '십중팔구' '가능하면' '객관적으로 봤을 때' '내 생각에는' '내 입장에서는'

- **어린이자아(C)**
  - 자기의 감정과 경험, 초기 5년간 외부사건에 반응한 내부사건(내적 반응). 편집된 기록, 본인이 보고 듣고 느끼고 이해한 대로 재현
  - 신체반응: 눈물, 입술 떨림, 입술 삐죽임, 급작스런 짜증, 아기 목소리, 칭얼거림, 불안한 눈빛, 처진 어깨, 시선 떨굼, 매달림, 치대기, 환한 얼굴, 웃음, 손톱 물어뜯기, 깔깔 웃기, ~하려고 손들기 등
  - 어휘 사용: '몰라!' '하고 싶어!' '해 줘!' '제일 ~한 것' '내 것이 더~'

- **P-A-C의 미발휘**
  - 오염: 망상(이전의 경험을 현재에도 겪고 있는 것으로 착각), 환각(극심한 스트레스 상황에서 원인 없이 과거 경험이 재현됨)
  - 배제: P 배제(무규범, 상황마다 새로운 규칙 창조), A 배제(현실 검증력 없음), C 배제(어린 시절의 감정과 기억 차단, 감정 사용의 미숙), P에 오염된 A가 C 배제(즐길 줄 모름), 배제된 C가 P를 배제(부모 부정, 무규범, 양심에 따른 교류 불가)

(3) 삶의 네 가지 태도

① 자기부정—타인긍정(I'm not OK, you're OK)

② 자기부정—타인부정(I'm not OK, you're not OK)

③ 자기긍정—타인부정(I'm OK, you're not OK)

④ 자기긍정—타인긍정(I'm OK, you're OK)

(4) 인생각본

- 승리자 각본: 목표 설정, 자발적 결정, 실천
- 패배자 각본: 목표 미달성, 달성한 목표에 대한 불만족
  - 1급: 경미한 실패, 상실
  - 2급: 퇴학, 해고, 우울증 등 드러내기 어려운 불유쾌한 문제
  - 3급: 사망, 심각한 상해나 질병, 법적 문제 등 심각한 문제
- 비승리자 각본: 평범함, 승리자 각본과 패배자 각본의 중간
- 반(anti) 각본: 대항 금지, 수용하는 태도
- 덧 각본: 언어적 표현과 비언어적 표현의 이중 메시지
- 미니 각본: 내적 충동, 짧은 순간

(5) 교류분석

- 부모자아—어린이자아 교류
- 어린이자아—어른자아 교류
- 어른자아—부모자아 교류
- 갈등 교류 또는 교차 교류

(6) 치료 기법

- 인생각본 분석
- 자아상태 분석
- 게임 분석
- 스트로크 분석

- 인생각본에서 빠져나오는 새로운 행동 형성
    - 변화에 대한 확신
    - 능동적 · 자발적 결정과 노력
    - 자율적 행동
    - 패배자 각본에서 승리자 각본으로의 전환

(7) 어른자아의 힘 기르기

- 어린이자아의 약점, 두려움 등 주요 표현방식 인식
- 부모자아의 훈계, 명령, 태도 등 주요 표현방식 인식
- 타인의 어린이자아에 민감하게 반응, 보호. 어린이자아의 부정성과 창조적 표현 능력 이해
- 어른자아의 데이터 처리 시간 벌기: 숫자 세기
- 의심스러울 때는 말하지 않기
- 결정을 내리는 데 도움이 되는 윤리적 틀, 가치 체계 형성

2) 동화 창작 심리상담 활용

(1) 나의 인생으로 동화 만들기

내 인생의 에피소드 중 일부로 동화 만들기, 새롭게 각색하기, 인상 깊은 장면 시각적으로 표현하기

- 망고의 망가진 하루

"망했어! 멸망이야! 멸망했다고! 난 이제 끝났어! 으허어어엉~~~"
"야, 뭐 그런 걸로 그래? 그럴 수도 있지~"
"아니야~ 어헝헝~ 바보같이~ 이렇게 될 줄도 모르고~ 준비도 안 하고! 나는 바보 똥멍청이야!! 다 망했다고!! 이제 어떡해! 망했어어~~ 어헉헉허엉~"
"괜찮아~ 괜찮아~"

"안 괜찮아~ 안 괜찮다고오~ 엉엉~ 지갑도 잃어버리고, 시험도 망쳤지, 핸드폰은 왜 떨어트려서 깨뜨리고, 노트북은 왜 고장 나고, 냉장고도 갑자기 멈춰서 반찬 다 버렸지~ 친구는 나 없는 데서 뒷담화나 하고, 요즘 멀쩡한 게 없어! 멀쩡한 게! 이 와중에 나는 물렁물렁해 가지고오~ 당근처럼 단단하지도 못해서 여기저기 치여 갖고 멍이나 들고오! 되는 일이 없어~되는 일이! 흐어엉~~"

토닥토닥, 당근은 다짜고짜 찾아와 뿌애앵 울음을 터트리는 망고의 등을 토닥여 주었어요.

- 내담자의 경험을 반영
- 패배자 각본을 승리자 각본으로 바꾸기

(2) P－A－C를 의인화하여 동화 만들기

- 어린 시절에 들은 말을 의인화하여 동화를 만든다.
- '말'을 의인화한 그림책 예시: 『누군가 뱉은』(경자 글 · 그림, 2020), 『말들이 사는 나라』(윤여림 글 · 최미란 그림, 2019), 『나쁜 말이 불쑥』(오드리 우드 글 · 돈 우드 그림, 2012)
- 어린 시절에 자주 들어 지금도 나에게 영향을 주고 있는 말을 넣어 동화 만들기

(3) 내가 만든 동화에서 등장인물에 대한 치료 기법 적용

- 자전적 동화, 창작 동화 모두 가능
- 활동을 통한 P－A－C 개념 이해 및 분석 연습
- 등장인물 간의 교류에서 불편한 점과 긍정적 스트로크 찾기
- 각본에서 벗어나기 위한 방법, 안전지대, 진정한 목표 설정
- 새로운 행동 형성
- 등장인물과 나의 공통점을 찾고 새로운 행동 적용하기

14. 이야기치료

1) 이야기치료

(1) 주요 개념

- 해석과정에 초점: 경험에 의미를 부여
- 자기 삶의 이야기 창조: 삶의 의미 찾기. 새로운 미래 구성
- 문제의 외재화: 문제를 개인과 분리, 원인을 외부로 돌림
- 이야기 해체와 재구성: 삶을 억압하는 기존 이야기를 해체하여 낙관적 이야기로 재구성

(2) 기법

- 외재화: 문제와 사람 구분하기. "그 문제가 당신의 삶에 어떤 영향을 미쳤나요?" "그 사람과 문제 중에 어느 쪽에 더 큰 책임이 있나요?" "그 문제를 얼마나 통제할 수 있었나요?"
- 이야기의 행간 읽기: 문제 사이에 숨겨진 긍정적 사건 찾기
- 이야기 다시 쓰기: 과거와 현재의 고난과 성취가 어떤 의미를 갖는지 이야기하고, 새로운 이야기가 구체화되면 초점을 미래로 이동
- 새로운 이야기 지지, 격려: 새로운 이야기의 증인, 지지자 확보
- 파괴적 가설 해체: 문제를 부정적으로 구성하게 하는 파괴적인 문화적 가설 부정과 해체
- 비관적 이야기 파괴: 문제를 부정적으로 구성하게 하는 비관적 사고 등의 반박 및 재구성

2) 동화 창작 심리상담 활용

(1) 인생 그래프

① 인생 그래프를 그리고, 각각의 나이 대에서 기억에 남은 에피소드 적기

② 인생 그래프에서 에피소드별로 긍정적인 내용과 부정적인 내용을 나누어 표
시하기

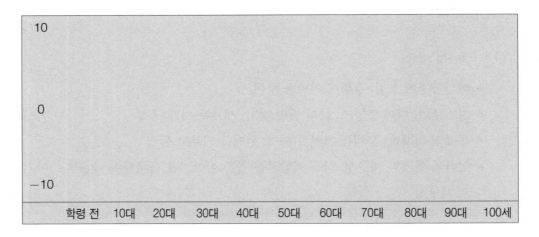

[그림 2-3] 인생 그래프

(2) 비극적 이야기 쓰기

- 내 인생의 에피소드 중 비관적·파괴적 이야기를 연결하여 이야기 만들기
- 평범한 또는 해피엔딩 만들기
    - 비관적·파괴적인 내용에 대한 반전, 반박, 해체, 파괴

(3) 이야기 다시 쓰기

내 인생의 에피소드 중 긍정적 에피소드를 연결하여 내 인생의 이야기를 다른 관점
으로 다시 쓴다.

15. 문학치료

1) 문학치료

(1) 주요 개념

- 인간 자체가 문학
- 인간 내면의 자기서사 파악
- 인간관계 속에서 어떠한 자기서사가 펼쳐지는지에 주목
- 서사는 인간관계의 형성, 위기, 회복 과정
- 문학작품의 작품서사와 조응하는 자기서사의 상호작용을 분석
- 살아가며 마주치는 여러 가지 문제 상황과 그에 대한 해결책을 담은 서사 찾기

(2) 문학치료를 위한 전제

- 모든 문학은 서사에 바탕
- 내담자와의 대화는 내담자와 상담자가 함께 만들어 가는 서사
- 내담자에게는 이미 자신의 서사가 존재
- 내담자가 좋아하는 문학작품이나 싫어하는 문학작품은 내담자 자신의 서사와 밀접한 관련이 있음
- 문학치료 과정에서는 내담자의 서사, 선정된 문학작품의 서사, 상담자의 서사가 상호작용
- 문학치료 과정은 내담자의 서사를 변화시키는 과정
- 문학작품의 서사가 내담자의 서사와 일치도가 높으면 내담자는 그 작품에 공감하기는 쉬우나 내담자의 서사를 개선할 여지는 오히려 줄어듦

(3) 인간관계의 발달 과정에 따른 기초서사의 네 영역

- 자녀서사 영역
- 남녀서사 영역
- 부부서사 영역

- 부모서사 영역

(4) 기법

- 작품서사를 통한 새로운 경험으로 자기서사 보충하기
- 작품서사를 통한 잠재된 내면을 자극하여 자기서사 강화하기
- 작품서사를 통한 현실세계에서 엄두도 내지 못하던 금지된 영역을 탐색함으로써 자기서사 통합하기
- 작품서사에 대한 자기서사 반응을 표현하는 여러 가지 활동
- 작품 다시 쓰기 비교를 통한 자기서사 변화 분석

2) 동화 창작 심리상담 활용

- 자신이 창작한 동화에 투사된 자기서사 찾기
- 내 작품 다시 쓰기를 통해 자기서사를 새롭게 탐색하고 재구성하기
- 현실에서 금지된 영역을 동화 속에서 시도해 보기
- 주인공과의 동일시를 통해 문제에 대한 인식을 표출하기
- 주인공과의 동일시를 통해 삶을 자각하고 직면하며 성찰하기
- 다시 쓰기를 통해 인물관계 재설정하기
- 인물에게 편지쓰기 등을 통해 자아변화 표출하기
- 이전 작품에 반영된 자기서사와 최근 작품에 반영된 자기서사를 비교하여 변화 찾기

16. 동화 창작을 위한 발달단계

언어적 표현이 가능해지고, 역할놀이가 시작되면서 아동은 이야기를 만들어 내기 시작한다. 아동의 놀이 속에는 다양한 사건이 등장하는데, 그 내용을 보면 부모는 물론이고 아동이 관찰한 주변 환경에서 반복적으로 또는 인상적으로 나타나는 말과 행동, 방송매체에서 목격한 상황 등이 나타난다.

또한 아동의 눈높이에서 느낀 감정이나 생각이 아동이 창조한 이야기 속에 반영된다. 발달이 이루어지면서 이러한 이야기는 보다 정교해지고, 다양한 소재와 기법을 사용하여 더 많은 의미를 담을 수 있게 되며, 일차원적인 표현에서 벗어나 은유와 상징을 통해 메시지를 전달하게 된다.

1) 언어 발달

(1) 언어의 구조

- 형식
  - 음운론: 말소리 식별, 음절 구조, 소리와 의미 관계 파악
  - 형태론: 단어 구성법. 단일어, 파생어, 합성어
  - 구문론: 문법 규칙, 문장 성분, 어순, 구조
- 내용
  - 의미론: 단어와 단어의 관계 이해. 동음이의, 유의, 반의, 상하관계
- 사용
  - 화용론: 상황, 대상, 맥락적 이해와 말하기

(2) 언어 발달

① 언어이해력 발달(김영태, 2002)
- 언어이해력이 산출 능력보다 선행

〈표 2-7〉 언어이해력 발달단계

구분	연령	특징
1	0~10개월	• 말소리 및 초분절적 특성(억양, 강세) 변별
2	10~30개월	• 어휘-의미적 이해기 • 친숙한 낱말, 간단한 문장에 반응. 비구어적 단서, 상황적 단서로 단어 이해 • 낱말 개념 형성 원리: 참조 원리, 확장 가능성 원리, 사물 전체 참조 원리, 관습성 가정
3	30~36개월	• 구문-문법적 이해기 • 문법 형태소, 구문구조, 낱말 배열 순서 • 초기: 동사, 형용사, 부사 등 문법형태소 • 후기: 문장 어순

② 언어표현력 발달(김영태, 2002)

〈표 2-8〉 언어표현력 발달단계

구분	연령	특징
1	0~10개월	• 음성 발달기 • 옹알이
2	10~16개월	• 첫 낱말 발화기
3	18~24개월	• 어휘 폭발기 • 단단어 발화 • 시도적 발화기, 가설 확인하기, 질문하기, 선택적 모방하기
4	약 24개월 이후	• 문법으로의 전환기 • 2어문 발화 전환기 • 낱말 습득 전략: 빠른 이름 연결하기(일견단어 습득 전략), 반복, 연습, 조직화
5	약 18개월 이후	• 구문 발달기 • 표현어휘 50개 이상 시 문장 연결

③ 말소리 발달

- 자음 발달

〈표 2-9〉음소의 습득, 숙달, 관습, 그리고 출현연령단계

연령	음소 발달단계			
	완전습득 연령 *(95~100%)	숙달 연령 *(75~94%)	관습적 연령 *(50~74%)	출현 연령 *(25~49%)
2세 0개월~ 2세 11개월	ㅍ, ㅁ, ㅇ	ㅂ, ㅃ, ㄴ, ㄷ, ㄸ, ㅌ, ㄱ, ㄲ, ㅋ, ㅎ	ㅈ, ㅉ, ㅊ, ㄹ	ㅅ, ㅆ
3세 0개월~ 3세 11개월	+ ㅂ, ㅃ, ㄸ, ㅌ	+ ㅈ, ㅉ, ㅊ, ㅆ	+ ㅅ	
4세 0개월~ 4세 11개월	+ ㄴ, ㄲ, ㄷ	+ ㅅ		
5세 0개월~ 5세 11개월	+ ㄱ, ㅋ, ㅈ, ㅉ	+ ㄹ		
6세 0개월~ 6세 11개월	+ ㅅ			

출처: 김영태(1999).
*: 바르게 발음한 아동의 백분율

- 모음 발달: [a, i, u, ɛ, e, o, ɨ, ʌ]와 [y] 선행 이중모음 등 모음의 대부분 3세 이전에 습득

④ 대화 능력 발달(김영태, 2002)

- 대화 참여 기술: 대화의 적절한 시작, 선행 발화에 대한 반응, 주제 유지, 주고받기, 반응수정

- 대화 주제 관리: 대화 주제를 시작하는 능력, 대화 주제를 유지하다가 잘 바꾸는 능력, 대화를 자연스럽게 잘 끝내는 능력

- 의사소통 실패 해결: 발화수정 전략(반복, 개정, 첨가, 단서 추가), 명료화 요구 전략(반복 요구, 발화 의미 확인, 특정 부분 반복 요구)

⑤ 참조적 의사소통 발달(김영태, 2002)

- 참조적 의사소통 능력: 청자의 입장을 고려하여 청자가 특정 대상을 정확히 파악할 수 있게 표현하는 능력. 청자에게 필요한 정보를 결정하는 전제 기술, 결속 표지[2] 등 특정 방식의 정보 전달 능력, 청자의 반응에 적절한 피드백을 주는 능력이 중요
- 화자 능력: 사물의 특징 변별, 일관적 메시지 전달, 중복 정보 제외, 청자의 반응에 따라 수정, 청자 기술보다 먼저 발달
- 청자 능력: 화자의 말에 적절히 반응, 목표 참조물 파악, 정보 부족 시 적절히 질문

⑥ 이야기 이해력(김영태, 2002)

- 이야기: 옛날 이야기와 같은 가상적 이야기, 직접 경험에 대한 개인적 이야기, 지식에 근거한 간접 경험 설명 등 담화의 일종
- 이야기 이해력: 이야기의 전체 구조와 세부 내용 이해, 어휘, 구문, 문법, 작업 기억, 추론 능력 등 복합적 요인이 작용
- 추론 능력: 사실적 정보, 텍스트 연결 추론, 빠진 정보 추론

⑦ 이야기 표현력 발달(김영태, 2002)

- 대화와 달리 문맥이 확장된 단위, 문장 간 시간적 · 인과적 결합, 사회적 독백 형태

〈표 2−10〉 이야기 표현력 발달단계(Hoff, 2007)

연령	이야기 표현력 발달단계
2세	● 과거 사건 이야기 시작, 집중화 전략
3~4세	● 하나 이상의 사건 이야기, 이야기의 구조적 요소 사용 ● 과거시제, 가상적 주인공, 시작과 종결 사용 ● '어디' 포함. 집중화 전략(단순 나열), 연결 전략(이야기 요소의 특징 의미 있게 연결)

---

2) 결속 표지: 대명사(나, 너, 우리, 너희), 지시형용사(이, 그, 저), 시간부사(지금, 아까, 나중에), 장소부사(여기/저기), 동사(오다, 가다), 접속사와 연결어미[추가(그리고, ~고), 반전(그러나 ~지만), 원인(~니까), 이유(~려고)], 중복 생략

5~7세	● '어디서, 언제, 누가' 포함. 개인적 감정, 의도 이해 ● 시간과 장소, 이야기 속 사건에 대한 평가 등 이야기 장치 증가. 사건 목적에 맞게 논리적으로 이야기 진행 ● 배경 정보, 더 길고 구조적으로 복잡한 이야기 ● 집중화 전략 + 연결 전략
9~10세	● 이야기 구조적 구성 요소 적절히 사용, 어떻게 이야기해야 할지 이해. 이야기에 등장하는 복잡한 감정 이해, 표현
10세 이후	● 더 복잡하고 상세한 이야기, 구조가 논리적, 접속사와 연결어미 등 결속 표지 다수 사용, 청자의 주의 끌기

⑧ 이야기 구성 능력 발달단계(배소영, 이승환, 1996)

〈표 2-11〉 이야기 구성 능력 발달단계

연령	이야기 구성 능력 발달단계
3세	이야기 구성 준비단계, 나열적, 낱말들을 이야기로 연결하는 능력이 매우 부족, 논리적으로 이야기를 연결하는 능력이 부족
4세	단순한 행동의 설명, 생략, 불분명한 표현, 이야기 문법과 언어 구조 면에서 진전
5세	대등한 관계에 있는 두 에피소드 연결
6세	종속적인 관계에 있는 두 에피소드 연결, 실수가 있어 덜 분명하게 전달
7세	종속적으로 연결된 이야기를 이야기 구조와 언어 구조면에서 분명하게 전달, 실수가 크지 않음

⑨ 이야기 구조화 발달단계[Kamhi & Catts(2012); 김영태(2002)에서 재인용]

〈표 2-12〉이야기 구조화 발달단계

구분	발달단계	특징
학령전기	단순 묘사	단순 명명, 설명, 서로 연결되지 않는 문장
	단순 사건 연결	시간적 순서대로 나열, 인과적 관계없음
	반응적 사건 연결	원인-결과에 따른 사건 연결, 연결 전략 사용
저학년	간략한 에피소드	집중화, 연결, 간단한 요소(발단-반응-결과)
	완전한 에피소드	발단-내적 반응-내적 계획-시도-결과
고학년	복잡한 에피소드	완전한 에피소드 + 방해요소, 그에 대한 시도
	일련의 에피소드	일련의 에피소드가 모여 1개 이상의 단원을 이룸. 단원 간 시간적 순서로 조직. 적어도 1개 이상의 완전한 에피소드 포함

⑩ 이야기 구성 발달단계(Applebee, 1978)

〈표 2-13〉 이야기 구성 발달단계

구분	발달단계	특징
1	더미(heaps)	서로 관계없는 이야기 나열, 중심 주제 없음
2	연속된 장면 (sequence)	등장인물, 배경, 주제 사용. 사건 나열, 시간적, 인과적 관계 없음
3	초기 이야기 (primary narrative)	중심 사건에 관련된 사건, 짧은 이야기
4	구심점 없는 연결 (unfocused chain)	등장인물, 배경, 행동이 인과적으로 연결되나 중심 주제나 주인공이 뚜렷하지 않음
5	구심점 있는 연결 (focused chain)	중심 주제와 사건 연결. 한 인물에 관한 이야기, 한 인물이 연결되는 사건을 겪음
6	이야기(narrative)	주인공이 있는 이야기, 사건의 선후관계, 인과적 관계 등장

⑪ 유아의 이야기 구조 개념 발달단계(이영자, 박미라, 1992)

〈표 2-14〉 유아의 이야기 구조 개념 발달단계

구분	발달단계	특징
0	단순 나열기	단순 명명
1	이야기 형태 인식기	등장인물 행위를 각각 나열
2	초보적 이야기 진술기	등장인물 행위 짧게 순서화, 상호작용 없음
3	단순 나열식 이야기 형성기	등장인물 간 상호작용, 계열화 부분적 발생
4	연결적 이야기 형성기	등장인물 간 상호작용, 계열적 순서화, 주인공 설정
5	논리적 이야기 형성기	등장인물 간 높은 상호작용, 주인공 설정, 복잡한 이야기 구조 계열 유지

⑫ 개인적 내러티브 발달 수준(이영자, 이지현, 2005)

〈표 2-15〉 개인적 내러티브 발달 수준

수준	발달단계
1	이야기의 구조 형성 및 사건의 시간적 연결이 되지 않은 내러티브
2	단일 사건 내러티브
3	두세 가지 사건 나열 내러티브
4	사건 건너뛰기 내러티브
5	정점과 종결 없이 사건의 순서적 나열 내러티브
6	정점 없고 종결 있는 사건의 순서적 나열 내러티브
7	정점에서 종결되는 내러티브
8	전형적 내러티브

⑬ 가상적 내러티브 발달 수준(이영자, 이지현, 2005)

〈표 2-16〉 가상적 내러티브 발달 수준

수준	발달단계
1	이야기 구조가 형성되지 않은 내러티브
2	사건의 병렬적 나열 수준/설명 나열 수준
3	행동의 순서적 제시 수준
4	반응의 순서적 제시 수준
5	장애물과 결말이 없는 목표 지향적 에피소드
6	장애물은 없지만 결말이 포함되는 목표 지향적 에피소드
7	장애물이 포함되지만 결말이 없는 목표 지향적 에피소드
8	장애물과 결말이 모두 포함되는 목표 지향적 에피소드

2) 미술표현 발달단계

(1) 로웬펠트(Lowenfeld, V.)의 미술표현 발달단계

〈표 2-17〉 로웬펠트의 미술표현 발달단계

연령	구분	발달단계
2~4세	난화기	무질서한 난화, 조절난화, 명명하는 난화
4~7세	전도식기	자신이 아는 대상, 자기중심적 표현
7~9세	도식기	기저선, 시공간 공존, 투명화
9~11세	또래 집단기	친구, 주변 환경, 도식 + 사실, 중첩, 위에서 본 모습
11~13세	의사실기	사실적 표현의 증가, 객관/감각, 배경, 원근, 비례
13~17세	결정기	창조적, 객관/감각/복합, 외관, 비례, 명암, 배경, 원근, 정서, 주관적인 색채나 공간

(2) 선 그리기 발달단계(Beery Test of Visual Motor Integration)

〈표 2-18〉 선 그리기 발달단계

연령	발달단계
2세 0개월	수직선(l) 모방하기
2세 10개월	수직선(l) 그리기
2세 6개월	수평선(一) 모방하기
3세 0개월	수평선(一) 그리기
2세 9개월	동그라미(○) 모방하기
3세 0개월	동그라미(○) 그리기
4세 1개월	십자(十) 그리기
4세 4개월	왼쪽(／) 사선 그리기
4세 6개월	네모(□) 그리기
4세 7개월	오른쪽(＼) 사선 그리기
4세 11개월	가위표(X) 그리기
5세 3개월	세모(△) 그리기

3) 놀이 발달단계

(1) 스밀란스키(Smilansky, S.)의 놀이단계

〈표 2-19〉 스밀란스키의 놀이단계

수준	발달단계
1	단순 반복 감각운동(근육운동, 감각기관, 운동기관 발달)
2	건설적 놀이, 구성놀이(쌓기놀이, 점토, 종이접기, 그리기)
3	극적 놀이
4	규칙이 있는 놀이

(2)파튼(Parten, M.)의 놀이단계

〈표 2−20〉 파튼의 놀이단계

수준	발달단계
1	혼자놀이(혼자 기능, 혼자 구성, 혼자 역할)
2	보는 행동
3	병행놀이, 제한적 사회적 참여
4	연합놀이, 협동놀이(학교놀이, 병원놀이, 가게놀이 등)

(3) 상징놀이 발달단계

〈표 2−21〉상징놀이 발달단계

연령	구분	상징행동
9~12개월	초기 및 전환기	탐험적 놀이
12~14개월		전상징기적 행동
14~16개월		자동적 상징행동
16~18개월	상징행동기	단순 상징행동
18~20개월		단순 상징행동 조합
19~36개월		복합 단순 행동 조합
24~36개월	계획적 상징행동기	물건대치 상징행동
24~36개월		대행자 놀이
36~48개월	사회적 역할놀이기	두 가지 사회적 역할
48~60개월		세 가지 사회적 역할
60~72개월		복합적인 사회적 역할

(4) 몬테소리(Montessori, M.)의 민감기 단계

〈표 2-22〉

연령	구분	단계
생후 3년	질서	질서에 대한 욕구, 모두 제자리
1~2세	세부	작고 세부적인 것에 주의를 기울임
1~2세	걷기	충동에 의한 걷기 시도 → 걷기
18개월~3세	양손 사용	쥐기, 열고 닫기, 넣고 꺼내기, 채우기
4~5세	양손 사용	눈을 가리고 손으로 만져 맞히기
아동기	언어	옹알이 → 단어 → 문장, 어렵지 않게 언어 규칙 숙달

4) 발달적 동화치료

(1) 주요 개념

- 행동 동기 형성
- 정서 표현, 정서 안정
- 자아 발달: 자기 개념. 성격, 태도, 능력, 자존감 등(거울, 아크릴판을 통한 얼굴 본 뜨기, 성격검사 결과로 캐릭터 만들기)
- 마음 이론 습득: 타인이해(등장인물의 내적 반응 표현하기), 틀린 믿음 구분(속임 수, 허위사실 등), 성격 묘사, 친사회적 행동 묘사
- 조망수용능력 발달: 타인의 의도, 생각, 감정 추론
- 사회성 발달: 상호작용 기술, 또래관계, 상황 이해, 규칙과 한계 설정
- 시지각 발달, 인지 발달
- 협응력 발달(대소근육, 눈-손 협응 등)
- 자기조절력 발달(신체·감정, 생각, 행동)
- 메타인지, 실행기능 발달
- 주의집중력 발달(청각적, 선택적 등)

(2) 상담자의 태도

- 내담자의 특징에 대한 상담자의 이해
- 내담자의 특징에 따른 상담자의 태도
- 내담자의 손상 부분 파악(언어, 인지, 정서, 운동 능력, 시각, 청각 등 감각)
- 내담자의 자유로운 표현 촉진
- 내담자의 발달 수준에 맞는 적절한 모델링
- 내담자의 발달이 원활하게 이루어지도록 도움

(3) 시각적 표현 접근 방법

- 비지시적 접근: 내담자의 자유도가 높음, 이완 경험
- 지시적 접근: 지시 이해, 인지적 발달 촉진
- 창의적 접근: 다양한 비정형적 매체를 활용한 표현. 매체 활용 능력의 발달
- 발달 수준에 맞는 매체 사용
- 발달 수준에 맞는 기법 사용
- 시지각적 표현 능력 발달 촉진
- 조작 능력, 집행기능(실행기능) 평가와 발달 촉진
- 가동 범위 평가와 발달 촉진
- 협응력 평가와 발달 촉진
- 상징화 능력 점검 및 발달 촉진
- 정서 표현 능력 평가와 발달 촉진

(4) 내담자 맞춤형 접근

동화 창작 후 언어, 미술, 놀이, 음악, 역할극 등 내담자 맞춤형 확장 활동을 제시한다.

제 **3** 장

심리·발달 평가와 동화 창작

1 심리상담에서 평가의 의의

2 동화 창작 심리상담 사전 · 사후 평가

심리·발달 평가와 동화 창작

1. 심리상담에서 평가의 의의

　일반적으로 동화 수업의 경우 사전 · 사후 평가의 과정을 거치지 않는다. 하지만 상담에서 평가는 사례개념화를 위해 필요한 과정으로, 동화 창작을 통한 심리상담을 위해서라면 사전 · 사후 평가를 실시해 볼 것을 권장한다. 사전 평가는 동화를 만들기 전에 실시하여 내담자의 주요 문제 및 현재 상태를 파악하는 데 도움이 되고, 사후 평가는 중재 효과를 알아볼 수 있을 뿐만 아니라, 미해결 문제를 탐색하고, 내담자 스스로 자신의 변화를 체감하는 데 도움이 될 수 있다.

2. 동화 창작 심리상담 사전·사후 평가

　심리상담을 위한 그림투사검사와 객관적 평가는 여러 가지가 있으나, 여기서는 동화 창작과 직접적 연관이 있는 그림투사검사 네 가지만 소개한다. 기타 여러 가지 검사에 대해서는 『동화치료: 창조적 통합치료』(강새로운, 2020c)를 참고하길 바란다.

1) 그림 이야기 검사

그림 이야기 검사(Draw-A-Story: DAS)의 원래 목적은 우울증이 있는 아동 · 청소년을 선별하는 데 있다. 그러나 연구를 통해 공격성 선별에도 이 검사가 사용될 수 있다는 결과를 얻었다고 한다. 이 검사는 소재를 선택하고 결합하여 이야기를 만들어 낸다는 점에서 동화 창작 과정과 상당히 유사하다.

① 주어진 자극 그림 중 두 개를 선택하여 어떤 일이 일어날 것인지 이야기를 상상하고, 그림을 그린다. 그림을 수정하거나 다른 것을 더 그려도 된다.

② 그림을 그린 뒤 제목을 쓰고, 어떤 일이 일어나고 있고 나중에 어떻게 될지 서술한다.

③ DAS는 정서 내용, 자아상, 유머 사용 척도에 따라 그림과 내용을 평가하게 된다.

④ DAS 연관 그림책: 『이야기 길』(마달레나 마토주, 2017)

⑤ DAS와 유사한 검사로, 국내 데이터를 토대로 표준화한 정서행동 그림검사(Emotional & Behavioral Drawing Test: EBDT)가 있다.

[그림 3−1] DAS 사전 · 사후 검사 결과

2) 동적 집 – 나무 – 사람 검사

동적 집-나무-사람 검사(K-HTP)는 한 장의 종이에 집, 나무, 사람을 그리는 검사로 각각의 요소를 따로 그리는 HTP 검사에 비해 역동적이고, 상징 간에 상호작용이 드러 난다. A4용지를 가로로 제시하고, 집, 나무 그리고 어떠한 행동을 하고 있는 사람을 그 리도록 지시한다.

① 집, 나무, 무언가 하고 있는 사람 그리기
② 질문하기
  ● 집
    − "이 집은 어떤 집인가요?"
    − "누구의 집이라고 생각했나요?"
    − "이 집에는 누가 사나요?"

- "이 집의 분위기는 어떤가요?"

- "집에 문이 있나요?"

- "문에는 손잡이가 있나요?"

- "집에 창문이 얼마나 있나요?"

- "지붕은 어떻게 생겼나요?"

- "이 집의 특징은 무엇인가요?"

- "이 집만의 특별한 점은 무엇인가요?"

- "앞으로 이 집은 어떻게 될까요?"

● 나무

- "이 나무는 어떤 나무인가요?"

- "이 나무는 몇 살쯤 되었나요?"

- "잎이 무성한 나무인가요? 잎이 적당히 있나요? 가지가 앙상한 나무인가요?"

- "이 나무의 건강은 어떤가요?"

- "앞으로 이 나무는 어떻게 될까요?"

- "이 나무에 꽃이 핀다면 누구와 함께 보고 싶은가요?"

- "이 나무는 열매가 열리나요? 열매가 열린다면 얼마나 열릴까요?"

- "이 나무에 열매가 열린다면 누구와 함께 나누고 싶은가요?"

● 사람

- "이 사람은 몇 살인가요?"

- "이 사람은 무엇을 하고 있나요?"

- "이 사람의 기분은 어떤가요?"

- "이 사람은 무슨 생각을 하고 있나요?"

- "이 사람의 건강은 어떤가요?"

- "이 사람에게 가장 힘들었던 일은 무엇일까요?"

- "이 사람을 보면 생각나는 사람이 있나요?"

- "앞으로 이 사람은 어떻게 될까요?"

3) 웅덩이화

웅덩이화는 미술치료 기법의 하나로, 내담자의 문제해결 방식을 점검하고 대처자원을 탐색해 볼 수 있는 활동이다.

① U자 형태의 웅덩이를 먼저 그리기
② 웅덩이에서 **빠져나오는** 방법 또는 웅덩이를 건너는 방법을 그리기
③ 질문하기

- "웅덩이의 깊이는 어느 정도인가요?"
- "문제를 해결하는 데 어떤 방법을 사용하였나요?"
- "누구의 힘으로 문제를 해결하였나요?"
- "선택한 방법이 문제를 해결하는 데 적절하다고 생각하나요?"
- "선택한 방법 외에 다른 해결법으로는 무엇이 있을까요?"
- 웅덩이화 연관 그림책: 『로쿠베, 조금만 기다려』

사전   사후

[그림 3-2] 웅덩이화 사전 · 사후 검사 결과

4) 풍경구성법

풍경구성법(Landscape Montage Technique: LMT)을 통해 여러 구성물을 화면 안에 어떻게 구성하는지에 대한 내담자의 구성 능력을 볼 수 있다. 그리고 그림을 그리는 과정과 장면 설명하기에서 내담자의 특징을 관찰할 수 있고, 사후 평가에서 해당 요소들의 변화를 살펴볼 수 있다.

① 도화지에 액자처럼 테두리를 긋기
② 제시되는 구성물을 순서대로 그려 풍경을 완성하기: 강, 산, 밭, 논, 길, 집, 나무, 사람, 꽃, 동물, 돌, 기타 요소
③ 질문하기
- "풍경이 마음에 드나요?"
- "풍경에서 어떤 느낌을 받았나요?"
- "여기는 어디인가요?"
- "어느 계절일까요?"
- "몇 시쯤일까요?"
- "날씨는 어떤가요?"
- "이곳은 어디인가요?"
- "이곳의 분위기는 어떨까요?"
- "길은 어디에서 어디로 향할까요?"
- "강은 어디에서 어디로 향할까요?"
- "강의 깊이는 어떨까요?"
- "길의 너비는 어떨까요?"
- "길이 끊어지면 이 사람은 어떻게 할까요?"
- "산 너머에는 무엇이 있을까요?"
- "이 사람을 보면 누가 생각나나요?"
- "이 사람은 몇 살인가요?"
- "무엇을 하는 사람인가요?"

- "이 사람의 건강은 어떤가요?"
- "이 사람은 지금 기분이 어떨까요?"
- "이 사람은 무엇을 하고 있었을까요?"
- "이 사람은 무슨 생각을 하고 있을까요?"
- "이 사람은 언제 가장 힘들었을까요?"
- "이 사람은 지금 무엇이 가장 필요할까요?"
- "앞으로는 무엇이 필요하게 될까요?"
- "이 사람의 옆에 있었으면 하는 인물이 있나요? 누구인가요?"
- "앞으로 이 장면은 어떻게 될까요?"
- "앞으로 이 사람은 어떻게 될까요?"
- "만약 이 장면에서 무엇인가를 바꾼다면 무엇을 어떻게 바꾸고 싶은가요?"

사전　　　　　　　　　　사후

[그림 3-3] LMT 사전 · 사후 검사 결과

5) 인생극장 미리오라마

투사검사를 대신하여 LMT를 응용한 인생극장 미리오라마 활동을 진행하여 자연스럽게 평가를 진행할 수 있다.

[그림 3-4] 인생극장 미리오라마 만들기

(1) 인생극장 미리오라마

미리오라마(myriorama)란 작은 그림들을 이어 아름다운 풍경을 만드는 것으로, 만 개의 풍경이란 뜻에서 만경화(萬景畵)라고 부르기도 한다. 여러 장의 그림 카드는 어떻게 놓아도 서로 연결이 되도록 만들어져 있다.

우리나라에서 유명한 작품으로는 톰 골드의 『끝없는 여정』(2020), 그림책 작가 이수지의 『전래카드: 끝없는 이야기』(2021)가 있다.

원리만 알면 누구나 미리오라마를 만들 수 있는데, 인생극장 미리오라마는 LMT의 요소를 기반으로 자신의 인생과 관련한 장면을 넣어 자신만의 미리오라마를 만들고, 이야기를 수정하여 새로운 인생각본을 만드는 활동이다.

① 미리오라마 카드 가이드를 복사한다.
② LMT 요소를 기반으로 카드에 배경을 그린다.

③ 카드를 잘라 그림이 이어지도록 자유롭게 배치한다.

④ 재배열한 배경카드의 원하는 위치에 인생의 주요 장면, 인생의 목표, 변화를 위한 시도, 새로운 미래 등을 상징하는 그림을 추가한다.

⑤ 빈 종이에 인물을 그려서 오린 뒤 배경카드 위에 올린다.

⑥ 인물의 위치나 배경카드의 배열을 바꿔 가며 이야기를 만든다.

⑦ 그림을 그리고 카드를 배치하며 이야기를 만드는 과정에서 들었던 생각을 나눈다.

⑧ 이야기를 만들고 난 뒤에 더 추가하고 싶은 것은 무엇이고, 그 이유는 무엇인지 이 야기한다. (예: "다 그리고 나서 보니까 강 건너편으로 가는 방법이 없는 게 아쉬워요. 배나 다리같이 강을 건널 방법이 있으면 좋겠고, 강 건너에도 뭔가 있으면 좋겠어요. 왜냐면 이쪽에만 있는 것보다 건너가 보면 더 재밌는 게 있을지도 모르잖아요?")

---

① 소망 → 시도 → 방해 요소 → 부정적 결과 → 도움 요소 → 새로운 시도 → 긍정적 미래

② 학령전기 → 10대 → 20대 → 30대 → 40대 → 50대 → 60대 → ……

③ 내 인생에서 기억에 남는 사건 1 → 사건 2 → 사건 3 → ……

---

(2) 타로카드 "Fool's Journey"

타로카드는 22장의 메이저 카드와 56장의 마이너 카드로 이루어진 그림카드로, 원래는 서양에서 전해져 온 점술 도구이다. 그러나 요즘은 타로카드를 단순히 점술 도구로서의 사용뿐만 아니라, 상담 현장에서도 종종 활용하고 있다. 이는 타로카드의 종류가 매우 다양하고, 아름다운 이미지로 구성되어 있으며, 서양의 다양한 상징을 담고 있기 때문이다. 특히 메이저 카드 22장의 경우 0번 'Fool'이 마법사, 고위 사제, 여제, 황제, 교황, 연인, 전차, 힘, 은둔자, 운명의 수레바퀴, 정의, 매달린 사람, 죽음, 절제, 악마, 탑, 별, 달, 태양, 심판 등을 거쳐 22번 세계(The World)에 도달한다. 그래서 이를 "Fool's Journey"라고 부른다. Fool이 거쳐 온 여정에는 상징이 가득 차 있고, 각각의 카드 제목뿐만 아니라 카드의 그림 속에서도 작은 상징들을 찾아 이야기를 나눌 수 있다. 인생극장 활동은 Fool's Journey와 같이 자신의 인생 여정을 떠올리고, 예측하며 이야기를 이어 나가도록 촉진한다.

(3) 인생극장 미리오라마 카드 가이드

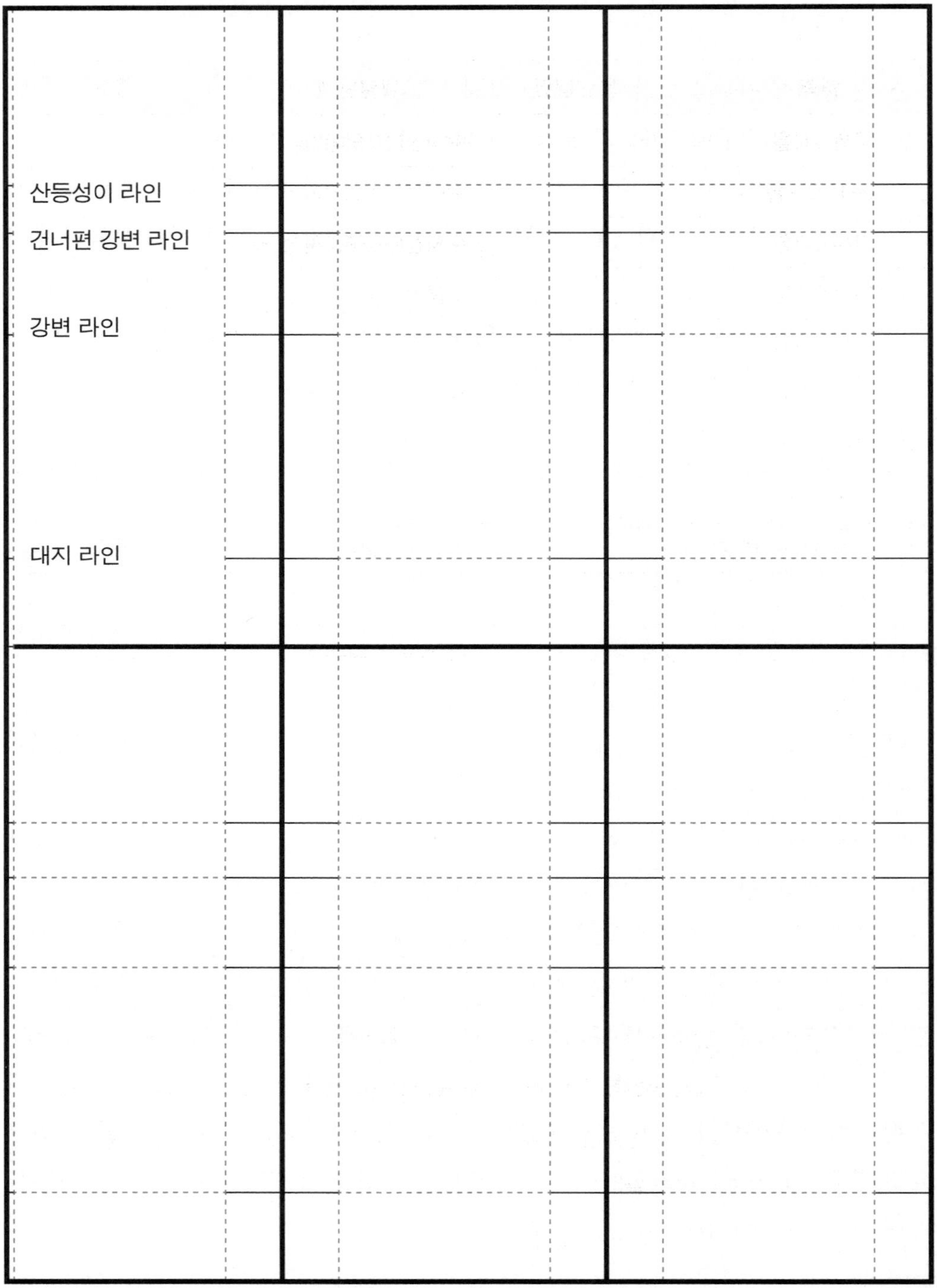

산등성이 라인
건너편 강변 라인

강변 라인

대지 라인

[그림 3-5] 미리오라마 카드 도안

(4) 질문을 통해 자신이 만든 풍경에 대해 이야기하기

다음의 풍경구성법 질문을 그대로 활용한다.

- "앞으로 이 사람은 어디에 들르게 될까요?"
- "이 사람은 마지막으로 어디에 도착하게 될까요?"
- "길은 어디까지 이어질까요?"
- "이 길의 끝에는 무엇이 있을까요?"
- "이 사람은 길의 끝까지 가게 될까요?"

(5) 이야기한 내용을 정리하여 적어 보기

(6) 이야기한 내용을 바탕으로 주인공과 배경을 설정하여 동화를 만들어 보기

동화 창작 심리상담

1. 동화 창작 시 주의할 점

1) 너무 완벽하게 시작하려 하지 말 것

처음부터 완벽한 사람은 없다. 어휘, 문법, 표현, 재미, 지식, 그림 연습 등 그림책을 만드는 데 필요한 지식과 기술은 다양하고, 이를 모두 완벽하게 하려면 그림책을 끝끝 내 완성하지 못할 것이다. 첫술에 배부를 수 없고, 천 리 길도 한 걸음부터이다. 시작이 반이라는 말도 있다. 지금의 내가 할 수 있는 만큼 하면 된다. 시작을 두려워하지 마라.

2) 너무 한 부분에 공들이지 말 것

그림책은 한 장만 액자에 넣어 감상하는 것이 아니므로, 처음부터 끝까지 통일감이 있어야 한다. 같은 주인공인데 특별한 이유 없이 페이지마다 전혀 다르게 묘사된다면 하나의 이야기로 보기 어려울 것이다. 어느 한 부분에 지나치게 공을 들인 나머지 전 체적인 균형이 깨진다면 오히려 미완성으로 보일 수 있고, 페이지가 진행될수록 작업 을 진행하는 에너지가 부족해질지도 모른다. 나무를 하나하나 보아야 하지만, 숲도 보 아야 한다.

3) 너무 많은 것을 담으려고 하지 말 것

책을 쓰다 보면 나도 모르게 욕심이 생길 때가 있다. 이것도 하면 좋을 것 같고, 저것도 들어가면 더 많이 활용할 수 있을 것 같고, 다른 작품의 특별한 무언가를 보면 그것도 좋은 아이디어 같아 어떻게 접목할 수 없나 생각하기도 한다. 하지만 그렇게 하나둘 욕심을 붙여 가다 보면 작품이 처음 갖고 있던 개성과 의미를 잃어버릴 수 있다. 좋은 것은 수용하되 적절히 절제할 줄 알아야 한다. 남의 좋은 소리를 따라 하다 자기 목소리를 잃은 당나귀를 잊지 마라.

4) 너무 시간을 끌지 말 것

앞의 다른 주의점과 일맥상통하는 주의점이다. 첫 책을 쓰는 시간은 짧아야 좋다. 첫 아이디어가 떠올랐을 때 완벽하지 않아도, 이야기가 짧아도, 어쨌든 얼른 일을 추진해서 마무리하는 것이 좋다. 초보 작가가 시간을 많이 투자한다고 해서 단번에 좋은 책이 나오지 않는다. 우리의 목표는 결코 베스트셀러를 만드는 것이 아님을 기억하라. 우선 책을 처음부터 끝까지 마무리하면, 스스로 무엇이 필요하고 부족한지 깨달을 수 있다. 그 경험이 두 번째 책 혹은 퇴고와 피드백 과정에 큰 도움이 된다.

물론 그렇다고 해서 스트레스까지 받아 가며 억지로 작업을 진행할 필요는 없다. 심리상담에서 그림책을 만드는 목적을 잊어서는 안 된다. 작업이 너무 손에 잡히지 않을 때는 시간을 두고 다른 일을 하며 주의를 환기하는 것도 좋다. 다만 영영 손을 떼는 것이 아니라, 어느 정도 힘이 생기면 다시 작업을 시작하여 완성해 보라. 시련을 거쳐 하나의 작품을 완결하는 경험은 여러 가지 감상을 갖게 할 것이다.

5) 책을 내는 것을 목표로 하지 말 것

출판은 내담자에게 동기 부여가 되고 성취감을 얻는 계기가 될 수도 있지만, 반대로 내담자에 따라 출판에 부정적일 수도 있다. 책을 완성하여 출판하는 과정은 결과물이 나온 이후의 부차적인 활동이다. 출판을 목표로 하는 것은 좋지만, 지나치게 의식하지 않도록 주의해야 한다. 작업에 몰입하다 보면 동화의 완성도나 완결에 대한 욕심으로 인해 정작 중심이 되어야 할 내담자의 욕구가 무시될 수도 있다. 동화 창작 과정이 오로지 책을 내기 위한 것이 된다면, 이는 본말이 전도되는 것이다. 동화 창작 과정이 단지 고통만을 준다면 치료적 가치가 없을 것이다. 중요한 것은 창작 과정에 일어나는 역동과 문제에 대한 새로운 대처 방안을 찾아내는 것임을 잊지 말아야 한다.

6) 삼천포로 빠지지 않기

줄거리를 정한 뒤 이야기를 쓰는 것임에도 불구하고, 어떤 내담자는 계획한 내용과는 전혀 상관없는 이야기를 덧붙이는 데 몰입하거나 별로 중요하지 않은 내용을 상세히 묘사하는 데 공을 들이기도 한다. 이야기가 주제를 심하게 벗어나거나 국지적일 경우, 이를 알아차리고 빠져나올 수 있도록 도와야 한다.

7) 동화의 특성 활용하기

허구성, 비논리성, 개연성과 개연성 부재, 심리적 거리, 의인화, 물활론적, 과장, 상징, 은유 등 동화에는 이야기 전개상의 공통된 특성들이 있다. 이러한 동화의 특성들을 이해하고 적극적으로 활용한다.

2. 동화 만들기 과정

1) 소재 및 주제 선택, 제목 정하기

제목을 꼭 처음에 정할 필요는 없지만, 어떤 이야기를 쓸 것인지 대략적인 방향을 정하기 위해 '가제'를 정하는 것이 좋다. 예컨대, 내용을 짐작할 수 있는 '주인공이 ~하는 이야기'와 같은 단순한 제목을 지을 수 있고, 이야기를 완성한 뒤에 더 적절한 제목으로 수정할 수 있다.

(1) 동화 주제 예시(강새로운, 2020, pp. 108-110)

- 장르: 신화, 전설, 민담, 미스터리, 서스펜스, 공포, 판타지, 무협, 일상
- 자신 또는 자신이 좋아하는 동물을 주인공으로 하여 가상의 하루를 서술하기(예: 하루 일과, 생활, 계절의 변화, 꿈 등)
- 발달 연령에 따라 인지학습이 필요한 주제를 제시(예: 글자, 숫자, 방향, 시간, 계절 등)
- 흥미, 적성, 진로, 관찰, 연구, 체험
- 여행, 캠핑, 가상여행
- 직업과 지식 등 관심 분야의 정보를 전달하는 동화(예: 『스튜어디스가 된 나나』, 『세상에서 제일 빠른 비행기는?』)
- 책에서 키워드를 찾아 관련된 이야기 만들기: 상담자가 제시하는, 혹은 내담자가 원하는 동화를 읽고 두려움, 위기, 행복, 슬픔, 불안, 위로, 도전, 부탁, 거절, 수용 등 동화 장면의 키워드를 찾아내어 이를 주제로 이야기를 만들어 보기
- 제목 또는 문장의 시작, 연결어만 주고 동화 만들기(예: '옛날 옛날에' '저런' '그랬더니 그만')
- SCT 문장 활용하기(예: '엄마는……' '아빠는……' '친구들은……')
- 다른 세상 또는 특별한 배경이 있는 세계를 배경으로 하거나, 그러한 세계에 다녀오는 것을 소재로 동화 만들기(예: 마법 세상, 과거, 미래 등의 타임 슬립, 깊은 동굴이나 땅굴, 구덩이, 미로, 심해나 블랙홀, 사막 등에 들어갔다가 '돌아 나오는' 이야기, 탑이나 높은 건물, 산을 오르는 이야기 등)
- 결말이 정해진 동화(예: 무조건 주인공이 행복해지는 동화 만들기, 현실로 돌아오는 동화 만들기, 잃어버린 것이나 새로운 것을 찾는 동화 만들기 등)
- 특별한 능력을 얻은 주인공을 소재로 한 동화(예: 시간을 멈추는 능력, 회귀, 염력, 텔레포트, 전설의 무기, 무공, 마법, 외계의 힘 등. 혹은 아주 사소한 능력을 주제로 특별한 사건을 해결하는 이야기)
- 평범한 시작에 이어 특정 기법이나 소재를 반복 사용한 동화(예: 반복되는 이야

기, 반전 있는 이야기, 다섯 번 반전되는 이야기, 막장의 막장 이야기, 불행한 이야기,
재수 좋은 이야기, 행복하기만 한 이야기, 거부만 당하는 이야기, 거절하는 이야기)

(2) 감정 소재 예시

감사, 고마움, 반가움, 보람, 뿌듯함, 기쁨, 사랑, 즐거움, 아름다움, 설렘, 행복, 아늑
함, 편안함, 온화함, 평화로움, 유쾌함, 상쾌함, 통쾌함, 후련함, 활기참, 고요함, 부끄러
움, 그리움, 부러움, 심심함, 지루함, 귀찮음, 성가심, 황당함, 당황스러움, 슬픔, 우울,
수치, 걱정, 긴장, 불안, 초조, 좌절, 질투, 화남, 분노, 증오, 미움, 놀람, 공포, 겁, 두려
움, 무서움, 미안함, 외로움, 무기력, 서운함, 속상함, 억울함, 짜증 남

(3) 마음 표현 단어

〈표 4-1〉은 느낌, 생각, 감정을 나타낼 때 사용하기 좋은 단어들을 정리한 것이다. 어
떤 단어가 눈에 띄는가? 어떤 단어를 자주 사용하고 있는가? 어떤 상황에서 본 단어인가?

〈표 4-1〉 마음 표현 단어집

가볍다	날카롭다	불길하다	얕보다	지지부진하다
가소롭다	낯설다	불리하다	어둡다	지치다
가증스럽다	낯익다	불쌍하다	어렵다	진정하다
간절하다	내성적이다	불안하다	어리석다	진취적이다
간지럽다	냉담하다	불쾌하다	어색하다	질리다
감격하다	냉정하다	불타오르다	어울리다	질색하다
감내하다	냉철하다	불편하다	어이없다	질척대다
감동하다	노곤하다	불행하다	어지럽다	집요하다
감미롭다	노력하다	붕 뜨다	억세다	집착하다
감사하다	놀라다	비아냥거리다	억울하다	징그럽다

감성적이다	누그러지다	비양심적이다	언짢다	짜릿하다
감싸다	느긋하다	비웃다	얼떨떨하다	짜증 나다
감탄하다	다정하다	비참하다	업신여기다	찌뿌둥하다
갑갑하다	다행스럽다	비협조적이다	여유롭다	찝찝하다
강하다	단단하다	빈약하다	역겹다	찡하다
개운하다	담담하다	빈정거리다	열받다	차갑다
거대하다	답답하다	뻐기다	열렬하다	차분하다
거북하다	당당하다	뿌듯하다	열정적이다	참담하다
거칠다	당황하다	삐치다	염려하다	창피하다
걱정하다	대단하다	사납다	영악하다	챙기다
겁나다	대범하다	사랑받다	예리하다	처연하다
견디다	덧없다	사랑스럽다	예쁘다	처참하다
겸손하다	데면데면하다	사랑하다	예의 없다	철들다
겸연쩍다	도와주다	삭이다	예의바르다	철렁하다
경박하다	도움을 받다	산뜻하다	오글거리다	철벽을 치다
경솔하다	동정하다	산만하다	오싹하다	철없다
경시하다	두근거리다	살갑다	온화하다	초연하다
경이롭다	두렵다	살아 있다	올곧다	초월하다
경쾌하다	둔감하다	상냥하다	옹졸하다	촐랑대다
고단하다	둥글둥글하다	상쾌하다	완고하다	최고다
고독하다	뒤숭숭하다	상큼하다	완벽하다	추근거리다
고맙다	드세다	새롭다	완전하다	추켜세우다
고상하다	든든하다	샘나다	외롭다	추하다

고아하다	들뜨다	생기 있다	외향적이다	충만하다
고요하다	듬직하다	생소하다	요망하다	충직하다
고즈넉하다	따갑다	서글프다	욕심나다	측은하다
고지식하다	따돌리다	서늘하다	욕하다	치욕적이다
고집스럽다	따뜻하다	서럽다	용감하다	친근하다
고취되다	따분하다	서먹하다	용서하다	친밀하다
곤란하다	떨리다	서운하다	우아하다	침울하다
곤혹스럽다	떼쓰다	설레다	우울하다	칭찬받다
곱다	똑 부러지다	섬뜩하다	우쭐하다	칭찬하다
공격적이다	뛰어나다	섭섭하다	울다	타들다
공포에 질리다	뜨겁다	성가시다	울적하다	통이 크다
공허하다	마음 아프다	세다	울화가 치밀다	통쾌하다
관대하다	마음을 졸이다	소극적이다	웃기다	통하다
관심 있다	마음이 넓다	소름 돋다	웃다	퉁명스럽다
괘씸하다	마음이 좁다	소망하다	웅장하다	튼실하다
괜찮다	막막하다	소심하다	원망하다	튼튼하다
괴롭다	만족하다	소외되다	위로받다	편안하다
굉장하다	망설이다	소원하다	위로하다	편하다
구슬프다	매력적이다	속상하다	위안하다	평안하다
구차하다	매정하다	솔직하다	위태롭다	평온하다
굳다	매혹적이다	순수하다	위하다	평화롭다
궁금하다	맥 빠지다	순진하다	위화감을 느끼다	포근하다
귀엽다	맹렬하다	쉽다	유리하다	폭발적이다

귀찮다	멋지다	슬프다	유연하다	푸근하다
그립다	멋쩍다	시시하다	유용하다	풍만하다
극성스럽다	멍하다	시원하다	유익하다	풍부하다
근사하다	메스껍다	신경 쓰다	유쾌하다	풍족하다
근심하다	모나다	신기하다	의기소침하다	피곤하다
기가 막히다	못되다	신나다	이기적이다	피하다
기가 살다	무겁다	신뢰하다	이상하다	한심하다
기가 죽다	무관심하다	신비하다	이성적이다	해맑다
기가 차다	무기력하다	신선하다	익숙하다	행복하다
기겁하다	무디다	신중하다	인상적이다	허둥대다
기괴하다	무뚝뚝하다	실망하다	자격지심이 있다	허망하다
기대다	무료하다	싫다	자랑스럽다	허무하다
기대하다	무르다	심술부리다	자부심을 느끼다	허물없다
기를 펴다	무리하다	심심하다	자신 없다	허전하다
기발하다	무섭다	심통나다	자신 있다	허탈하다
기분 나쁘다	뭉클하다	싱숭생숭하다	자지러지다	허하다
기분 좋다	미련이 남다	쑥스럽다	잔망스럽다	헤롱대다
기쁘다	미련하다	쓰리다	잔잔하다	현명하다
기운 나다	미소 짓다	쓸쓸하다	잘난 척하다	혐오하다
기이하다	미안하다	씁쓸하다	잘하다	협조적이다
기품 있다	민감하다	씩씩하다	잠잠하다	호기심을 갖다
긴장이 풀리다	민망하다	아끼다	재미있다	혼란스럽다
긴장하다	믿다	아득하다	재수 없다	홀가분하다

까다롭다	믿다	아름답다	적극적이다	화나다
까마득하다	바람직하다	아쉽다	절규하다	화통하다
까칠하다	반갑다	안달하다	절망스럽다	환희에 차다
깐깐하다	반듯하다	안도하다	점잖다	활기차다
깔보다	반하다	안심하다	정겹다	황당하다
깝죽거리다	받쳐 주다	안쓰럽다	정성 들이다	황홀하다
껄끄럽다	밝다	안절부절못하다	정열적이다	후련하다
꼼꼼하다	방심하다	안정적이다	조롱하다	후회하다
꽉 막히다	방어적이다	안타깝다	조마조마하다	훈훈하다
꿀꿀하다	배려하다	암담하다	조바심 나다	훌륭하다
꿈만 같다	버티다	애석하다	조심스럽다	흐뭇하다
끈끈하다	벅차다	애쓰다	좀스럽다	흔쾌하다
끈적하다	보람되다	애정하다	좋아하다	흡족하다
끈질기다	보고 싶다	애타다	좌절하다	흥미롭다
끌리다	보기 싫다	야물다	주눅 들다	흥분되다
끓어오르다	부글거리다	야속하다	중독되다	흥이 나다
끔찍하다	부끄럽다	야유하다	즐겁다	희롱하다
끝내주다	부담스럽다	약 오르다	증오하다	희망하다
나대다	부드럽다	약하다	죄송하다	희한하다
낙담하다	부럽다	얄밉다	지겹다	힘내다
난처하다	분개하다	얌전하다	지분거리다	힘들다
난폭하다	분하다	양심적이다	초조하다	힘이 없다

2) 캐릭터 설정

인물은 작품에서 가장 핵심적이고 중요한 역할을 맡는다. 문학작품에서 인물은 처음부터 끝까지 한 가지 테마에서 벗어나지 않는 평면적 인물, 여러 가지 면모를 보이고 성격이 변화하는 입체적 인물, 사건을 일으키는 주동 인물, 주인공의 대적자인 반동 인물 등이 있으며, 인물의 역사에 따라 비극적 인물, 희극적 인물 등으로도 나눌 수 있다.

인물을 표현할 때는 해설적, 분석적, 화자의 요약 설명 등의 직접적 표현과 극적 방법, 인물의 반응, 사건, 외모, 취미, 태도 등을 서술하여 표현하는 간접적 방법을 사용할 수 있다.

(1) 주인공 설정: 캐릭터 만들기[1]

- 캐릭터 이름 짓기
- 캐릭터 프로필 만들기
- 주인공 프로필 사진 만들기
- 심리 · 발달 이론에서의 연령대별 발달과업이나 개인 심리 이론에서의 출생 순서와 성격 유형, 매슬로의 욕구 위계, 애착 이론에서의 애착 유형, 도덕성 발달 단계, 현실치료의 기본 욕구와 전체 행동, 교류분석에서의 삶의 네 가지 태도와 인생각본, 성격 유형 검사들의 결과 등을 참고할 수 있다.
- 질문을 통해 주인공 구체화하기

주인공:

어떤 능력을 가졌나요?

어떤 생각을 갖고 살아가나요?

자기를 어떤 사람이라고 생각하나요?

다른 사람들에게는 어떤 사람이라고 불리나요?

무엇보다 중요하게 여기는 것은 무엇인가요?

---

1) 자세한 내용은 [동화치료: 창조적 통합치료(강새로운, 2020C)]를 참조.

도덕적으로 어떤 성향을 갖고 있나요?

무엇을 즐겨 하나요?

어떤 행동이 두드러지게 나타나나요?

자주 사용하는 말은 무엇인가요?

무엇을 하고 싶어 하나요?

타인을 대할 때 어떻게 하나요?

첫 등장 시 기분은 어떤가요?

첫 등장 시 무슨 생각을 했나요?

첫 등장 시 신체 반응이나 행동이 어떠했나요?

첫 등장 시 무슨 말을 했나요?

첫 등장이 왜 그랬나요?

● 상황에 따른 인물의 반응을 생각해 보고, 인물의 행동원리나 계기 사건 등 인물의 역사 만들기

인물 돋보기:

평소 일상을 어떻게 보내나요?

기분이 좋을 때는 어떻게 하나요?

신날 때는 어떻게 하나요?

슬플 때는 어떻게 하나요?

우울할 때는 어떻게 하나요?

화가 날 때는 어떻게 하나요?

대화할 때 듣는 타입인가요? 말하는 타입인가요?

얼마나 오래 집중할 수 있나요?

가장 집중했던 일은 무엇인가요?

가장 끈기 있게 했던 일은 무엇인가요?

자기 것을 얼마나 잘 챙기나요?

자주 다치거나 아픈가요?

계획을 얼마나 잘 세우나요? 계획을 세우면 얼마나 잘 지키나요?

책임감은 어느 정도 있는 편인가요?

자신감은 어느 정도 있는 편인가요?

(2) 주변 인물과 인물관계 설정

주인공의 주변 인물에는 가족, 친구, 선생님, 마을사람, 회사 직원 등 여러 존재가 있을 수 있다. 짧은 이야기 속에 등장인물이 너무 많은 경우에 이야기는 산만해진다. 그렇기에 사건과 관련한 적절한 인원을 설정해야 하며, 사건의 전개를 위한 장치로서 첨예한 대립관계나 선의의 경쟁관계, 애정관계, 부모와 자식, 우정이나 동료관계, 군신관계 등 인물 간의 역학적 관계를 설정할 수 있다.

인물을 적재적소에 배치하여 마주치게 함으로써, 인물들이 서로가 서로에게 영향을 주는 역학적 상호작용의 결과로 다음 사건이 일어나도록 하는 것이다.

- 캐릭터 가계도 만들기
- 등장인물의 가계도를 만들면서, 내담자의 발달단계에 따라 성별, 나이, 순서 및 서열 개념, 크기 비교 등도 지도할 수 있다.
- 캐릭터 관계도 만들기
- 캐릭터 간의 갈등관계, 친분관계 등을 화살표로 표현한다.
- 가계도와 관계도는 한 장에 함께 나타낼 수도 있다. 해당 캐릭터의 기본 자세나 캐릭터 간에 취하는 태도 등을 간단하게 적어 두면 이야기 진행에 참고 가능하다.
- 질문을 통해 주변 인물 구체화하기

대적자:

어떤 능력을 가졌나요?

어떤 생각을 갖고 살아가나요?

자기를 어떤 사람이라고 생각하나요?

다른 사람들에게는 어떤 사람이라고 불리나요?

무엇보다 중요하게 여기는 것은 무엇인가요?

도덕적으로 어떤 성향을 갖고 있나요?

무엇을 즐겨 하나요?

어떤 행동이 두드러지게 나타나나요?

자주 사용하는 말은 무엇인가요?

무엇을 하고 싶어 하나요?

타인을 대할 때 어떻게 하나요?

첫 등장 시 기분은 어떤가요?

첫 등장 시 무슨 생각을 했나요?

첫 등장 시 신체 반응이나 행동이 어떠했나요?

첫 등장 시 무슨 말을 했나요?

첫 등장이 왜 그랬나요?

조력자:

어떤 능력을 가졌나요?

어떤 생각을 갖고 살아가나요?

자기를 어떤 사람이라고 생각하나요?

다른 사람들에게는 어떤 사람이라고 불리나요?

무엇보다 중요하게 여기는 것은 무엇인가요?

도덕적으로 어떤 성향을 갖고 있나요?

무엇을 즐겨 하나요?

어떤 행동이 두드러지게 나타나나요?

자주 사용하는 말은 무엇인가요?

무엇을 하고 싶어 하나요?

타인을 대할 때 어떻게 하나요?

첫 등장 시 기분은 어떤가요?

첫 등장 시 무슨 생각을 했나요?

첫 등장 시 신체 반응이나 행동이 어떠했나요?

첫 등장 시 무슨 말을 했나요?

첫 등장이 왜 그랬나요?

3) 시점 결정

동화는 글이나 말, 그림 등 어떤 수단을 통해 상대방에게 이야기를 전달하게 되므로 필연적으로 이야기를 전달하는 서술자가 존재한다. 서술자에 따라 작품의 시점이 달라지고, 서술에 특징이 나타난다.

1인칭 주인공 시점의 경우 주인공인 인물, 동물, 사물의 입장에서 이야기를 서술한다. '나는 그런 아빠를 도저히 이해할 수 없었다.'처럼 '나'를 중심으로 일기를 쓰듯, 독백하듯 이야기를 전달하는 것이다. '내'가 주인공이기 때문에 주인공의 생각이나 감정 변화를 풍부하게 표현할 수 있지만, 주인공의 무의식적 행동 묘사나 표정 변화, 다른 인물의 생각이나 감정은 직접 표현하지 못한다.

1인칭 관찰자 시점은 주인공의 주변 인물인 '나'가 주인공에 대한 이야기를 전달하는 것으로, '제이는 항상 어딘가 불편해 보였다. 미간을 잔뜩 모으고 있는 것이, 마치 세상의 고민은 다 제이의 것만 같았다.'와 같이 주인공의 외형적인 묘사와 자신이 받은 인상을 통해 주인공의 상황이나 감정을 간접적으로 전달한다.

3인칭 관찰자 시점은 이야기 밖에서 주인공과 주변 인물의 상황을 중계한다. 하지만 인물의 겉모습이나 대화만 서술할 뿐, 그 안에 담긴 감정이나 앞, 뒤의 상황에 대한 설명이나 평가는 하지 않는다.

나나는 아침 일찍 일어나 옆집 문을 두드리며 다다를 불렀어요.

"다다야~ 오늘이야! 오늘!"

우당탕탕 소리가 나더니 머리에 까치집을 지은 다다가 문틈으로 머리를 내밀었어요.

3인칭 전지적 작가 시점은 3인칭 관찰자 시점에 더하여 앞뒤 상황에 대한 설명이나 인물의 생각, 감정까지도 모두 서술할 수 있으며, 인물이나 장소를 옮겨 가며 서술할 수 있고, 시야 밖의 이야기도 전달할 수 있다.

> 나나는 아침 일찍 일어나 옆집 문을 콩콩 두드리며 기대에 부푼 목소리로 다다를 불렀어요. "아이참! 다다는 뭐하고 있는 거야~" 벌써 해가 저만큼 떴어요. 나나는 점점 조급해져서 발을 동동 굴렀어요. "다다야~ 오늘이야! 오늘!" 나나의 목소리에 다다가 번쩍 눈을 떴어요. "으악, 늦었다! 어떡하지? 어제 괜히 늦게 자 가지고!" 머리에 생긴 까치집을 어찌할 새도 없이 다다는 우당탕탕 소리를 내며 문을 열었어요. 기쁜 듯 초조한 듯 어쩔 줄 모르는 나나의 얼굴이 확 다가들었어요. "빨리 가자!" 문밖에서 들리는 시끌시끌한 아이들 소리에 나나의 엄마는 빙그레 미소 지었어요. "애들도 참, 저리 좋을까?" 김밥을 담는 손이 좀 더 빨라졌어요.

한편, 그림 동화를 쓰고자 한다면 그림에도 시점이 있음을 고려해야 한다. 어느 시점에서 보느냐에 따라 표현되는 구도가 달라지기 때문이다.

4) 문체 결정

문체(~어요, 습니다, ~했지, ~했어)는 이야기 전반의 어조, 분위기를 좌우한다. 따라서 특별한 이유 없이 문체를 바꾸는 것은 작품 전체의 일관된 분위기와 통합을 방해하는 요인이 되므로 주의한다.

> 나나는 사탕을 발견했어요.
> 나나는 사탕을 발견했어.
> 나나는 사탕을 발견했지요.
> 나나는 사탕을 발견했지.
> 나나는 사탕을 발견했다.
> 나나는 사탕을 발견한다.

동화는 글과 그림을 통해 독자에게 이야기를 전달하는 것이므로 작품과 독자 사이에는 '이야기꾼'이 존재한다. 이야기꾼은 작가 자신이기도 하지만 때로는 1인칭 주인공이나 1인칭 관찰자와 같이 작품 내에 있기도 하고, 3인칭 시점의 제3의 인물이나 전지적 인물이기도 하다. 이야기를 전달하는 이러한 '이야기꾼'의 성격과 말투를 어떻게 설정하느냐에 따라 독자가 받는 인상이 달라지며, 단순히 끝맺음 말을 다르게 하는 것으로 이야기의 분위기를 다르게 할 수 있다.

5) 내용 전개하기

내용 전개는 뼈대에 살을 붙이는 과정이며, 작품에 생기를 불어넣는 단계이다. 이 단계부터 캐릭터가 살아 움직이기 시작한다.

(1) 일화의 구성

- 에피소드의 수
  - 단일 구성: 하나의 사건
  - 복합 구성: 둘 이상의 사건
- 진행 방향
  - 평면적 구성: 진행적 구성, 사건이 시간 순서대로 전개
  - 입체적 구성: 분석적 구성, 시간 순서가 아닌 사건의 내적 관련에 따라 시간의 역전이 나타나는 구성. 심리소설에 잘 쓰임
  - 역순행 구성: 역행적 구성, 시간의 흐름이 순차적으로 진행되지 않고, 현재 – 과거 – 현재, 미래 – 현재 – 과거 등으로 진행
  - 액자식 구성: 이야기 속의 이야기
- 시리즈
  - 옴니버스: 같은 주제의 전혀 다른 인물과 배경을 가진 이야기를 나열
  - 피카레스크: 같은 배경 속 여러 인물의 독립된 이야기, 원작의 스핀오프

(2) 이야기 구조화

혼히 글쓰기 단계를 집짓기와 비교하는데, 여기서는 우리 전래동화 중 하나를 이야기할까 한다. 우리 전통 무가에서 파생된 전래동화 『바리데기』(황석영, 2007)에서 주인공인 바리데기는 친부모를 살리기 위해 저승까지 가서 '숨살이꽃, 살살이꽃, 피살이꽃'을 가져온다. 바리데기가 가져온 꽃들은 뼈대를 잡고, 살을 붙이고, 내용을 풍부하게 표현하여 작품 전체에 숨을 불어넣는 글쓰기 과정과 흡사하다. 뼈대를 잡는 방법은 다음과 같이 여러 가지가 있다.

- 구성하기: 이야기의 핵심 장면을 간략하게 적는다(예: 오빠 펭귄이 장난감 자동차가 고장난 것을 발견함).
- 구체적으로 서술하기: 구성하기에서 정한 내용을 보다 자세하게 설명한다(예: '다다는 유치원차에서 내리자마자 뛰어서 집에 왔어요. 어제는 다다의 생일이었는데, 오늘은 어제 생일선물로 받은 장난감 자동차를 가지고 놀 거예요. 다다는 눈을 빛내며 자동차를 찾았어요. 그런데 이게 뭐죠? 자동차 바퀴가 없어요').

① 기승전결(起承轉結)로 이야기 만들기

기 (문제 제기)	
승 (문제 전개)	
전 (결정적 방향 전환)	
결 (마무리)	

② 육하원칙(5W1H)으로 이야기 만들기

누가 (주인공이)	
언제	
어디서	
무엇을 (사건)	
어떻게	
왜	

③ 소설의 구성에 맞추어 이야기 만들기

발단 (인물과 배경 소개, 사건의 실마리 제시)	
전개 (사건이 점차 발전, 인물 간 갈등 시작)	
위기 (인물 간의 갈등과 대립 심화, 위기감 조성)	
절정 (갈등과 대립 최고조, 해결의 실마리 제시, 주제 등장)	
결말 (갈등 해소, 주인공의 운명 결정)	

④ 희곡의 구성에 맞추어 이야기 만들기

발단 (인물과 배경, 극의 분위기 등 사건의 실마리)	
전개 (갈등 발전, 분위기와 긴장감이 점차 고조)	
절정 (갈등 최고조, 극적인 장면이 나타나고 주제 등장)	
하강 (해결의 실마리, 사건 반전)	
대단원 (갈등 해소, 사건 마무리)	

⑤ 이야기 문법으로 이야기 만들기

제목			
배경	(시대, 때, 장소, 환경, 역사, 가족 및 이웃, 인물의 특징 등)		
계기 사건		인물의 내적 반응 (생각, 감정)	
시도 (말, 행동, 대처)		인물의 내적 반응 (생각, 감정)	
결과			

2

⑥ 9분할 이야기 만들기

- 가운데 칸: 주인공의 프로필을 적는다(예: 이름, 종족, 나이, 성격, 특징, 가족 구성 등).
- 숫자 칸: 주인공과 관련 있는 사실들을 무작위로 적는다(예: 사는 곳, 좋아하는 것, 싫어하는 것, 좋아하는 장소, 싫어하는 장소, 하고 싶은 것, 하기 싫은 것, 잘 먹는 것, 못 먹는 것, 많이 하는 것, 자주 가는 곳, 자주 하는 놀이, 꿈, 소원, 방해되는 것, 도움이 되는 것, 방해를 극복하는 법, 친구관계, 전달하고 싶은 메시지 등).
- 이야기 순서 정하기: 숫자 칸에 적은 내용을 보고 이야기를 만들 순서를 정한다(예: 0→4→1→5→2→3→7→6→8 순서로 이야기 만들기).
- 이야기 순서에 따라 줄거리를 만든다. Who, What, How 질문을 사용하여 이야기를 확장한다.
- 줄거리를 구체적으로 서술하고 대화체, 의성어와 의태어 등을 넣어 이야기를 꾸민다. 등장인물 간에 대화, 행동, 감정 등 반응을 주고받으며 이야기가 풍부해진다.
- 제목을 정하고, 틀린 글자나 문맥을 수정하여 이야기를 완성한다.

1. 당근	2. 토끼풀 뜯기	3. 친구 토끼
4. 가족	0. 주인공 아기 토끼 '이크'	5. 수학 공부
6. 싸움	7. 작은 사람들	8. 평화로운 마을

[그림 4-1] 초록마을 토끼풀 9분할 이야기 구성

1.	2.	3.
4.	0. 주인공	5.
6.	7.	8.

[그림 4-2] 9분할 이야기 구성판

〈표 4-2〉 초록마을 토끼풀 9분할 이야기 구체화하기

번호	초록마을 토끼풀	
0	**이야기 시작** (배경, 주인공 설명)	이야기를 어떻게 시작하면 될까요?
		아기 토끼 이크는 초록마을에 살아요.
4	**가족**	이크의 가족은 누구인가요?
		이크는 엄마, 아빠, 오빠와 함께 살았어요.
1	**당근**	당근은 이크에게 무엇인가요?
		당근은 이크가 제일 좋아하는 거예요.
5	**수학 공부**	이크는 수학 공부가 어떤가요?
		이크는 수학 공부가 너무 어려웠어요.
2	**토끼풀 뜯기**	이크는 토끼풀을 뜯으러 갔나요? 당근 대신 왜 토끼풀을 뜯으러 갈까요?
		이크는 오늘 당근이 없어서 밖에 나갔어요. "아, 토끼풀 먹어야겠다!" 이크는 토끼풀도 좋아해요.
3	**친구 토끼**	친구 토끼는 누구인가요?
		이크의 친구는 에크예요. 어쩔 때는 토끼풀을 서로 먹으려고 싸워요. 그런데 오늘은 에크가 이크에게 당근을 줘서 사이가 좋아졌어요.
7	**작은 사람들**	작은 사람들이 나와서 어떻게 했나요?
		그런데 갑자기 작은 사람이 나타나서 "토끼 바보!"라고 했어요.
6	**싸움**	그래서 어떻게 되었나요?
		"나한테 왜 바보라 그래!" "너희가 토끼풀을 다 먹어서 우리가 옷을 못 만들잖아!" "어? 정말? 몰랐어. 미안해."
8	**평화로운 마을**	평화로운 마을이 되려면 이크가 어떻게 해야 될까요?
		"내가 토끼풀을 구해 줄게. 자, 여기 선물이야." 이크가 작은 사람들에게 토끼풀을 선물했어요. 작은 사람들은 다시 토끼풀 옷을 만들어 입었어요. 이제 이크는 토끼풀을 아껴 먹어요. 작은 사람들은 고맙다고 이크에게 당근을 주고, 사이좋게 지냈답니다.

〈표 4-3〉 9분할 이야기 만들기 판

제목 / 순서		
	이야기 시작 (배경, 주인공 설명)	
	이야기 시작 (배경, 주인공 설명)	

⑦ 16분할 이야기 만들기

　보통 그림책은 국전지 한 장에 32페이지가 나오므로 32페이지나 16페이지에 맞추어 제작되는 경향이 있다. 최근에는 다양한 판형이 있어 필수적인 요소도 아니고 페이지 수에 제약이 있는 것도 아니지만, 소량 인쇄 시 페이지를 맞춰 제작하면 효율이 좋은 편이다.

　아동·청소년과 그림책을 만들 때는 연령에 따라 8페이지, 12페이지, 16페이지 등으로 페이지 양을 다르게 제시한다. 이야기 전개나 작업 수준에 따라 그림과 글을 각각의 페이지에 따로 배치하여 페이지를 늘리거나, 펼쳐진 양면을 한 장면으로 표현하는 식으로 8~32페이지 사이로 페이지를 조절할 수 있다.

　16분할 이야기 만들기는 그림책 표현을 염두에 둔 스토리 보드로, 그림과 글을 따로 넣는 32페이지 또는 그림과 글을 한 페이지에 같이 넣는 16페이지 그림책에 맞춘 양식이다. 각 페이지에 들어 갈 내용을 한 문장씩 나눠 적어 전체적인 뼈대와 줄거리를 만든 후 그 문장을 기준으로 내용을 점차 구체화하여 이야기를 완성한다.

제목	우리 엄마는 요알못
1	우리 엄마는 요리를 못한다.
2	아빠는 엄마 요리가 맛있다고 한다.

제목	우리 엄마는 요알못
1	우리 엄마는 요리를 못한다. 친구들은 다 엄마 음식이 최고라고 한다. 하지만 나는 이모의 된장찌개가 제일 맛있다. 엄마는 자꾸 된장찌개에 이상한 걸 넣는다.
2	아빠는 엄마 요리가 맛있다고 한다. 그래 놓고 나를 보면서 눈을 깜빡깜빡거린다. 나는 밥을 입에 물고 있다가 엄마한테 혼났다. 나는 숨을 참고 밥을 삼켰다. 양치질을 하고 집을 나서는데 길 조심하라는 잔소리가 따라온다. 엄마는 잔소리 머신이다.

제목	우리 엄마는 요알못
1	"엄마, 된장국이 밍밍해!" "짜게 먹으면 몸에 안 좋아." "그래도." 솔직히 말해서 우리 엄마는 요리를 진짜 못한다. 친구들은 다 엄마 음식이 최고라고 하는데……. 하지만 나는 이모의 된장찌개가 제일 맛있다. 엄마는 된장찌개에 자꾸 이상한 걸 넣는다.
2	"음~ 여보, 오늘도 된장국이 참 맛있네~" 아빠는 그래 놓고 나를 보면서 눈을 깜빡깜빡거린다. 나는 밥을 가만히 입에 물고 있었다. "김마리! 또 밥 입에 물고 있지! 꼭꼭 씹어 먹어! 안 그럼 이 썩는다? 얼른 먹고 학교 가야지!" 나는 숨을 참고 밥을 꿀꺽 삼켰다. 양치질을 하고 미적미적 집을 나서는데 길 조심하라는 잔소리가 따라온다. 엄마는 잔소리 머신이다.

〈표 4—4〉

제목	
1	
2	
3	
4	
5	
6	
7	
8	

9	
10	
11	
12	
13	
14	
15	
16	

(3) 이야기 확장 심리투사 질문

주인공 또는 주변 캐릭터를 설정하고 그림으로 표현할 때 심리투사검사의 질문을 활용하여 이야기를 확장한다. 그림을 먼저 그리고 이야기를 만들어 가는 경우에는 각 요소에서 생략한 부분이 있는지, 그림에 반복적으로 등장하는 요소가 있는지, 특정 색채나 숫자가 반복되고 있지 않은지, 특별하게 추가된 부분은 무엇이고, 어떤 의미가 있는지 등을 공통적으로 질문할 수 있다.

① 동적 집-나무-사람 검사(K-HTP) 질문 활용하기

● 집을 표현할 때 질문 활용하기

- 이 집은 어떤 집인가요?

- 누구의 집이라고 생각했나요?

- 이 집에는 누가 사나요?

- 이 집의 분위기는 어떤가요?

- 집에 문이 있나요? 문에는 손잡이가 있나요?

- 집에 창문이 얼마나 있나요?

- 지붕은 어떻게 생겼나요?

- 이 집의 특징은 무엇인가요?

- 이 집만의 특별한 점은 무엇인가요?

- 앞으로 이 집은 어떻게 될까요?

● 나무를 표현할 때 질문 활용하기

- 이 나무는 어떤 나무인가요?

- 이 나무는 몇 살쯤 되었나요?

- 잎이 무성한 나무인가요? 잎이 적당히 있나요? 가지가 앙상한 나무인가요?

- 이 나무의 건강은 어떤가요?

- 앞으로 이 나무는 어떻게 될까요?

- 이 나무에 꽃이 핀다면 누구와 함께 보고 싶은가요?

- 이 나무는 열매가 열리나요? 열매가 열린다면 얼마나 열릴까요?

- 이 나무에 열매가 열린다면 누구와 함께 나누고 싶은가요?

● 사람을 표현할 때 질문 활용하기

　- 주인공/등장인물은 몇 살인가요?

　- 주인공/등장인물이 무엇을 하고 있나요?

　- 주인공/등장인물의 기분은 어떤가요?

　- 주인공/등장인물은 무슨 생각을 하고 있나요?

　- 주인공/등장인물의 건강은 어떤가요?

　- 주인공/등장인물에게 가장 힘들었던 일은 무엇일까요?

　- 주인공/등장인물을 보면 생각나는 사람이 있나요?

　- 앞으로 주인공/등장인물은 어떻게 될까요?

② 동적 가족화 검사(KFD) 질문 활용하기

　- 주인공/등장인물 가족은 지금 무엇을 하고 있나요?

　- 주인공/등장인물 가족의 좋은 점은 무엇인가요?

　- 주인공/등장인물 가족의 나쁜 점은 무엇인가요?

　- 주인공/등장인물 가족이 모여 있는 장면을 보면 무슨 생각이 드나요?

　- 누구를 그릴 때 가장 힘들었나요?

　- 주인공/등장인물과 가장 가까운 가족은 누구인가요?

　- 앞으로 주인공/등장인물 가족은 어떻게 될까요?

　- 만약 이 장면에서 무언가를 바꾼다면 어떻게 바꾸고 싶은가요?

　- 나에게 가족이란?

　- 나의 가족은 누가 있나요?

　- 나의 가족과 이야기에서 표현한 가족 사이에는 어떤 차이가 있나요?

　- 나는 가족 중 누구와 가장 가까운가요?

　- 내 가족의 좋은 점은 무엇인가요?

　- 내 가족의 나쁜 점은 무엇인가요?

　- 가족이 다 같이 무엇인가 한다면 무엇을 하고 싶은가요?

　- 앞으로 나의 가족은 어떻게 될까요?

　- 나의 가족에게 바라는 점이 있다면?

③ 빗속의 사람 검사(PITR) 질문 활용하기

● 비 오는 장면, 위기에 처한 장면 등

- 주인공/등장인물은 어디에 있나요?

- 주인공/등장인물은 무엇을 하고 있나요?

- 주인공/등장인물은 어떻게 대처하고 있나요?

- 주인공/등장인물은 몇 살인가요?

- 주인공/등장인물을 보면 누가 생각나나요?

- 주인공/등장인물의 기분은 어떤가요?

- 비가 많이 내리나요?

- 해야 할 일이 많은가요?

- 위험 요소가 많나요?

- 위기 상황이 심각한가요?

- 주인공/등장인물에게 지금 필요한 것은 무엇인가요?

- 주인공/등장인물은 페이지의 어디에 위치해 있나요?

- 주인공/등장인물의 크기는 종이에 비해 어떤가요?

- 주인공/등장인물의 앞모습, 옆모습, 뒷모습 중 어떤 모습인가요?

- 여기에 더 그려 넣고 싶은 인물이 있나요? 있다면 누구인가요?

- 원하는 만큼 충분히 표현되었나요?

- 어떤 부분이 가장 표현하기 어려웠나요?

- 특별히 더 표현한 것이 있나요?

④ 풍경구성법(LMT)을 활용한 장면 표현 질문 활용하기

- 어떤 장면인가요?

- 어느 계절일까요?

- 몇 시쯤일까요?

- 날씨는 어떤가요?

- 이곳은 어디인가요?

- 이곳의 분위기는 어떨까요?

- 길은 어디에서 어디로 향할까요?

    - 강은 어디에서 어디로 향할까요?

    - 강의 깊이는 어떨까요?

    - 길의 너비는 어떨까요?

    - 산 너머에는 무엇이 있을까요?

    - 이 장면의 주인공/등장인물은 몇 살인가요?

    - 이 장면에서 주인공/등장인물의 기분은 어떨까요?

    - 주인공/등장인물이 무엇을 하고 있나요?

    - 이야기와 상관없이 자유롭게 그려 넣은 것은 무엇인가요?

    - 앞으로 이 장면은 어떻게 될까요?

    - 원하는 만큼 충분히 표현되었나요?

    - 장면이 마음에 드나요?

    - 장면이 어떤 느낌을 주나요?

    - 만약 이 장면에서 무언가를 바꾼다면 어떻게 바꾸고 싶은가요?

⑤ 문장완성 검사(SCT) 질문 활용하기

    - 주인공이 더 어리다면?

    - 주인공이 나이가 더 많으면?

    - 주인공의 친구는?

    - 주인공의 엄마는?

    - 주인공의 아빠는?

    - 주인공의 엄마와 아빠는 서로?

    - 주인공과 엄마는?

    - 주인공과 아빠는?

    - 주인공의 가족은 주인공을?

    - 주인공의 좋은 점은?

    - 주인공의 나쁜 점은?

    - 주인공이 믿는 것은?

— 다른 사람의 기대를 받으면 주인공은?

— 주인공은 어떤 상상을 자주 할까?

— 언젠가 주인공은?

— 주인공은 때때로?

— 요즘 주인공은?

— 주인공의 가장 큰 즐거움은?

— 주인공이 가장 두려워하는 것은?

— 주인공이 가장 무서워하는 것은?

— 주인공이 가장 걱정하는 것은?

— 주인공이 가장 자신 있어 하는 것은?

— 주인공이 가장 행복할 때는?

— 주인공에게 가장 좋았던 일은?

— 주인공이 가장 좋아하는 놀이는?

— 주인공이 가장 좋아하는 사람은?

— 주인공이 가장 싫어하는 사람은?

— 주인공이 가장 아끼는 것은?

— 주인공이 가장 갖고 싶은 것은?

— 주인공을 가장 슬프게 하는 것은?

— 주인공을 가장 화나게 하는 것은?

— 주인공을 가장 화나게 하는 사람은?

— 주인공이 가장 우울할 때는?

— 주인공이 가장 싫어하는 사람은?

— 주인공은 공부를?

— 주인공이 방학에 꼭 하고 싶은 건?

— 주인공의 학교생활은?

— 다른 집과 비교해서 주인공의 집은?

— 주인공이 만약 외딴 곳에서 혼자 살게 되면 ～와 가장 같이 살고 싶을까? 왜 그럴까?

— 주인공이 만약 동물로 변할 수 있다면 무엇이 될까? 왜 그럴까?

－ 주인공의 소원이 마음대로 이뤄진다면, 첫째는? 둘째는? 셋째는?

－ 주인공의 앞날은?

－ 주인공이 앞으로 하고 싶은 일은?

－ 주인공이 믿는 자신의 능력은?

－ 주인공의 야망은?

－ 주인공이 행복해지려면?

－ 주인공이 백만장자라면?

－ 주인공에게 이상한 일이 생겼을 때?

－ 주인공이 아무도 모르게 원하는 건?

－ 주인공이 어떻게든 잊고 싶은 것은?

－ 주인공이 저지른 가장 큰 잘못은?

－ 주인공이 무엇보다도 좋지 않게 생각하는 것은?

－ 주인공이 꾼 꿈 중에서 제일 좋은 꿈은?

－ 주인공이 생각하는 진짜 친구는?

－ 주인공이 남자에 대해 좋지 않게 생각하는 것은?

－ 주인공이 여자에 대해 좋지 않게 생각하는 것은?

－ 주인공의 이상형은?

－ 주인공이 만약 신이라면?

－ 윗사람을 보면 주인공은?

－ 이야기 속 윗사람들은?

－ 이야기 속 대부분의 아이는?

－ 이야기 속 다른 사람들은?

－ 이야기 속 여자아이들은?

－ 이야기 속 남자아이들은?

－ 이야기 속 선생님은?

6) 내용 구체화하기

(1) 대화 넣기

등장인물의 감정이나 생각을 보다 잘 표현하기 위해 대사를 넣어 표현할 수 있다.

> 다다는 유치원차에서 내리자마자 뛰어서 집에 왔어요.
> "엄마! 내 자동차 어디 있어요?"
> 어제는 다다의 생일이었는데, 오늘은 어제 생일선물로 받은 장난감 자동차를
> 가지고 놀 생각이에요. 다다는 눈을 빛내며 자동차를 찾았어요.
> "어?" 그런데 이게 뭐죠? 자동차 바퀴가 없어요.
> "누구야!!"

앞의 구체적으로 서술하기(p. 119 참조)에 대사가 들어감으로 인하여 캐릭터의 감정
이 보다 분명하게 전달되고, 정적이던 분위기가 동적으로 전환되는 것을 알 수 있다.

(2) 꾸미는 말 넣기

상징, 은유, 비유, 과장, 의성어, 의태어, 묘사, 대화, 느낌 표현, 연결사, 최상급, 가
정법 등 다양한 장치로 내용을 구체적으로 표현한다. 의성어, 의태어를 적절하게 사용
하면 보다 생동감과 현장감이 있는 묘사가 이루어진다. 또한 의성어와 의태어의 리드
미컬한 반복은 이야기에 리듬과 운율을 부여하여 경쾌한 분위기를 만든다. 또한 의성
어와 의태어의 사용은 언어 모방과 동작 모방 등으로 활동을 확장할 수 있고, 조음, 음
성, 인지 등 여러 분야의 향상을 촉진할 수 있다.

> 다다다다! 우당탕탕! 다다는 유치원차에서 내리자마자 뛰어서 집에 왔어요.
> 벌컥!
> "엄마! 내 자동차 어디 있어요?"
> 어제는 다다의 생일이었는데, 오늘은 어제 생일선물로 받은 장난감 자동차를
> 가지고 놀 생각이에요. 다다는 반짝반짝 눈을 빛내며 자동차를 찾았어요.

"어?" 그런데 이게 뭐죠? 자동차 바퀴가 없어요.

"이이익! 누구야!"

- 묘사하기, 꾸미기 예시: 햇살처럼, 별빛처럼, 호수 같은, 천사 같은, 악마 같은, 빛나는, 어리석은, 똑똑한, 어수룩한, 용감한, 대단한, 굉장한, 멋진, 사랑스러운, 싹싹하게, 향기로운, 향긋한, 썩은, 탄, 커다란, 조그만, 이상하게, 수상쩍은, 어설픈, 유려한, 어두운, 화사한, 치밀한, 고귀한, 깨끗한, 깔끔한, 더러운, 지저분한, 가벼운, 무거운, 탄탄한, 단단한, 무른, 짓무른, 어여쁜, 부드럽게, 굵은, 가느다란, 야트막한, 따뜻한, 추운, 화려하게, 볼품없는 등 여러 가지 수식어

- 연결어 예시: 그래서, 그리고, 그런데, 그렇게, 그러다가, 그러니까, 그러더니, 그래 가지고, 그러자, 그러므로, 그런고로, 그리하여, 그럼에도 불구하고, 그러는 동안, 그런데 말이다, 그때부터, 바로 그때, 이때, 이제부터, 아침/밤이 되자, 다음 날, 모르는 사이에, 하지만, 또, 다시, 자꾸, 계속, 다음, 왜냐하면, 때문에, 그 순간, 갑자기, 느닷없이, 더욱이, 마침내, 반드시, 반대로, 아무리, 절대로, 함께, 불행하게도, 다행히, 운 좋게, 마법처럼, 놀랍게도

- 상징어 예시: 상징어는 소리와 의미 관계가 필연적으로 여겨지는 것으로, 대체로 사람이나 사물의 소리를 표현하는 의성어와 사람이나 사물의 모양이나 움직임을 흉내 낸 의태어로 나뉜다.

〈표 4-5〉 의성어와 의태어

가글가글	깔깔깔	꾹꾹	댕댕댕	딩동댕
가만가만	깜빡깜빡	꿀꺽꿀꺽	더듬더듬	딩동딩동
가물가물	깡총깡총	꿀꿀	덕지덕지	따끔따끔
가칠가칠	깨갱	꿈뻑꿈뻑	덜그럭덜그럭	따닥따닥
간들간들	깨작깨작	꿈틀꿈틀	덜덜	따르릉따르릉

간질간질	깽	끄덕끄덕	덜렁덜렁	따악
개굴개굴	꺄르르	끄적끄적	덜커덕	딱딱
갸우뚱	꺼끌꺼끌	끈적끈적	덜커덩	딸랑딸랑
갸웃갸웃	꺼이꺼이	끔뻑끔뻑	덜컹덜컹	땡
거뭇거뭇	껄껄껄	끼루루룩	덥석	떼굴떼굴
거칠거칠	껑충껑충	끼룩끼룩	데구르르	또각또각
건들건들	꼬깃꼬깃	끼이익	데굴데굴	또랑또랑
겅중겅중	꼬꼬댁꼬꼬	끼익	도란도란	또르르
고래고래	꼬끼오	끼잉끼잉	도롱도롱	또박또박
고슬고슬	꼬들꼬들	낄낄낄	도리도리	똑딱똑딱
곱슬곱슬	꼬르륵	나붕나붕	돌돌	똑똑
구구구	꼬물꼬물	나풀나풀	동글동글	뚜벅뚜벅
구깃구깃	꼬불꼬불	냴름냴름	동동	뚝
구리구리	꼬질꼬질	냠냠	동실동실	뚝딱뚝딱
구불구불	꼭꼭	너울너울	두근두근	뚱땅뚱땅
구시렁구시렁	꼴깍꼴깍	넘실넘실	두둥실	뛰뛰빵빵
구질구질	꼴딱	노릇노릇	두런두런	뜨끈뜨끈
굽이굽이	꼼지락꼼지락	뉘엿뉘엿	두리번두리번	띄엄띄엄
귀뚤귀뚤	꽁꽁	느릿느릿	둘둘	말똥말똥
그렁그렁	꽈당	다그닥다그닥	둥글둥글	말랑말랑
글썽글썽	꽝	다닥다닥	둥둥	매끈매끈
긁적긁적	꽝꽝	다르륵	둥실둥실	맨송맨송

기우뚱	꽥	단짝단짝	뒤뚱뒤뚱	맴맴
기웃기웃	꽥꽥	달가닥달가닥	뒤룩뒤룩	멀뚱멀뚱
까끌까끌	꾀꼴꾀꼴	달각달각	뒤죽박죽	멍멍
까딱까딱	꾸깃꾸깃	달그락달그락	뒹굴뒹굴	메슥메슥
까르르	꾸르륵	달달	드르렁드르렁	메에
까슬까슬	꾸물럭꾸물럭	달랑달랑	드르륵	모락모락
까악까악	꾸벅꾸벅	답삭	들썩들썩	몰랑몰랑
깍깍	꾸역꾸역	대롱대롱	듬성듬성	몽실몽실
무럭무럭	번들번들	불끈불끈	뿌웅	솔솔
물렁물렁	번뜩	불뚝불뚝	뿌지직뿌지직	송골송골
물씬물씬	번지르르	불룩불룩	뿡뿡	송글송글
물컹물컹	번쩍	붉으락푸르락	삐걱삐걱	송송
뭉게뭉게	번쩍번쩍	비끗비끗	삐끗삐끗	송알송알
뭉그적뭉그적	벌떡	비비적비비적	삐뚤빼뚤	쏴아
뭉기적뭉기적	벌러덩	비틀비틀	삐약삐약	수군수군
뭉텅뭉텅	벌렁벌렁	빈둥빈둥	삐익	숭덩숭덩
미끄덩미끄덩	벌름벌름	빈둥이	삐죽삐죽	쉬익쉬익
미끌미끌	벌벌	빙그레	삐질삐질	슈웅
미적미적	벙긋벙긋	빙그르	삑삑	스르륵
민숭민숭	보글보글	빙글빙글	사각사각	스멀스멀
밍기적밍기적	보들보들	빙빙	사락사락	슥슥
바글바글	보송보송	빠각	사르르	슬금슬금

바들바들	보슬보슬	빠끔빠끔	사박사박	슬몃슬몃
바사삭바사삭	복슬복슬	빠드득	사부작사부작	시근덕시근덕
바삭바삭	복작복작	빠득빠득	사뿐사뿐	시들시들
바스락바스락	볼록볼록	빠앙	삭삭	시큰시큰
박박	부글부글	빠지직	살금살금	실룩샐룩
반들반들	부들부들	빳빳	살랑살랑	실룩실룩
반지르르	부랴부랴	빵	살래살래	실실
반질반질	부르르	빵빵	살살	싱글벙글
반짝반짝	부르릉	빼질빼질	새근새근	싱긋
발끈	부릉부릉	뺑뺑	새콤달콤	싱숭생숭
발딱	부리부리	뻐꾹뻐꾹	색색	싹둑
발라당	부숭부숭	뻐끔뻐끔	생글생글	싹둑싹둑
발름발름	부스럭	뻘뻘	생긋생긋	싹싹
방긋방긋	부스스	뻥	서걱서걱	쌔근쌔근
방싯방싯	부슬부슬	뽀글뽀글	석석	쌔액쌔액
방울방울	부엉부엉	뽀드득뽀드득	성큼성큼	쌕쌕
배시시	부욱	뽀득뽀득	소곤소곤	쌩쌩
뱅글뱅글	부웅	뽀송뽀송	소근소근	썩둑썩둑
뱅뱅	북북	뾰족뾰족	소랑소랑	쏴아쏴아
버글버글	북슬북슬	뿡	소복소복	쑥덕쑥덕
벅벅	북적북적	뿌드득	속삭속닥	쑥쑥
쓱싹쓱싹	오도독오도독	우뚝	자박자박	짹짹

쓱쓱	오돌토돌	우럭우럭	잘근잘근	쨍
씽씽	오들오들	우르르	재잘재잘	쨍강
아롱다롱	오목오목	우르릉	저벅저벅	쨍그랑
아롱아롱	오물오물	우물우물	절그렁절그렁	쨍쨍
아른아른	오순도순	우물쭈물	절레절레	쩌렁쩌렁
아삭아삭	오슬오슬	우적우적	조롱조롱	쩝쩝
아우우	오싹오싹	우지끈	조잘조잘	쪼글쪼글
아작아작	옥신각신	우지직	졸졸	쪼로록
아장아장	올록볼록	우히히	종알종알	쪼로롱쪼로롱
아하하	올망졸망	욱신욱신	종종	쪼르륵
안절부절	옴짝달싹	울긋불긋	좌르르	쪽쪽
알록달록	옴폭옴폭	울끈불끈	주렁주렁	쫄깃쫄깃
앙상	옹기종기	울렁울렁	주룩주룩	쫄쫄
앵알앵알	옹알옹알	울룩불룩	주루룩	쫍쫍
앵앵	와그작와그작	울퉁불퉁	주르륵주르륵	쭝긋쭝긋
야금야금	와글와글	움푹움푹	주섬주섬	쫙쫙
야들야들	와당탕	웅성웅성	주절주절	쭈글쭈글
야옹야옹	와들와들	웅얼웅얼	주춤주춤	쭈욱
어기적어기적	와락	월컹덜컹	죽죽	쭉쭉
어둑어둑	와르르	위잉위잉	줄줄	쫍쫍
어물어물	와작와작	윙윙	중얼중얼	찌르르
어물쩍	와장창	으드득으드득	지글지글	찌르륵찌르륵

어슬렁어슬렁	왁자지껄	으르렁	지끈지끈	찌릿찌릿
어정어정	왈강달강	으리으리	지리지리	찌익찌익
어흥	왈랑왈랑	으슬으슬	지지배배	찍찍
얼룩덜룩	왈캉달캉	으쓱으쓱	질겅질겅	찔끔찔끔
얼얼	왱알왱알	으하하하	질끈	찡
엉금엉금	왱왱	으허허허	질질	찡긋찡긋
엉엉	우글우글	음메	질척질척	차곡차곡
엎치락뒤치락	우당퉁탕	응애응애	질퍽질퍽	착착
에취	우두둑	이글이글	징징	찰랑찰랑
여리여리	우두커니	이러쿵저러쿵	짜릿짜릿	찰박찰박
영차영차	우둘투둘	잉잉	짝짝짝	찰싹
오글오글	우드득	자글자글	짤랑짤랑	찰찰
찰칵찰칵	콩콩	톡톡	푸드덕	후끈후끈
찰캉찰캉	콰르르르	통통	푸릇푸릇	후다닥
찰팍찰팍	콰르릉	투덜투덜	푹신푹신	후두둑후두둑
참방참방	콱콱	투실투실	푹푹	후드득
처덕처덕	콸콸	툭탁툭탁	풀썩	후들후들
척척	쾅	툭툭	풀풀	후루룩후루룩
철썩	쾅쾅	퉤	풍덩	후비적후비적
철썩철썩	쿡쿡	티격태격	피둥피둥	후후
철철	쿨럭쿨럭	파다닥	피시식	훌쩍
철컥철컥	쿨쿨	파닥파닥	피식	훌쩍훌쩍

철컹철컹	쿰쿰	파들파들	필릴리	훨훨
철퍼덕	쿵	파르르	핑그르르	휘리릭
철떡철떡	쿵덕	파릇파릇	핑핑	휘영청
초롱초롱	쿵짝쿵짝	파스스	하늘하늘	휘잉휘잉
촉촉	쿵쾅쿵쾅	팔딱팔딱	하하	휘적휘적
출랑출랑	쿵쿵	팔락팔락	한들한들	휘청휘청
촘촘	크앙	팔랑팔랑	할랑할랑	휘휘
총총	큭큭	팔짝팔짝	해죽해죽	휙휙
좌악좌악	킁킁	팔팔	허겁지겁	휭
추적추적	키득키득	팡팡	허둥지둥	흐느적흐느적
축축	킥킥	팽팽	허허	흐늘흐늘
출렁출렁	킬킬	퍼석퍼석	헐렁헐렁	흐물흐물
치렁치렁	타닥타닥	펄떡펄떡	헐레벌떡	흐흐
치이익	타박타박	펄럭펄럭	헤롱헤롱	흔들흔들
치카치카	탕	펄쩍펄쩍	헤실헤실	흘긋흘긋
칙칙폭폭	탕탕	펄펄	헤헤	흠칫흠칫
카랑카랑	탱글탱글	펑	호로록	희끗희끗
캑캑	터덜터덜	펑펑	호리호리	히끅
캥	터벅터벅	포동포동	호호	히이힝
컥컥	털썩	포르르	홀짝홀짝	히익
컹컹	털털	폭신폭신	화끈화끈	히죽히죽
콕콕	텀벙텀벙	폴짝폴짝	화닥화닥	히히

콜록콜록	토닥토닥	폴폴	화르륵	히힝
콜콜	토독토독	퐁당	활짝	힐끔힐끔
콩닥콩닥	토실토실	퐁당퐁당	활활	힐끗힐끗

7) 장면의 핵심 찾기, 그림 콘티 짜기

이야기가 완성되면 한 페이지에 들어갈 글을 적절한 양으로 나눈다. 그리고 각 장면별로 핵심 단어나 내용을 체크한 뒤 그림 또는 이미지로 표현할 부분을 골라낸다.

콘티는 실제 책의 형태를 고려하여 글과 그림의 배치를 어떻게 디자인할 것인지 대략적으로 계획하는 단계이다. 이야기를 나눈 컷 수에 앞뒤 표지 페이지를 더한 만큼 네모칸을 그리고, 대략적인 스케치와 글의 배치를 표시해 보자.

책의 구조상 오른쪽은 홀수 페이지, 왼쪽은 짝수 페이지이며, 그림책의 경우 1페이지에는 책의 제목이 들어가고, 2페이지부터 책의 본문이 시작되는 점을 고려하여 글과 그림을 구성한다.

8) 시각적 표현

(1) 그림 표현

① 글을 그림으로 옮기기: 장면의 핵심을 그림으로 표현하기. 전경과 배경, 중심 인물, 감정 표현 등

② 글에 표현되지 않은 요소 더하기: 그림 속 작은 스토리, 글에서 나타나지 않은 세부 설정하기. 소품, 반복 등장하는 색깔, 사물, 인물 등

③ 표현기법: 점, 선, 면, 형태, 색채, 여백, 구도, 전경과 배경, 원근감, 입체감 등을 활용한 그림 표현

④ 표현매체: 색연필, 수채물감, 아크릴 물감, 사인펜, 마카 등 여러 가지 재료와 태블릿, 다양한 질감의 종이, 입체 조형물의 콜라주, 사진 표현 등 여러 가지 매체를 활용한 표현

⑤ 책의 물리적 특성 활용하기: 책의 물리적 구조를 이야기의 진행 방향에 활용하거나 책의 물리적 구조와 이야기의 상호작용 가능. 세로 판형, 가로 판형, 접힘면, 앞표지와 뒷표지, 띠지, 팝업이나 플립을 활용한 평면 또는 입체적 장면 확장

⑥ 글과 그림 배치: 그림의 구도와 여백을 고려하여 글을 조화롭게 배치. 작가가 창작 단계에서부터 이러한 페이지를 계획하고 구성 가능

(2) 더미 북 만들기

평면적인 작업으로는 책의 형태가 감이 잘 오지 않을 수 있다. 이때 콘티를 책의 형태로 만들어 볼 수 있는데, 이를 더미 북(Dummy Book, 견본 책)이라고 한다. 더미 북의 완성도는 경우에 따라 천차만별로 나뉜다. 막대인형과 같이 대략적인 형태로만 그린 것부터 인쇄될 책과 거의 흡사한 수준까지 다양할 수 있다. 콘티 단계에서의 더미 북은 책을 펼쳤을 때 펼침 면에 그림이 걸리지 않게 하거나, 글과 그림의 구도를 잡고, 완성된 형태가 어떤 느낌을 줄 것인지를 대략적으로 상상하는 단계이다.

더미 북을 만드는 방법은 여러 가지가 있다. 종합장이나 메모장을 활용해도 되고, 단순히 A4를 여러 장 겹쳐서 스테이플러로 고정해도 된다. 또는 흔히 사용되는 북 아트 기법을 활용하는 것도 좋다. 그러나 가능한 한 실제 책의 크기에 맞추어 더미 북을 만들어 보면 전체적인 형태를 고려하며 작업을 진행할 수 있다. 더미 북 또한 콘티 짜기와 같이 이야기 중에서 그림으로 표현할 부분을 고른 다음, 한 페이지에 들어갈 글을 적절한 양으로 나누고, 대략적인 스케치와 글의 배치를 표시하여 구성한다.

(3) 그림 표현이 어려운 경우

그림 복사하여 오려 붙이기, 라벨지에 인쇄하여 붙이기, 부분적으로 그림 그리기, 테두리 만들기, 동그라미, 세모, 네모 기본 도형으로 그리기, 콜라주 기법으로 만들기, 점토로 만들기, 인형이나 장난감으로 장면을 연출하여 사진으로 촬영해서 표현하기, 종이인형 활용하기, 사진 배경 인쇄하여 활용하기 등 그림 표현의 부담을 줄여 줄 수 있는 창조적 기법을 활용한다.

9) 퇴고와 편집, 제목 확정

글과 그림의 균형을 맞추어 마무리하는 단계이다. 맞춤법 등을 점검하고, 작업을 마무리하며, 제목을 확정한다. 맞춤법 확인은 맞춤법 검사기를 활용하거나 워드 프로그램의 맞춤법 시스템을 활용할 수 있다.

10) 작가 소개, 작업 후기

(1) 작가 소개의 여러 가지 방식

작가 소개에는 정해진 방식이 있는 것이 아니지만, 다음의 유형을 참고할 수 있다.

- 객관적 소개: 저서 목록, 수상경력 등을 객관적으로 나열하는 내용
- 주관적 소개: 작가가 좋아하는 것, 취미, 작업 중의 에피소드 등 작가가 하고 싶은 말을 자유롭게 이야기하는 방식
- 평론적 소개: 작가의 삶을 조명하며 작가의 작품 성향이나 의미를 분석하고, 작품에 대해 언급하는 내용

(2) '나는' 긍정적 자기소개 미니 북 만들기

구조화된 틀에 맞춰 문장을 나열하여 소개를 완성하는 방법으로, 자기소개만으로도 미니 북을 만들 수 있고, 내용만 발췌하여 나를 소개하는 시처럼 구성할 수 있다.

① '나는' 긍정적 자기소개 구조

좋아하고 잘하는 것의 순서나 문장 형태는 바뀌어도 좋다. 좋아하는 것으로만 채워도 되고, 잘하는 것으로만 채워도 된다. 가이드에 따라 순서대로 적어 보자.

- 좋아하는 것을 적기
  - ~가 좋아, ~하는 것도 좋아해.
  - ~를 해 봤는데 그것도 좋았어.

- ~하는 건 최고야!

     - ~하는 건 아주 즐거워!

     - 요즘은 ~을 즐겨.

● 잘하는 것을 적기

     - ~을 잘해, ~하는 것을 잘해.

● 요즘 자주 하는 것을 적기

     - 요즘은 ~을 자주 해.

     - ~을 열심히 해.

     - ~에 관심이 많아.

     - ~하려고 노력하고 있어.

● 나를 방해하는 것, 힘들게 하는 것을 적기

     - 하지만 ~하는 것은 어려워.

     - 하지만 ~은 힘들어.

     - 하지만 ~하는 건 너무너무 싫어.

     - 가끔 ~하기도 하지만,

     - 가끔 ~할 때가 있어.

● 문제를 해결하는 방법을 적기

     - 그럴 때면 나는 ~해. 그래서 ~해.

     - 대신 나는 ~을 해.

     - 그럴 때는 ~을 하면 괜찮아져.

● 나는 어떤 사람인지 한마디로 적기

     - 그런/이런 나는 ~한 (   )야.

② 자기소개 미니 북

 A4를 다음과 같이 접고 굵은 선 부분을 자른 뒤 잘린 부분을 산 모양으로 잡고, 아래로 꺾어 접는다.

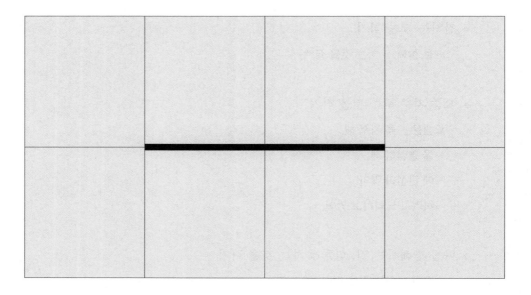

③ 자기소개 구조

나는! ( )	~가 좋아. ~하는 것도 좋아.	~를 해 봤는데 그것도 좋았어.	~을 잘해.
요즘은 ~을 (열심히/노력) 하고 있어. ~하는 건 (최고야/즐거워 등)	하지만/가끔 (못하는 것, 어려운 것, 힘든 것, 부정적인 내용)	그럴 때면 /그래서/대신 나는 ~해.	그런 나는 ~한 ( )이야.

예시 1

나는! (새로운)	펭귄을 좋아해. 물론, 고양이도!	글쓰기도 좋고, 그림 그리기도 좋아!	사진 찍기도 좋지.
책 읽는 것도 좋아! 흔들의자에 앉아 책 읽는 시간은 최고지!	가끔 힘들 때도 있지만,	좋아하는 것을 하면서 열심히 하다 보면 어느새 내가 원하는 모습이 되어 있을 걸 알아!	그런 나는 날마다 새롭고 행복한 새로운이야.

예시 2

나는! (주영)	내가 좋아!	가만히 누워서 노래 듣는 게 좋고,	친구들과 하는 놀이도 좋고,
친구들이랑 같이 수다 떠는 것도 재있어.	가끔 우울하고 마음이 복잡할 때도 있지만.	그럴 때면, 조용히 혼자서 시간을 보내.	그런 나는 조금 더 행복하기 위해 매일 여행을 떠나는 주영이야.

④ 자기소개 시 또는 서술형으로 바꾸기

예시 1

나는 말이야,
펭귄을 좋아해.
물론, 고양이도!

글쓰기도 좋고,
그림 그리기도 좋아!
사진 찍기도 좋지!

책 읽는 것도 좋아!
흔들의자에 앉아
책 읽는 시간은 최고지!

가끔
힘들 때도 있지만
좋아하는 것을 하면서
열심히 하다 보면
어느새 내가 원하는
모습이 되어 있을 걸 알아!

그런 나는, 날마다 새롭고 행복한, 새로운이야.

예시 2

나는
내가 좋아!
나는

가만히 누워서
노래 듣는 게 좋고,

친구들과 하는
놀이도 좋고,
친구들이랑 같이
수다 떠는 것도 재밌어.

가끔
우울하고
마음이 복잡할 때도 있지만
그럴 때면,
조용히 혼자서 시간을 보내.

그런 나는
조금 더 행복하기 위해
매일 여행을 떠나는
주영이야.

예시 3

나는 친구가 좋아.
수다 떠는 것도 좋고,
같이 놀면 아주 즐거워!
나는 친구를 잘 챙기고,
친구도 나를 잘 챙기는
베스트 프렌드야.
요즘은 친구랑 신나게 게임을 해.
가끔 게임하다가 화가 날 때도 있지만,

그럴 때면 친구에게 도와 달라고 해.

그러면 친구가

더 잘 하는 방법을 알려 주거든.

이런 나는,

친구가 정말 좋은 '민'이야.

(3) 작업 후기 쓰기

- 그림책을 완성한 소감이 어떤가요?
- 동화를 완성하는 과정에서 어떤 생각과 감정이 들었나요?
- 동화 속의 인물 중 나와 닮은 인물이 있다면 누구인가요? 어떤 점이 닮았나요?
- 동화 속에 나 자신의 이야기가 반영된 부분이 있다면 어떤 부분일까요?
- 동화 속의 인물 중 주변 사람과 닮은 인물이 있다면 누구인가요? 어떤 점이 닮았나요?
- 등장인물의 모습을 보며 어떤 생각과 감정이 생겼나요?
- 가장 기억에 남는 장면은 무엇인가요? 왜 그런가요?
- 이 그림책에서 가장 중요한 한 가지를 이야기한다면 무엇일까요?
- 이 그림책에 태그를 붙인다면?
- 동화를 통해 무엇을 이야기하고 싶었나요?
- 이 그림책을 누구에게 읽어 주고 싶은가요? 왜 그런가요?
- 이 그림책을 읽고 누가 가장 좋아할까요? 왜 그럴까요?
- 다음에는 어떤 그림책을 만들고 싶나요?
- 그림을 그릴 때는 어떤 느낌이 들었나요? 어떤 점이 어려웠나요?
- 완성된 그림책에서 아쉬운 부분이 있나요? 어떤 부분인가요?
- 작업을 진행하며 가장 힘들었던 점은 무엇인가요? 어떻게 그것을 이겨내었나요?
- 평론가가 나의 작품을 칭찬했다면, 어떤 점을 칭찬했을까요?
- 그림책을 만들기 전의 나와 그림책을 만들고 난 후의 나는 어떤 변화가 있을까요?

- 이야기 속에 어떤 긍정적인 것들이 나타났나요?
- 이야기 속에 어떤 부정적인 것들이 나타났나요?
- 이야기 속에 어떤 부정적인 것들이 잘 다루어졌나요?
- 이 작품의 재미있는 점은 무엇인가요?
- 동화 만들기가 유익한 경험이 되었나요?
- 동화 만들기가 나의 성장에 도움이 되었나요?
- 동화 창작 작업을 계속할 의향이 있나요?

11) 출판 및 전시

(1) 인쇄 용어

① 종이책의 구조

- 표지: 앞표지, 뒷표지, 날개, 책등, 칼선(제단 시 잘림)

칼선			칼선		
칼선	날개	뒤표지	책등	앞표지	날개	칼선
		칼선		칼선		

[그림 4-3] 종이책 표지의 구조

- 면지: 표지와 속지 사이의 빈 페이지. 한쪽을 표지에 접착함, 그림책의 경우 최근 면지에도 이야기가 이어짐
- 속표지, 속지, 판권지(책의 발행일, 인쇄일, 저작권, ISBN, 가격)

② 제본 양식에 따른 구분
- 무선제본: 본드로 내지 접착, 양장에 비해 펼침성 떨어짐
- 중철제본: 펼침면 중앙에 스테이플러를 찍어 고정
- 링제본: 와이어링, 코일링 등으로 면지 엮음
- 반양장제본: 내지 실제본, 겉표지 소프트커버, 180° 펼침
- 양장제본: 내지 실제본, 겉표지 하드커버, 180° 펼침

③ CMYK: C(사이안), M(마젠타), Y(노랑), K(검정)의 4색. 인쇄용 이미지는 CMYK로 설정해야 인쇄 시 색감의 차이가 크지 않음
④ dpi: 디지털 작업 시 해상도를 300dpi 이상으로 설정해야 선명한 이미지를 얻을 수 있음

(2) ISBN(International Standard Book Number)

국제표준도서번호로, 국제적으로 표준화된 방법에 의해 전 세계에서 생산되는 각종 도서에 부여하는 고유 식별번호이다. ISBN을 통해 바코드가 발급된다. 인쇄 후 보존용과 열람용 도서를 국립중앙도서관에 납본(제출)한다.

(3) 전시

① 내담자의 생활 반경 내에 있는 여러 공간에 책을 비치하거나 원화를 전시
② 전시관, 도서관, 카페 등에 원화 전시, 도서 비치

한 줄 쓰기 연습

　다음은 우리가 삶에서 직간접적으로 마주하게 되는 200가지 단어이다. 단어를 보고 떠오르는 말을 적어 문장을 완성해 보자. 모든 단어에 문장을 만들지 않아도 된다.

　활동 후 내가 만든 문장들을 다시 한번 살펴보자. 내가 만든 문장은 주로 어떤 주제들인가? 나는 어떤 주제의 문장을 만들기 어려웠는가? 문장들에 공통점이 있다면 무엇인가? 나는 어떤 생각을 가지고 있는 사람인가?

나 _____.

너 _____.

우리 _____.

사람 _____.

가족 _____.

엄마 _____.

아빠 _____.

형제 _____.

자매 _____.

남매 _____.

할머니 _____.

할아버지 _____.

친척 _____.

보호자 _____.

이웃 _____.

친구 _____.

절친 _____.

애인 .

부부 .

시가/친가 .

국가 .

역사 .

건강 .

유전 .

장애 .

질병 .

암 .

알레르기 .

흉터 .

운동 .

옴매 .

비만 .

거식증 .

다이어트 .

투병 .

삶 .

아이 .

청소년 .

촉법소년 .

어른 .

노인 .

연애 .

사랑 .

애정

결혼

가정

임신

출산

육아

모성애

부성애

가족애

죽음

자살

장례식

제사

영혼

사후세계

유언/유서

무덤/화장/납골당/수목장

좌우명

철학

운명

숙명

소명

우연

인연

운

꿈(이루고자 하는 것)

꿈(잠을 잘 때 꾸는 것) _____ .

인생 _____ .

직업 _____ .

직장 _____ .

취미 _____ .

음악 _____ .

그림 _____ .

예능 _____ .

드라마 _____ .

가수 _____ .

영화 _____ .

예술 _____ .

뉴스 _____ .

소문 _____ .

인기 _____ .

유행 _____ .

성격 _____ .

책임 _____ .

의무 _____ .

자유 _____ .

평등 _____ .

권리 _____ .

인권 _____ .

남자 _____ .

여자 _____ .

성평등 _____ .

동성애자

이성애자

성전환

종교

권력

정치

진보

보수

중도

국방/안보

군대

전쟁

윤리

도덕

예의범절

약속

규칙

법

학교폭력

성폭력

성매매

범죄자

마약

도박

술

운전

음주운전
_____

담배
_____

일탈
_____

외모
_____

성형
_____

조언
_____

책
_____

지혜
_____

상식
_____

공부
_____

학력
_____

가난
_____

부자
_____

명예
_____

노력
_____

성과
_____

여행
_____

외국
_____

음식
_____

편식
_____

요리
_____

생일
_____

기념일
_____

명절
_____

평일
_____

주말
_____

과거 _____ .

현실 _____ .

미래 _____ .

계획 _____ .

학교 _____ .

학력 _____ .

보험 _____ .

명품 _____ .

보석 _____ .

돈 _____ .

수입 _____ .

지출 _____ .

성공 _____ .

파산 _____ .

오토바이 _____ .

킥보드/자전거 _____ .

사기 _____ .

기만 _____ .

실수 _____ .

실패 _____ .

상처 _____ .

후회 _____ .

고통 _____ .

슬픔 _____ .

아픔 _____ .

위로/위안 _____ .

도움 .

자존심 .

자존감 .

공감 .

격려 .

의지 .

보람 .

친절 .

고독 .

위기 .

정의 .

성장 .

시간 .

일 .

경쟁 .

시험 .

갈등 .

원한 .

희생 .

자연 .

재해 .

성실 .

이상주의 .

현실주의 .

갑질 .

고집불통 .

소통 .

전래동화 창작

언어학자 로만 야콥슨(Roman Jakobson)은 언어 산출이란 단어 선택에서 출발하여 문장에서 단어들이 결합하는 것, 언어 이해는 그 반대의 순서로 진행되는 것이라고 한다. 또한 표현언어장애는 전체에서 부분을 결합하는 능력에, 수용언어장애는 선택 능력에 문제가 있다고 정의하였다.

전래동화 그림책 만들기 과정은 자극단어 목록을 제시하여 이를 선택하고 결합하여 이야기를 창작하는 인지적 과정이다.

이야기를 만드는 과정에서 야콥슨이 이야기한 선택 능력과 결합 능력은 물론, 창의적인 표상 능력을 촉진할 수 있다.

1. 설화

설화란 입에서 입으로 전해 내려온 이야기로, 항상 명확하게 나눌 수 있는 것은 아니지만, 가장 큰 특징을 중심으로 나누어 보면 크게 신화, 전설, 민담으로 나눌 수 있다.

신화는 신에 대한 이야기로 창세, 종말에 대한 우주신화, 해, 달, 별과 관련된 천체신화, 나라의 기원을 이야기하는 건국신화 등이 있다. 분석심리학에서는 신화에서 집단 무의식의 원형을 찾을 수 있다고 말한다.

전설은 어떤 대상에 대한 기원을 이야기하며, 보통 전설과 관련된 마을, 장소, 지형, 물체, 생물 등이 실존한다.

민담은 민간에 전해 내려오는 이야기로 백성들의 삶을 이야기하며, 교훈이나 지혜, 재미, 풍자와 해학 등이 돋보이는 갈래이다. 민담은 주로 "옛날 옛날에~"로 시작하여 "~했다더라."로 끝나는, 즉 이야기의 시작과 끝을 분명히 알리는 특징이 있다. 민담의 주인공은 신이나 신적인 힘을 가진 영웅보다 주변에서 볼 수 있는 보편적인 인물들이다.

한편, 설화 중에서 동식물이나 사물이 사람인 것처럼 등장하는 이야기를 우화라고 하며, 보통 풍자나 교훈을 담고 있다.

2. 전래동화

전래동화는 설화를 바탕으로 동심이 기조가 되어 구전된 이야기로, 주로 민담이 많다. 이전에는 구전되었던 구비문학이었지만, 현대에 와서는 동화책, 그림책으로 기록되어 기록문학으로 전환되고 있다.

3. 전래동화 창작 과정

1) 소재 고르기

(1) 키워드 선택

인물, 생물, 배경, 소재, 장치 등 5개의 키워드 목록에서 각각 1개의 키워드를 고른다. 무작위로 하나씩 뽑아도 되고, 카테고리 순서대로 키워드를 읽어 보며 원하는 것을 고른다.

(2) 전래동화 소재

① 배경 소재

신비세계	용궁	하늘나라	땅속나라	이승	저승
연못/호수	바다	강	산	뒷산	섬
언덕	동굴	길/거리	고개	골짜기	들판
이웃마을	이웃나라	농촌	어촌	산촌	사막
수도	왕궁	성	관아	기와집	초가집
너와집	오두막	부뚜막	앞마당/뒷마당	뒷간/변소	빨래터
우물	원두막	밭/논	절	시장	대장간
푸줏간	징검다리	돌다리	나무다리	외나무다리	돌담
옹달샘	시내				

② 인물 소재

● 인물 역할

옥황상제	선녀	용왕	삼신할매	저승사자	염라대왕
산신령	귀신/이매망량	괴이	구미호	도깨비	거인
용/이무기	천마	왕	왕비	왕자	공주
부마	세자비	궁녀	내시	양반 (나으리/마님, 도령/아씨)	평민 (소년/소녀, 여자아이/남자아이)
갓난아기	할머니	할아버지	하인/하녀	머슴/노비	선비
농부	아낙네	어부	해녀	유모	도둑
사냥꾼	나무꾼	주모	훈장	촌장	도사
스님	백정	원님	이방	포졸	장군
장수	무사	병사	암행어사	진사 (예: 김진사)	재상
외국사신	산적	해적	마적	영웅	

● 인물관계

가족	조부모	아버지/어머니	계모/계부	모자/모녀	부자/부녀
오누이	자매	형제 (삼형제, 사형제, 오형제 등)	막내	효자	효녀
며느리	사위	친척	이웃	임금과 신하	스승과 제자
영웅 대 악당	천재	바보	부자	구두쇠	가난뱅이
장인	보호자	권력자	권위자	조력자	경쟁자
친구					

③ 생물 소재

쥐	원숭이	개	돼지	토끼	소
말	양	사슴	당나귀	곰	두더지
고양이	호랑이	여우	학	까치	닭
메추리	참새	제비	꿩 (장끼/까투리)	거북이/남생이/자라	개구리/두꺼비
구렁이	뱀	알	풀	꽃	나무
멸치	우렁이	잉어	붕어	메기	가자미
가재	개미	벼룩	이	지렁이	지네
벌	나비	사마귀			

④ 사물, 자연물 등 기타 소재

해	달	구름	별	돌	바람
그늘	연기	여의주	요술/도술	수명	영혼
무덤	노래	금덩이	보물/보석	엽전	구슬
비단	베	두건	감투	갓	옷/한복
버선	신발/짚신/꽃신	주머니	거울	종	노리개

비녀	항아리/독/물동이	호리병/술병	가마솥	아궁이	지팡이/방망이
부지깽이	화로	절구	맷돌	요강	바늘
실	멍석	종이	붓	무기	갑옷
정	망치	도끼	동아줄	지게	낚싯대
배	수레	두레박	부채	바가지	장기
바둑	피리	똥	똥장군	방귀	혹
망부석	돌부처	비석	돌기둥	탑/돌탑	서까래
굴뚝	날개	과일/열매	죽	떡	곡류
채소	생선	곶감	참기름	고기	꿀
불로초	인삼/산삼	김치	달걀	소금	물
술	불	횃불	등불	흙	벗
약	침	가면	선물	보따리	봇짐

⑤ 사건, 장치 소재

출생	출생의 비밀	모성애	부성애	양육	육아
돌봄	과거급제	금의환향	역모/반란	재판/판결	질병/전염병/역병
도움	도망	피신	저주	퇴치	기만
사기	위기/위험/위협	안전	은닉/숨김	은신/은신처	비밀기지
고립	변신	변장	변화	은혜	예언
반전	막장	과장	축소	갈등	경쟁
관심	호기심	비밀	금기	제약	억압/억제
믿음/신뢰	의심	배신	착각	운명	숙명
행운	책임	성공	박애	사랑	애착
충성	존경	정의	약속	성실	성장

소원	희망	이상(꿈)	인내	결핍	부족
풍족함	넘침	요구	욕구	강요	방치
학대	폭력	희생	왕따	회피	포기
위로	친절	원망/원한/한(恨)	인과응보	권선징악	임기응변
나이	방황	양심	신중	기도	구원
구출	진짜	가짜	장애	수호	권력
상실	전쟁	추방	거짓말	걱정	고집
변명	몸의 상처	마음의 상처	불만	불평	시험
시련	실망	실수	실패	방해	부주의
경솔	도둑질	서리	지혜	꾀	수수께끼
우연	인연	만남	재회	이별	성인식
혼인	죽음	장례식	제사	희극	비극
윤리	도덕	규칙	예절	선악	발달
성취	조화	후회	환상	인생무상	회복
초월	자연재해	반복	안정/불안정	합리/불합리	역사
전통	관습	법	예술	정치	종교
정체	분실	지배	싸움	피	파멸
좌절	절망	박해	손해/손실	손상	벌
공정/공평/평등	자유	꿈(태몽 등)	가호	계시	점지
대립	결합	협력	복선	허영심	낭비
비하/비난	비판	고발	사주	외모	사회문제
환경문제	인권	소문	삼각관계	시기	질투
음모	흑막	쟁탈전	경기	시합	내기
연애	우정	사별	애도	독립	질서
기연	잔치	축제	복불복	부담	행복/불행

2) 이야기 만들기

(1) 이야기의 시작

"옛날 옛날에~"로 이야기를 시작한다.

(2) 문체와 시점

문체와 시점은 액자 구성이나 옴니버스 형식 등 이야기 구조가 특별한 경우를 제외하고, 이야기의 처음부터 끝까지 통일한다(예: "~어요." "~습니다." "~했지." "~했어.").

(3) 키워드로 이야기 만들기

이야기 속에는 인물, 생물, 소재, 배경 키워드가 반드시 들어가야 하며, 감정과 장치 키워드는 이야기 안에서 표현해야 한다. 필요하다면 다른 키워드를 더 넣어도 되며, 목록에 없는 단어를 자유롭게 추가할 수 있다.

TIP!

> 키워드 목록에서 모르는 단어가 있다면 사전에서 뜻을 찾아본다. 사전 검색으로 뜻을 알고, 이미지 검색을 통해 다양한 실물 사진을 함께 보면 단어 학습에도 도움이 된다.

(4) 결말이 있는 이야기 완성하기

(5) 이야기 서술에 꾸밈어 넣기

(6) 대화 넣기

이야기 서술 중에 '누가 뭐라고 말했다.' 또는 '누가 뭐라고 생각했다.'를 대화체로 바꾼다.

예시 1

선비는 이제 큰일이 났다고 생각했다. → '아이고, 이제 큰일이 났구나!' 선비는 속으로 발을 동동 굴렀습니다.

예시 2

선비는 도깨비에게 그만하라고 호통을 쳤습니다. → "이놈 도깨비야! 그만하지 못할까! 썩 물러가라!" 선비의 호통이 집안에 쩌렁쩌렁 울렸습니다.

(7) 교정

틀린 글자와 문맥에 맞지 않는 글을 수정한다.

3) 전래동화 이야기 구조

기 (주인공의 배경, 특징, 현재 상황 설명)	
승 (주변 인물 등장, 문제 발생, 갈등 등장)	
전 (이야기의 절정, 갈등과 긴장의 최고조)	
결 (이야기의 마무리, 갈등 해소, 문제 해결)	

전래동화 이야기 구조 예시

키워드(랜덤 선택)	공주, 벼룩, 무덤, 달걀, 초가집, 사랑, 바보
기 (주인공의 배경, 특징, 현재 상황 설명)	옛날 옛날에 아침의 나라가 있었습니다. 아침의 나라는 아주 조용하고 평화로운 나라였습니다. 아침의 나라 임금님은 백성들을 아주 사랑했습니다. 임금님에게는 하나뿐인 공주가 있었습니다. 공주도 임금님을 닮아 백성들을 무척 사랑했습니다. 공주는 종종 몰래 궁을 빠져나가 마을에서 백성들과 어울리며 놀고는 했습니다. 그러던 어느 날이었습니다. 늦게까지 놀던 공주는 부랴부랴 궁으로 돌아가려 했습니다. 말을 타고 어느 초가집 앞을 지날 때였습니다. 갑자기 말이 깜짝 놀라더니 앞발을 들고 허우적거렸습니다. "워~ 워~"
승 (주변 인물 등장, 문제 발생, 갈등 등장)	공주는 말을 다독였지만 아무 소용이 없었습니다. "악!" 공주는 그만 말에서 굴러 떨어졌습니다. 눈앞에 별이 번쩍이는 동안 말은 어디론가 달려가 버렸습니다. 공주는 한숨을 쉬며 일어났습니다. 그리고 곧 아주 이상한 것을 알아차렸습니다. 온 세상이 어마어마하게 커져 있었습니다. "에그머니! 이게 뭐람?" 톡, 토독! 공주가 놀라자 갑자기 세상이 훌쩍 낮아졌다가 높아졌다 했습니다. "아이고, 이게 뭐야, 이게 뭐야?" 공주는 정신없이 여기저기 뛰다가 평평한 바닥에 올라갔습니다. 거기에는 거인이 앉아서 삶은 달걀을 까먹고 있었습니다. 공주는 또다시 깜짝 놀랐습니다. 톡, 토독! 공주가 폴짝폴짝 뛰자 거인이 움직였습니다. "요놈의 벼룩!" 콱! 팡팡! 쫘악! 쫘악! 커다란 손바닥이 공주의 뒤를 쫓아왔습니다. "사람 살려!" 한참을 도망친 공주는 잠깐 숨을 돌리며 깨달았습니다. "아이고, 어쩌된 영문인지 몰라도 내가 벼룩만 해졌구나! 이를 어찌한단 말이야? 해 지는 줄도 모르고 놀다가 벼룩공주가 되어 버렸어. 큰일이구나!" 공주는 눈물을 뚝뚝 흘렸습니다.

전 (이야기의 절정, 갈등과 긴장의 최고조)	그때였습니다. 누군가 벼룩공주에게 말을 걸었습니다. "벼룩의 간을 내어 먹는 인간은 보았어도, 벼룩만 해진 것은 또 처음 보는구나. 너는 무슨 일로 그리 우느냐?" 벼룩공주는 고개를 들었습니다. 알고 보니 벼룩공주가 있는 곳은 어느 이름 없는 무덤 앞이었습니다. 정신없이 도망치다 여기까지 온 것이었습니다. "아이쿠! 귀신이다!" "어허! 듣는 귀신 기분 나쁘게 뭐 그리 놀라고 그러느냐. 잡아먹지 않으니 무슨 사연인지 들어나 보자." 벼룩공주는 눈치를 보다가 난데없이 벼룩공주가 된 이야기를 하소연했습니다. "궁으로 어찌 돌아갈지, 몸은 또 어찌 되찾아야 할지 모르겠습니다." 그러자 무덤귀신이 선뜻 도와주겠다고 나섰습니다. "내가 너를 도와줄 테니 너도 인간으로 돌아가거든 나를 도와다오. 저기 저 초가집에 사는 놈은 바로 사람을 잡아다 파는 사기꾼 대장인데, 내 자식을 속여 팔고, 내 집을 차지하고 있으니 네가 이 한을 풀어 다오." "좋습니다. 제가 꼭 그리하지요." 무덤귀신은 벼룩공주를 조심조심 들고 궁으로 향했습니다. 그리고 궁궐 문 앞에 벼룩공주를 내려놓았습니다. "궁에는 사악한 기운을 쫓는 문지기가 있으니 그 앞을 지나가면 벼룩이 되는 저주는 풀릴 것이다." 무덤귀신은 그 말을 남기고 스르륵 사라졌습니다.
결 (이야기의 마무리, 갈등 해소, 문제 해결)	벼룩공주는 톡톡 튀어 문 안으로 들어갔습니다. 해태 조각상을 지나자 정말로 순식간에 원래의 공주로 돌아왔습니다. "이야! 돌아왔구나! 어서 아바마마께 가야겠다." 공주는 얼른 임금님에게 달려가 오늘 겪은 일을 고했습니다. 그리고 무덤귀신과의 약속대로 초가집의 거인을 체포했습니다. 잡고 보니 거인은 그렇게 크지도 않았습니다. 공주는 무덤귀신의 자식도 수소문하여 집으로 돌아올 수 있게 도왔습니다. 이후로 백성들의 삶은 더 안전해지고, 공주를 더 사랑하게 되었답니다.

4) 전래동화 제목 정하기

(1) 주인공 이름 또는 특징이 나타나는 제목

- 반쪽이
- 바리데기
- 자린고비

- 빨간 모자
- 피노키오
- 신데렐라
- 백설공주
- 인어공주
- 엄지공주
- 청개구리
- 라푼젤

(2) 주인공의 특징과 주인공을 병렬한 제목

- 효녀 심청
- 우렁 각시
- 혹부리 할아버지
- 방귀쟁이 며느리
- 아기돼지 삼형제
- 재주 많은 여섯 형제
- 어린 왕자
- 행복한 왕자

(3) '~이야기' 일대기 형식의 제목

- 단군 이야기
- 할미꽃 이야기

(4) '행위＋행위자' 형식의 제목

- 좁쌀 한 톨로 장가 든 총각
- 사람으로 변한 쥐
- 잠자는 숲속의 공주
- 나무그늘을 산 총각

- 장화 신은 고양이
- 소가 된 게으름뱅이

(5) 최상급, 비교급을 사용한 제목

- 세상에서 가장 ~한
- 절대 ~하지 않는
- 무조건 ~만 하는
- 항상 ~한

(6) 'A와 B': 복수의 주인공 또는 주요 등장인물을 병렬

- 토끼와 자라
- 흥부와 놀부
- 팥죽할멈과 호랑이
- 연오랑과 세오녀
- 선녀와 나무꾼
- 호랑이와 곶감
- 연이와 버들도령
- 견우와 직녀
- 개와 고양이
- 콩쥐 팥쥐
- 늑대와 일곱 마리 아기 양
- 헨젤과 그레텔
- 왕자와 거지
- 잭과 콩나무
- 알라딘과 요술램프

(7) 주요 사건 및 대사, 핵심 소재로 지은 제목

- 떡 먹기 내기

- 호랑이 꼬리 낚시
- 호랑이 뱃속 구경
- 금도끼 은도끼
- 도깨비가 준 보물
- 해와 달이 된 오누이
- 말 못할 양반
- 브레멘 음악대
- 소시지 소시지
- 임금님 귀는 당나귀 귀
- 소가 된 게으름뱅이

5) 시각적 표현하기

(1) 장면별로 이야기 단락을 나누기

이야기가 완성되면 장면 전개에 따라 단락을 나누고, 한 페이지에 들어갈 글을 적절한 양으로 나눈다.

(2) 주인공의 앞, 뒤, 옆모습을 그리기

주인공의 움직임에 따라 그림이 전혀 다르게 표현된다면 독자는 혼란을 겪게 된다. 따라서 방향에 따른 주인공의 모습을 먼저 그려 두고 작품을 진행하는 동안 참고하는 것이 도움이 된다.

(3) 콘티 그리기

앞표지와 뒤표지, 이야기 단락별로 핵심이 되는 장면을 찾아 그림 콘티를 그려 본다. 전체적인 그림 콘티를 먼저 구상하여 그림만 보아도 이야기의 흐름을 알 수 있도록 한다. 또한 글이 있는 그림책의 경우에 글이 들어갈 자리도 고려하여 콘티를 짜야 한다.

(4) 콘티에 따라 그림을 구체적으로 표현하기

시각적 표현하기 과정은 창작한 동화의 내용을 시각적 언어로 재창조하는 과정이다. 언어적으로 묘사하지 않았던 주인공의 움직임, 배경 등을 추가하여 이야기를 보다 생생하고 구체적으로 전달한다. 앞표지와 뒤표지 경우에 각각 그려도 되지만 앞표지는 앞모습을, 뒤표지는 뒷모습과 같이 공간감을 살리거나 책을 펼쳤을 때를 고려하여 두 페이지가 연결되게 표현할 수도 있다. 혹은 띠지 또한 표지 그림의 한 부분으로 기획이 가능하다.

(5) 그림 표현에서는 글에서 표현되지 않은 장면이나, 소품, 작은 동물, 이야기 등을 추가 가능함

예를 들면, 반복적으로 등장하는 소품, 이야기 내용과 상관없이 주인공을 따라다니는 동물, 그림 안에서 진행되는 등장인물들의 또 다른 이야기, 이스터 에그, 특별한 의미를 가진 무늬나 색채 표현 등이 있다.

(6) 그림과 글의 배치를 편집하기

불필요한 장면은 삭제하고 이야기의 흐름을 고려하여 글의 위치와 방향을 정한다.

(7) 작가 소개와 작업 후기를 쓰기

작가 소개 방식(p. 150)과 작업 후기 질문(p. 156)을 참고하여 작가 소개와 작업 후기를 작성한다.

(8) 인쇄 및 출판, 전시하기

작품을 인쇄하여 제본하거나, 소량인쇄업체를 통해 인쇄한다. 혹은 무료출판업체나 E-book업체를 통해 ISBN을 발급받아 정식 출판할 수도 있다. 그 외에 원고를 그림책 공모전 또는 그림책 출판사 등에 투고하는 방법도 있다. 인쇄 및 출판된 작품은 생활공간 안에 전시하여 가족, 친구 등과 나누고 격려와 지지를 얻을 수 있으며, 정식으로 책과 원화 전시회를 열어 볼 수도 있다.

인지행동수정 동화 창작

1. 인지행동수정 동화란

이 책에서 이야기하는 인지행동수정 동화란 문제행동과 관련한 주제를 제시하고 이를 해결하는 과정을 전개하는 동화 또는 동화 감상 및 창작 과정을 통해 문제행동을 해결하는 동화를 말한다.

2. 그림책을 활용한 인지행동수정 동화치료

그림책을 활용한 인지행동수정 동화치료는 아동의 경험이나 문제행동과 관련한 그림책을 읽고 쓰면서 그림책 속 인물의 상황과 반응을 분석하고, 이를 자신의 경험과 연결하여 유사한 상황이나 문제 상황에서의 대처사고, 대처행동, 대처언어 목록을 만들어 이를 습득하는 과정을 말한다.

3. 인지행동수정 동화 창작 과정

1) 소재 고르기

　동화 창작 시 전체 소재 목록을 제시해도 좋으나 상황에 따라 적절히 목록을 선별하여 제시할 수 있다. 목록 선별 시에는 내담자의 문제와 직접적인 연관이 있는 소재와 그렇지 않은 소재를 적절히 섞어서 제시하는 것이 좋다.

(1) 주인공의 문제와 연관된 제목을 정하기

세상에서 가장 ~한	절대 ~하지 않는
무조건 ~만 하는	~하는 병에 걸린
~쟁이	세상에서 가장 불행한 아이, 흡
세상에서 가장 우울한, 딥	세상에서 가장 외로운, 히토리
세상에서 가장 더러운, 더티	세상에서 게임이 제일 좋아!
절대 손톱을 깎지 않는, 네일	난 절대 안 울어! 안 우리
무조건 이겨야 해! 최강한	위대한 탐험가 '가가'
자기주장이 강한 '나나'	윗집이 너무 시끄러워! '다다'
언제나 즐거운 '라라'	엄마랑 아빠가 너무 좋아! '마마바바'
뭐든지 다 갖고 싶어 '사사'	엄살쟁이 '아아'
잠꾸러기 '자자'	힘을 내 '아자'
괜찮아질 거야 '차차'	다 같이 춤을 춰요 '차차'
세상에서 제일 웃긴 '카카'	자동차가 최고야! '타타'
땅파기가 제일 좋아 '파파'	우리 함께 웃어요 '하하'

(2) 주인공의 문제를 보고 떠오르는 주인공 만들기

주인공이 사람인지, 동물인지, 나이는 몇 살인지, 무엇 하기를 좋아하는지, 무엇을 잘하고, 무엇을 못하는지, 가족관계나 친구는 누가 있는지 등 주인공의 특징을 설정한다.

(3) 주인공의 문제(해결해야 할 과제)

주인공의 문제란 다른 이들에게는 문제가 되지 않지만 주인공에게는 문제가 되는 것, 너무 자주, 너무 오래 나타나서 주인공의 생활에 문제가 되는 것, 문제를 일으키거나 문제를 더 심각하게 만드는 것들을 말한다. 다음의 목록에 없는 문제를 만들어 사용해도 좋다.

소리를 질러요.	울어요.
물건을 던져요.	방해해요.
끼어들어요.	같은 말을 반복해요.
특정한 소리를 반복해서 내요.	문제집이나 시험지를 찢어요.
물어요.	꼬집어요.
때려요.	할퀴어요.
밀어요.	손뼉을 쳐요.
다리를 떨어요.	온몸을 흔들어요.
자기 몸을 물거나 때려요.	벽이나 바닥에 머리를 박아요.
바닥에 누워 울고 떼를 써요.	침을 뱉어요.
장난감을 부숴요.	짜증을 잘 내요.
물건을 입에 넣어요.	손가락을 빨아요.
옷을 입에 넣고 빨아요.	다른 사람의 몸 냄새를 맡아요.
다른 사람의 몸을 만져요.	눈 맞춤을 안 해요.
눈을 흘겨요.	귀를 막아요.
말을 너무 안 해요.	말이 너무 많아요.

글을 알아볼 수 없게 써요.	그림을 알아볼 수 없게 그려요.
띄어쓰기를 안 해요.	학교에 안 가려고 해요.
지각을 너무 자주 해요.	수업시간에 떠들어요.
공부를 못해요.	준비물을 안 챙겨요.
숙제를 안 해요.	뭐든지 대충대충 빨리해요.
행동이 지나치게 느려요.	손에 힘이 너무 없어요.
정리를 안 해요.	인사를 안 해요.
버릇이 없어요.	어른에게 항상 반말을 해요.
남을 무시해요.	말투가 항상 뾰족해요.
편식이 심해요.	음식을 안 먹으려고 해요.
한 번에 너무 많이 먹어요.	허겁지겁 먹어요.
외모에 너무 신경 써요.	잠을 안 자려고 해요.
엄마와 떨어지지 않으려고 해요.	안 씻으려고 해요.
손톱을 안 깎으려고 해요.	손톱을 물어뜯어요.
딱지를 떼서 덧나게 해요.	머리카락을 뽑아요.
손가락으로 코딱지를 파요.	코딱지를 먹어요.
옷 입기를 싫어해요.	아무데서나 옷을 벗어요.
뭐든지 "싫어! 안 해! 몰라!"라고 해요.	대소변을 못 가려요.
너무 완벽하려고 해요.	계획이 바뀌면 지나치게 짜증 내요.
강박적으로 무엇을 하려고 해요.	고집을 너무 많이 부려요.
의심이 많아요.	너무 예민해요.
장난이 지나쳐요.	친구랑 어울리지 못해요.
항상 외롭다고 해요.	자신감이 없어요.

항상 못한다고 해요.	안절부절못해요.
자주 긴장해요.	다른 아이들에게 놀림을 받아요.
다른 아이들이 흉을 봐요.	소문 때문에 힘들어요.
어른에게 너무 의지하려고 해요.	나이에 비해 너무 어리게 행동해요.
엄마와 떨어지지 않으려고 울어요.	다른 아이들이 싫어해요.
산만해요.	충동적이에요.
높은 가구 위에 올라가요.	거짓말을 해요.
꾀병을 부려요.	엄살이 심해요.
나쁜 친구들과 어울려요.	다른 사람을 위협/협박해요.
다른 사람을 지나치게 괴롭혀요.	다른 사람을 놀려요.
장난으로 친구의 치마를 들추어요.	장난으로 친구의 바지를 벗겨요.
친구를 따돌려요.	동생을 괴롭혀요.
엄마를 못살게 굴어요.	자주 싸워요.
사람을 차별해요.	편 가르기가 심해요.
이간질을 잘해요.	폭탄문자를 보내요.
카카오톡 감옥을 만들어서 친구를 가둬요.	게시판/톡에 익명으로 욕을 마구 올려요.
욕을 해요.	경기, 게임에서 지는 걸 못 참아요.
잘난 체해요.	허풍이 심해요.
자기 자랑이 심해요.	지나치게 샘을 내요
동물을 괴롭혀요.	가출을 해요.
물건을 훔쳐요.	쉽게 화를 내요.
쉽게 삐져요.	겁이 너무 많아요.
걱정이 너무 많아요.	멍해요.

너무 소심해요.	부끄러움이 너무 많아요.
목소리가 너무 커요.	목소리가 너무 작아요.
너무 가까이서 말해요.	항상 어디가 아프다고 해요.
눈치를 너무 많이 봐요.	눈치가 너무 없어요.
엉뚱한 말을 해요.	이상한 행동을 해요.
말귀를 못 알아들어요.	분위기 파악을 못해요.
농담을 이해하지 못해요.	다른 사람 말을 안 들어요.
운동신경이 둔해요.	자주 다쳐요.
게임을 너무 많이 해요.	TV나 유튜브 영상을 너무 많이 봐요.
길을 잘 못 찾아요.	노래를 못해요.
음정, 박자를 잘 못 맞춰요.	다른 사람을 너무 따라 해요.
새치기를 자주 해요.	규칙을 안 지켜요.
커닝을 해요.	매사에 너무 진지하기만 해요.
키가 너무 작아요.	키가 너무 커요.
너무 뚱뚱해요.	너무 야위어요.
너무 허약해요.	잠이 너무 많아요.
우울해요.	불안해요.
물건을 잘 잃어버려요.	건망증이 심해요.
오지랖이 심해요.	아무에게나 친한 척해요.
사람을 너무 쉽게 믿어요.	쉽게 들떠요.
쉽게 가라앉아요.	감정이 너무 왔다갔다 해요.
책임감이 없어요.	부주의해요.
비밀이 많아요.	

(4) 주인공의 문제적 사고

주인공의 문제적 사고란 주인공의 행동 원인이 되는 부적응적 사고를 말한다. 주인공은 이러한 사고 때문에 문제를 일으키거나 문제를 더 심각하게 만든다. 다음의 목록에 없는 문제적 사고를 만들어 사용해도 좋다.

아마 내가 세상에서 가장 불행한 아이일 거야.	아무도 나를 사랑하지 않아.
날 좀 봐 줘!	나만 바라봐!
나만 사랑해 주면 좋겠어.	다들 나만 미워해.
왜 나만 외로워야 할까?	어디에도 내가 있을 곳이 없어.
나는 외톨이야.	아무도 나를 원하지 않아.
~가 너무 보고 싶어.	나는 좋아하는 게 뭔지도 모르는 멍청이야.
뭐가 뭔지 모르겠어.	나보고 어떻게 하라는 거야!
나는 바보야.	나는 나쁜 사람이야.
난 정말 끔찍한 존재야.	이게 다 내가 잘못해서 그런 거야.
다들 내 뒷담화를 해.	나는 못해.
다 포기하고 싶어.	그나는 달라질 수 없을 거야.
나는 정말 한심해.	아무것도 하기 싫어.
나한테 시키지 마.	왜 나만 시켜?
왜 나만 잡아?	내가 잘해야만 해.
나는 100점을 받아야만 해.	어디 숨어 있고 싶어.
도망치고 싶어.	모두 날 놀릴 게 틀림없어.
날 보고 말을 멈추는 게, 내 흉을 본 것 같아.	나만 보면 히죽히죽 웃는 게, 속으로 날 놀리고 있어.
다들 나를 싫어해.	내가 다 망쳤어.
내가 하면 다 망칠 거야.	어디도 안전하지 않아.

이걸 한다고 뭐가 달라져	아무도 믿을 수 없어.
다 필요 없어.	다가오지 마.
날 좀 내버려 둬.	그만 좀 했으면.
이러다 누굴 해칠 것 같아.	누가 나를 해치려고 하면 어떡하지?
나는 너무 약해.	나만 두고 가 버리면 어떡하지?
엄마/아빠가 죽으면 어떡하지?	사람들이 손가락질할까 봐 두려워.
깨끗하지 않은 걸 참을 수 없어.	반듯하게 놓이지 않으면 참을 수 없어.
완벽하지 않으면 참을 수 없어.	~가 있어야만 해!
~이 없으면 난 안 돼.	이건 절대 공정하지 않아!
내가 무조건 이겨야 해!	이럴 수는 없어!
이것 때문에 너무 불안해.	나만 참으면 돼.
이게 다 ~때문이야.	아무도 나한테 관심 없어.
이걸 해 봤자 나아지지 않을 거야.	자꾸 안 좋은 일이 생길 것 같아.
다 부숴 버리고 싶어.	나는 가치가 없는 사람이야.
아무도 나를 도울 수 없어.	나는 아무것도 할 수 없어.
나는 할 줄 아는 게 없어.	나는 잘하는 게 하나도 없어.
나를 도와줄 사람은 없어.	이걸 하면 창피당할 거야.
나는 왜 이렇게 힘들어야 할까?	왜 나만 상처받아야 할까?
나랑은 안 논다고 할 거야.	나는 왜 이것도 못할까?
왜 나만 이걸 못할까?	왜 나만 이럴까?
나는 쓸모없어.	다 내려놓고 싶어.
다들 나를 무시해.	다들 나를 따돌려.
다들 나를 비웃고 있어.	나는 안 돼.

모두가 보는 앞에서 혼날 거야.	다들 나에게 실망할 거야.
나는 이렇게 당해도 싸.	그래봤자 아무것도 안될 거야.
세상에 나 혼자뿐인 것 같아.	세상은 불공평해.
세상은 안전하지 않아.	세상에 믿을 건 아무것도 없어.
나한텐 나쁜 일만 생겨.	앞으로도 좋은 일 따윈 없을 거야.
말해 봤자 소용없어.	해 봤자 안 될 게 뻔해.
나만 혼날 게 틀림없어.	

2) 이야기 만들기

(1) 인지행동수정 동화 이야기 구조에 따라 줄거리 만들기

이야기 속에는 주인공의 문제를 해결하기 위한 방법이 포함되어야 한다. 다음의 전환 질문, 대처생각, 대처행동 목록을 참고하여 주인공의 문제를 해결하는 방법을 생각해 보자.

① 전환 질문 목록

전환 질문이란 주인공이 문제를 맞닥뜨렸을 때 하면 좋은 질문, 상황을 바꾸는데 도움이 되는 질문을 말한다.

이것이 타당하다고 생각하는 이유는 뭐지?	그렇게 생각하게 된 계기가 뭘까?
이게 과연 나에게 도움이 되는 행동일까?	이것을 대신할 만한 합리적 신념은 없을까?
이 문제가 힘을 발휘하지 못할 때는 언제일까?	더 나아지려면 어떻게 해야 할까?
이렇게 하면 어떻게 될까?	어떤 순서로 해결해야 할까?
무엇이 먼저일까?	뭐가 중요할까?
전에는 어떻게 했었지?	다른 사람들은 이럴 때 어떻게 할까?

과연 그럴까? 진짜 그럴까?	누가/무엇이 나를 도울 수 있을까?
나의 강점/약점은 뭘까?	누가/무엇이 여기에 영향을 미쳤을까?
문제가 지속된다면, 그것이 나에게 어떤 의미일까?	이 문제가 언제 처음 나타났을까?
문제가 덜할 때는 언제였을까?	이것이 왜 나타났을까?
이것으로 무엇을 얻으려 했지?	이것으로 무엇을 얻었지?
이것이 나에게 어떻게 작용했지?	이것이 나의 행동을 부추긴 걸까?
이것이 나에게 무엇을 요구했지?	이대로 해서 나에게 무슨 일이 일어났지?
이것에 내가 어떻게 반응했지?	이것에 지배/매몰당한 적이 있을까?
이것을 어떻게 견뎠을까?	변화를 언제 알아챘을까?
이것이 내 삶에 어느 정도로 영향을 미칠까?	이것이 내 삶에 얼마나 깊은 영향을 미칠까?
이것이 상대방의 인생에 어떻게 영향을 미쳐 왔을까?	이것이 나 자신을 어떤 식으로 생각하게 만들지?
이런 생각에 대해 뭐라고 말할까?	이것은 마치 무엇과 같을까?
어떤 패턴이 반복되고 있을까? 왜 그럴까?	이것이 내 문제 상황과 연결되는 것은 아닐까?
이 문제와 관련해서 가장 먼저 알아채야 하는 것은 무엇일까?	이것을 알게 되어서 내 관점은 어떻게 영향을 받았을까?
이것이 내가 원하던 것일까?	이것을 얻기 위해 어떤 노력을 했지?
이것을 통해 얻고자 한 것은 뭘까?	이 문제를 해결한다면 누가 가장 놀랄까?
이 사실에 가장 놀랄 사람은 누굴까?	이 사실에 가장 놀라지 않을 사람은 누굴까?
~가 어떻게 반응하기를 바랄까?	문제가 일어나지 않은 건 언제일까?
무엇이 나의 주의를 끌었을까?	이대로 행동한다면 다음엔 어떤 행동을 할까?
자신을 더 잘 알기 위해 무엇을 하면 될까?	내가 이렇게 했다는 것을 누가 알아야 할까?
지금의 나에게 뭐라고 말해 주면 좋을까?	그 일이 일어날 때 내가 스스로에게 뭐라고 말했었지?

이렇게 했을 때 다른 사람들이 나를 어떤 식으로 달리 볼까?	나 또는 나의 방식을 인정한 사람은 누구일까?
나의 경험을 다른 사람에게 전달해도 좋을까?	무엇이 좋아지면 이걸 한 것에 보람을 느낄까?
이것을 알게 된 것이 내게 어떤 의미일까?	무엇을 깨달았을까?
내 삶이 어떤 식으로 달라졌을까?	이것이 내 삶에서 물러난다면 앞으로는 어떻게 될까?
내가 알지 못했던 것은 무엇일까?	~는 이 문제를 어떻게 생각할까?
그들은 어떻게 그걸 알게 되었을까?	그들은 나의 무엇을 인정할까?
내가 그들의 삶에 얼마나 기여했을까?	내가 그들의 삶에 어떻게 기여했을까?
그들은 내가 그들의 삶에 기여한 것에 대해 뭐라고 말할까?	내가 이것을 이겨 낼 수 있다는 걸 안다면 ~와의 관계에 영향을 줄까?
1~10 척도에서 문제가 완전히 해결된 상태를 10, 전혀 해결되지 않은 상태를 1이라고 하면, 지금은 어느 정도일까?	1~10 척도에서 1점을 올리기 위해 무엇이 달라져야 할까?
1~10 척도에서 나는 몇 점 정도까지 노력할 수 있을까?	이 문제의 해결 가능성은 몇 점일까?
~는 이 문제의 해결 가능성을 몇 점이라고 말할까?	

② 대처생각 목록

대처생각이란 주인공이 문제를 맞닥뜨렸을 때 하면 좋은 생각, 상황을 바꾸는 데 도움이 되는 생각을 말한다. 다음의 목록에 없는 생각을 넣어도 좋다.

다 괜찮아질 거야.	괜찮아, 더 나아질 수 있어.
괜찮아, 노력하면 돼.	실패하면 그것도 다 도움이 될 거야.
분명히 방법이 있을 거야.	충분히 바꿀 수 있어.

나는 이걸 바꿀 수 있어.	다르게 생각해 보자.
일단 해 보는 거야.	내가 해결할 수 있는 일이야.
이런 생각은 그만하자.	긴장해서 그래.
준비한 대로만 하면 잘될 거야.	그때 가서 걱정하자.
그럴 일은 잘 없어.	기분 좋은 생각을 하자.
행복한 상상을 하자.	일부러 그런 건 아닐 거야.
입장을 바꿔 생각해 보자.	무슨 생각인지 물어보자.
그럴 수도 있지.	생각보다 나쁘지 않아.
언젠가 나에게 도움이 될 거야.	내 잘못이 아니야.
나는 나쁘지 않아.	오해가 있을지도 몰라.
나를 좋아하는 이들도 있어.	나를 응원하는 이들도 있어.
이런 나도 괜찮아.	나는 할 수 있다!
나도 잘해.	나는 잘하고 있어.
나도 꽤 괜찮은데?	나름 괜찮은데?
피할 수 없으면 즐겨 보자.	나는 버틸 수 있어.
더 나아지기 위한 과정일 뿐이야.	잠깐 쉬었다 하자.
나는 이대로도 충분해.	나는 소중한 사람이야.
난 더 잘할 수 있어.	나도 잘 해낸 적이 있어.
다음엔 더 잘하는 내가 되어 있을 거야.	천천히 내 속도대로 하면 돼.
차근차근 해 보자.	익숙해지면 괜찮아져.
시간이 지나면 나아질 거야.	아직 늦지 않았어.
다시 하면 돼.	나는 달라질 거야.
이게 과연 나에게 도움이 되는 행동일까?	더 나아지려면 어떻게 해야 할까?

이렇게 하면 어떻게 될까?	어떻게 할지 순서를 정해 보자.
무엇이 먼저일까?	뭐가 중요할까?
전에는 어떻게 했었지?	다른 사람들은 이럴 때 어떻게 할까?
과연 그럴까?	진짜 그럴까?
내 편을 찾아보자.	나는 혼자가 아니야.
누구에게 도와 달라고 할까?	혼자 다 짊어질 필요는 없어.
내가 어떻게 하느냐에 달려 있어.	어떻게 될지는 아무도 모르는 거야.
나에게도 기회가 있을 거야.	운이 나빴을 뿐이야.
누구나 그래.	나만 그런 게 아니야.

③ 대처행동 목록

대처행동이란 주인공이 문제를 맞닥뜨렸을 때 하면 좋은 행동, 상황을 바꾸는 데 도움이 되는 행동을 말한다. 다음의 목록에 없는 행동을 넣어도 좋다.

산책을 간다.	운동을 한다.
자리에서 일어나 몸을 푼다.	바람을 쐰다.
심호흡한다.	잠깐 멈춘다.
그 자리에서 벗어난다.	웃긴 영상/글을 본다.
재미있는 영화나 책을 본다.	편안한 장소에 간다.
좋아하는 활동을 한다.	조용히 쉰다.
음악을 듣는다.	그림을 그린다.
셀카를 멋지게 찍는다.	풍경사진을 찍으러 간다.
노래를 한다.	춤을 춘다.
악기를 연주한다.	재미있는 게임을 한다.

재미있는 놀이를 한다.	말랑이를 만진다.
슬라임 놀이를 한다.	택배 완충제/뽁뽁이를 터트린다.
팝잇을 누른다.	속으로 숫자를 센다.
거울을 보고 웃어 본다.	거울을 보고 웃긴 표정을 짓는다.
내 생각을 말한다.	내 느낌을 말한다.
세수를 한다.	모델처럼 성큼성큼 걸어 본다.
가슴을 토닥토닥 두드린다.	어깨를 토닥인다.
찬물을 마신다.	맛있는 것을 먹는다.
청소를 한다.	한숨 푹 잔다.
고백한다.	사과한다.
편지를 쓴다.	선물을 한다.
친구를 만난다.	수다를 떤다.
떠오르는 생각을 적고 읽고 논리적으로 정리해 본다.	생각을 적고 잘게 찢어 버린다.
상담을 요청한다.	도움을 청한다.
연습한다.	배운다.
반복한다.	다시 한다.
물어본다.	들어준다.
공감대를 형성한다.	함께한다.
신청한다.	찾아본다.
계획을 세운다.	일정을 짠다.
도전한다.	실천한다.
실행한다.	얻어 낸다.

필요한 것을 구한다.	필요한 것을 구매한다.
음식/간식을 산다.	기분이 좋아지는 물건, 활동에 돈을 쓴다.

 (2) 적은 내용을 바탕으로 완성된 이야기를 구체적으로 적기. 이때 문체와 시점을 통일하기

 (3) 이야기 서술에 꾸밈어를 넣기

 (4) 이야기 서술 중에 '누가 뭐라고 말했다.'나 '누가 뭐라고 생각했다.'를 대화체로 바꾸기

 (5) 틀린 글자와 문맥에 맞지 않는 글을 수정하기

3) 인지행동수정 동화 이야기 구조

구분	제목:	
	주인공의 문제	
	질문	**내용**
주인공	동물/사람, 나이, 별명, 성격, 특징, 좋아하는 것, 싫어하는 것, 가족, 친구관계 등	
발단(문제 발생)	(배경) 사건이 일어나기 직전은 어떤 상황이었을까?	
	(행동) 주인공의 문제가 나타남	
	(문제의 원인) 주인공이 왜 그랬을까?	
	(언어) 주인공이 뭐라고 말했을까?	
전개(파괴적 결과)	(행동의 결과와 주위의 반응) 그래서 어떤 나쁜 상황이 되었을까?	
	(생각) 결과를 보고 주인공은 무슨 생각이 들었을까?	
	(느낌) 결과를 보고 주인공은 어떤 느낌이 들었을까?	

위기 (문제 발생)	(행동, 언어) 주인공은 변화를 위해 어떤 노력을 했을까? 이때 주인공이 혼잣말을 한다면 뭐라고 했을까?	
	주인공의 변화를 방해하는 것은 무엇일까?	
	주인공은 어떤 실패들을 겪을까?	
	주인공은 실패에서 무엇을 얻었을까?	
	실패 상황을 반전시킬 수 있는 특별한 사건(장치, 노력, 시도, 방법, 도움)에는 뭐가 있을까?	
절정	처음 사건과 비슷한 상황이 또 일어났을 때 주인공은 무슨 느낌이 들었을까?	
	(대처사고) 처음 사건과 비슷한 상황이 또 일어났을 때 주인공은 무슨 생각을 했을까?	
	(대처행동) 처음 사건과 비슷한 상황이 또 일어났을 때 주인공은 어떻게 행동했을까? (자세히 묘사하기)	
	(대처언어) 처음 사건과 비슷한 상황이 또 일어났을 때 주인공은 어떻게 말했을까?	
결말	이야기가 어떻게 끝날까? 긍정적인 결말 만들기	

작성 예시

구분	제목: 바보새 카카	
	주인공의 문제	너무 눈치가 없다.
	질문	**내용**
주인공	동물/사람, 나이, 별명, 성격, 특징, 좋아하는 것, 싫어하는 것, 가족, 친구관계 등	까마귀, 다섯 살, 별명은 바보새, 눈치가 없다, 공부를 싫어한다, 가족이 많다, 친구가 없다.
발단 (문제 발생)	(배경) 사건이 일어나기 직전은 어떤 상황이었을까?	가족들과 함께 전깃줄에 앉아서 수다를 떠는 상황
	(행동) 주인공의 문제가 나타남	모두가 앉기를 피하는 곳에 생각 없이 앉아서 혼자 감전되었다.
	(문제의 원인) 주인공이 왜 그랬을까?	다른 가족들이 거기에 앉지 않는 이유를 생각 못하고, 전깃줄이 이상하다는 걸 보고도 몰라서
	(언어) 주인공이 뭐라고 말했을까?	카악!
전개 (파괴적 결과)	(행동의 결과와 주위의 반응) 그래서 어떤 나쁜 상황이 되었을까?	까악까악이 아니라 카악카악거린다. 공부시간에 갑자기 소리를 지르고 뛰쳐나가서 선생님한테 만날 혼난다. 전깃줄에 앉지 못하고 날아다니다가 혼자 옥상에 가서 논다. 친구가 없다. 친구들이 바보새라고 놀린다.
	(생각) 결과를 보고 주인공은 무슨 생각이 들었을까?	나는 왜 전깃줄에 못 앉을까? 나는 왜 이렇게 바보일까? 나는 왜 눈치가 없을까?
	(느낌) 결과를 보고 주인공은 어떤 느낌이 들었을까?	심심하다, 슬프다, 무섭다.
위기	(행동, 언어) 주인공은 변화를 위해 어떤 노력을 했을까? 이때 주인공이 혼잣말을 한다면 뭐라고 했을까?	전깃줄에 다시 앉는 연습을 한다. "다시 해 보자." 잘 되지 않아 주택 옥상에서 빨랫줄에 앉는 연습을 한다.

위기 (문제 발생)	주인공의 변화를 방해하는 것은 무엇일까?	눈치가 너무 없어서 다른 까마귀들이 앉지 않는 자리만 골라서 앉는다.
	주인공은 어떤 실패들을 겪을까?	전깃줄이 너무 얇아서 중심을 못 잡고 전깃줄을 잡고 철봉처럼 돈다. 또 감전되는 자리에 앉아서 감전된다. 자꾸 감전돼서 더 바보가 된다. 아무도 가까이 오지 않는다.
	주인공은 실패에서 무엇을 얻었을까?	노력해 봤자 안 된다. 왜 나만 이런지 모르겠다. 감전돼서 더 바보가 되었다.
	실패 상황을 반전시킬 수 있는 특별한 사건 (장치, 노력, 시도, 방법, 도움)에는 뭐가 있을까?	친구들이 바보새라고 놀려서 주택 옥상에 갔는데 까치를 만난다. 까치에게 쪼여서 쫓겨났지만 다시 가서 빨랫줄에 앉으려고 연습한다. 까치가 왜 그러는지 궁금해하다가 전깃줄 고르는 법, 물어보는 법을 알려 주고 친구가 된다.
절정	처음 사건과 비슷한 상황이 또 일어났을 때 주인공은 무슨 느낌이 들었을까?	'어? 이거 그때랑 비슷한 것 같은데?' 하고 긴장되고 살짝 땀도 났다.
	(대처사고) 처음 사건과 비슷한 상황이 또 일어났을 때 주인공은 무슨 생각을 했을까?	괜찮아, 이번에는 잘할 수 있어. 오늘은 감전 안 당해야지. 뭐가 다른지 보자. 전깃줄 고르는 법이 어렵다. 까치가 잘 모르겠으면 물어보라고 했어.
	(대처행동) 처음 사건과 비슷한 상황이 또 일어났을 때 주인공은 어떻게 행동했을까? (자세히 묘사하기)	가족들이랑 전깃줄에 앉는데 또 빈자리에 아무 생각 없이 앉으려다가 여기 앉아도 되는지 먼저 물어본다. 전깃줄이 뭐가 다른지는 몰랐지만 덕분에 안 좋은 자리를 피해서 이번에는 감전되지 않고 잘 앉았다.
	(대처언어) 처음 사건과 비슷한 상황이 또 일어났을 때 주인공은 어떻게 말했을까?	"여기 앉아도 돼요?" "여기 자리 있어요?" "왜 다 여기 안 앉아요?"
결말	이야기가 어떻게 끝날까? 긍정적인 결말 만들기	카카는 까치 친구와 친해져서 옥상에 앉아 수다도 떨고, 더 이상 전깃줄에 잘못 앉지도 않고 행복하게 산다.

4) 시각적 표현하기

인지행동수정 동화의 시각적 표현하기 과정은 전래동화와 그 과정이 같으며, 자세한 내용은 182페이지를 참조하는 것을 추천한다.

(1) 장면별로 이야기 단락을 나누기

(2) 주인공의 앞, 뒤, 옆 모습을 그리기

(3) 콘티 그리기

(4) 콘티에 따라 그림을 구체적으로 표현하기

(5) 그림 표현에서는 글에서 표현되지 않은 장면이나 소품, 작은 동물, 이야기 등의 추가가 가능함

(6) 그림과 글의 배치를 편집하기

(7) 작가 소개와 작업 후기를 쓰기

(8) 인쇄 및 출판, 전시하기

4. 그림책 인지행동수정 활동시트

직접 만든 인지행동수정 동화나 기타 여러 가지 그림책을 읽고 그림책 인지행동수정 활동을 수행할 수 있다.

1) 그림책 속 인물의 반응 분석하기

그림책 속 상황	
무슨 생각을 했을까?	
어떤 느낌이었을까?	
인물이 한 말	
인물이 한 행동	
다른 방법 생각해 보기 "또 어떻게 할 수 있었을까?"	
어떻게 생각할까?	
어떻게 말할까?	
어떻게 행동할까?	

2) 그림책과 연계하여 인지행동수정하기

이야기와 비슷한 나의 경험	
그 순간의 생각	
그 순간의 느낌	
그때 내가 한 말	
그때 내가 한 행동	
"만약에 또 그런 일이 생긴다면?"	
대처사고 "이렇게 생각하자."	
대처언어 "이렇게 말하자."	
대처행동 "이렇게 행동하자."	

동화 처방전 작성 가이드

□ 스스로 읽음 □ 숙제 □ 선물 □ 기타(   )   독서 장소:

처방받은 사람	이 책을 읽어 주고 싶은 사람을 써요. 읽어 주고 싶은 이가 없다면 작성자 자신의 이름을 적어요.		처방한 사람	작성자의 이름을 적어요.
제목	제목을 적어요.		글 작가	글 작가의 이름을 적어요.
한국 십진 분류표(KDC)	800(문학), 동화, 동요, 시, 수필, 소설, 일기 등		그림 작가	그림 작가 이름을 적어요.
	기타(문학 이외의 장르의 경우 분류를 적어요.)		출판사	출판사를 적어요.
용법			처방 날짜	작성 날짜를 적어요.
* 언제 이 책을 읽으면 좋은지를 적어요. 예) 우울할 때, 하루 한 번			※ 용법에 따라 적용 후 감상을 제출하여야 합니다.	
동화 처방 내용			1회 독서량(p)	총 독서 횟수
* 동화의 내용, 줄거리를 적어요.			읽은 쪽수를	몇 번째
* 그림책 돋보기 카드로 줄거리 쓰기를 활용해 보세요.			기록해요.	읽었는지
				기록해요.
추가 처방 내역(표현 활동 ㅁ, 그림책 추가 처방 ㅁ)				
* 그림책 돋보기 카드의 표현카드, 기법카드, 재료카드를 활용해 보세요.				
감상(생각 ㅁ, 느낌 ㅁ, 관련된 경험 ㅁ, 대처 ㅁ)			**변화 및 참고 사항**	

출처: 한국동화치료연구소.

동화 처방전

☐ 스스로 읽음 ☐ 숙제 ☐ 선물 ☐ 기타(   )   독서 장소:

처방받은 사람		처방한 사람	
제목		글 작가	
한국 십진 분류표(KDC)	800(문학), 동화, 동요, 시, 수필, 소설, 일기 등	그림 작가	
	기타	출판사	
용법		처방 날짜	
		※ 용법에 따라 적용 후 감상을 제출하여야 합니다.	

동화 처방 내용	1회 독서량(p)	총 독서 횟수
추가 처방 내역(표현 활동 ☐, 그림책 추가 처방 ☐)		

감상(생각 ☐, 느낌 ☐, 관련된 경험 ☐, 대처 ☐)	변화 및 참고 사항

5. 세상에서 가장 불행한 아이, 홉

홉의 이야기는 인지행동수정 동화 프로그램 중 하나이다. 이 이야기는 불행에 대한 인식, 대처사고와 대처행동 목록을 살펴볼 수 있으며, 행복한 결말 만들기를 통해 가상의 인물이라도 한 사람을 행복하게 만드는 경험을 하게 된다.

1) 이야기의 소재 목록 만들기

(1) 불행함, 전환함, 반응함, 행복함에 각각 목록을 만들기

목록 작성 후 불행함과 행복함에 쓴 내용에 척도를 매겨 본다.

불행함	전환함	반응함	행복함
내가 생각하는 불행한 일들 *1~10 척도로 표현하기 1: 아주 사소한 불행 10: 아주 큰 불행	불행에서 벗어나게 할 만한 사건, 새로운 행동, 동기, 도움을 주는 사물 또는 사람과의 만남, 불행 해소에 도움이 될 능력	전환이 일어났을 때 생길 수 있는 신체적 반응, 변화하는 행동, 생각, 느낌, 언어, 주변 인물의 반응 변화	내가 생각하는 행복한 일들 *1~10 척도로 표현하기 1: 아주 사소한 행복 10: 아주 큰 행복

(2) 각 불행함, 전환함, 반응함, 행복함에서 이야기에 사용할 것을 2~4개씩 선정하기

내용 선정은 자신의 의지대로 해도 좋고, 각 내용을 쪽지로 만들어 랜덤으로 뽑아서 사용해도 좋다.

2) 이야기 구조

이야기 구조에 따라 이야기를 구체적으로 서술한다. 이때 주인공의 이름을 한글로 '홉'이라 지정해 준다. 누군가는 이름에 담긴 은유를 알아차릴지도 모르나 뜻을 미리 말해 주지 않도록 한다.

불행 쓰기	계기 쓰기	반응 쓰기	행복 쓰기
주인공의 불행 필수 대사: "아마 내가 세상에서 가장 불행한 아이일 거야."	불행에서 벗어나는 의지, 동기가 되는 계기 사건, 새롭게 시작한 행동, 도움을 주는 대상과 만나는 상황, 주인공의 강점	전환이 일어나며 변화한 주인공 자신과 주변 인물의 반응	주인공이 겪는 행복 필수 대사: "아마 내가 세상에서 가장 행복한 아이일 거야."

3) 내담자 동화 창작 예시

(1) 세상에서 가장 불행한 아이, 홉 1

불행함	전환함	반응함	행복함
1. 넘어졌을 때	길을 가다가 거지가 된 사람을 본다.	1. 깨끗하게 씻는다.	1. 피구 이길 때
2. 공부 안 했을 때		2. 엄마 말을 잘 듣는다.	2. 학교 체육시간이 자유 시간일 때
3. 도복을 안 입고 승급 심사에 갔을 때		3. 공부를 잘한다.	3. 집에서 공부 안 할 때
4. 태권도 심사일 때		4. 주변에서 잘해 주기 시작한다.	4. 태권도 안 갈 때
5. 학교숙제를 안 했을 때		5. 더 열심히 하게 되었다.	5. 학교에서 하루 쉴 때
6. 영어숙제를 안 했을 때			6. 달리기 1등 했을 때
7. 가다가 똥 밟을 때			7. 운동회에서 이겼을 때
8. 일찍 일어났을 때			8. 시험 100점 맞았을 때
9. 학교에서 시험 칠 때			9. 휴대폰 바꿨을 때
10. 가족이 돌아가셨을 때			10. 학원, 방과 후, 태권도 안 갔을 때

어느 마을에 홉이라는 아이가 살았다.

홉은 키가 큰 남자아이였는데, 심심하면 넘어지고, 심사만 되면 도복을 안 가지고 가서 매일 혼이 났다.

그리고 홉은 가는 길에 땅을 안 보고 앞만 봐서 밑에 있는 개똥을 밟았고, 매일 숙제를 안 해 와서 선생님이랑 남아 숙제를 했다. 그리고 홉은 게임한다고 시험 준비를 안 해서 친구들 시험지를 커닝했다.

홉은 매일매일 혼이 났다.

그러고 나면 홉은 이렇게 이야기했다.

"아마 내가 세상에서 제일 불행한 아이일 거야."

그러던 어느 날, 홉은 백화점에 심부름을 가다가 거지가 된 사람을 보았다. 거지는 지하상가에서 모자를 얼굴 앞에 내밀고 있었다.

머리는 남자인데 길었고 비듬으로 범벅되어 있었고, 돈 달라는 표정에, 손톱은 길고, 발톱도 길었고, 옷은 낡은 바바리코트를 입고 있었다. 그리고 거지 근처에 파리가 빙빙 돌고 있었고, 냄새는 꾸릿꾸릿하고 지독했다.

홉은 '거지가 왜 있지?' 하면서 피해 갔다. 그리고 '나는 저렇게 안 해야지.'라고 생각했다.

그때부터 홉은 항상 깨끗하게 씻고, 엄마 말도 잘 듣고, 공부도 잘하기 시작했다. 그러자 주변에서 홉에게 잘해 주기 시작했다.

뿌듯해진 홉은 더 열심히 하게 되었다.

그러자 홉은 피구에서 이기고, 달리기도 1등을 하고 시험에도 100점 맞고, 휴대폰도 바꾸고, 학원과 방과 후 수업에 안 가도 되게 되었다.

이제 홉은 자주 말한다.

"아마 내가 세상에서 가장 행복한 아이일 거야."

(2) 세상에서 가장 불행한 아이, 홉 2

홉은 어릴 때 엄마가 돌아가셨다. 그래서 장례식장에 가서 엄마가 돌아가신 걸 보고 울게 되었다. 아빠는 소식이 없었고, 엄마는 돌아가셔서 홉은 가난했다. 그래서 항상 할머니랑 자고 거기에서 지내야만 했다.

> **"정말 불쌍하네 ㅋㅋ."**
> **"쟤 또 힘든가 보네 ㅋㅋ."**
> **"쟤네 집 돈 없다고 소문났던데 ㅋㅋ."**
> **"아 정말? 이야~ 돈 없이 어찌 살아?"**
> **"쟤네 집 가난하다고 소문났던데 ㅋㅋ."**

"니 집 어떻게 그따구로 삼?"

"꼴보기 싫음 니 살지 마셈. 왜 살아?"

"가난하면 어릴 때부터 그랬겠네. 쯧쯧."

"어릴 때부터? ㅉㅉ ㅈㄹ한다."

"그리고 작작 힘들어해. 역겨워."

"쟤네 부모님 중 엄마도 돌아가셨다는데."

"그렇구나. 엄마가 돌아가셔서 저 집은 망하겠네."

"너 공부도 못한다면서."

홉은 학교를 못 다녔다. 돈도 없고, 엄마는 돌아가시고, 아빠가 소식이 없어서 아르바이트를 해야 했다. 그리고 아르바이트가 없으면 집에서 하루 종일 잠만 자게 되었다.

알바도 공부를 해야 했다. 고깃집 아르바이트를 하는데 배워야 할 게 많았다. 고기 인분을 재는 법, 손님 오면 안내하기, 정리하기, 계산하기 등.

홉은 공부를 못했다. 그래서 그런지 아르바이트 일을 배우는 것도 어려웠다. 당연히 실수도 했다. 사장이 하루에 한 번은 혼을 냈다. 아르바이트는 힘들고, 자존심도 상하고, 마음도 상했다.

"나는 왜 항상 공부를 못하지?"

그래서 홉은 좀 더 공부를 노력해서 했지만 잘 안됐다.

홉은 돈이 없었다. 그래서 먹고 싶은 음식을 아무것도 사 먹을 수가 없게 되었다. 할머니는 편찮으셔서 아무것도 못 하시고, 아르바이트비로 둘이 겨우 먹고 살았다. 아르바이트를 마음대로 그만둘 수도 없고, 학교처럼 빠질 수도 없었다.

홉은 언제나 혼자였다. 그래서 언제나 그 어디서든 쓸쓸해야 했다. 홉은 친구가 없어 외로웠다. 그래서 친구를 찾기 위해 노력을 해야 했다. 하지만 홉은 친구들에게 놀림을 많이 받았다. 그래서 스트레스를 많이 받게 되었다.

"쟤 완전 공부 못해! 만날 힘들어하고, 무슨 관심받고 싶냐? 만날 울어."

"쟤 또 다쳤네 ㅋㅋ."

"쟤 보는 거 너무 역겨워."

"X발, 쟤 왜 여기 있냐."

"꼴보기 싫다."

홉은 성인이 되는 데까지도 쭉 혼자였다. 그래서 외로워야만 하는 상황이 되었다.

‘나는 왜 할 수 있는 게 없을까?’
‘나는 왜 항상 우울해야 할까?’
‘나는 왜 만날 아파야 할까?’
‘나는 왜 항상 힘들어야 할까?’

홉은 항상 우울했다. 그래서 항상 힘들어해야 했다.
홉은 위로해 주는 사람이 없었다. 그래서 괴롭게 살아야만 했다.

‘나는 왜 자꾸 놀림당할까?’
‘나만 왜 항상 괴롭힘당해야 할까?’
‘나는 왜 강하지 못할까?’
‘나는 왜 항상 혼자여야 할까?’
‘겁나 씁쓸한데, 하······.’

"나는 왜 이리 내가 좋아하는 것과 싫어하는 것도 모를까?"

"나는 왜 이리 아무것도 모를까?"

"내가 왜 이리 아무것도 하고 싶지 않을까?"

"나도 다 잘하고 싶은데. 하…….'

"나는 왜 항상 울기만 할까?"

"왜 이리 만날 저기압일까?"

"왜 힘들어야 될까? 짜증 나."

"이 여러 가지 때문에……."

"왜 나에겐 이런 시련이……."

흡은 너무 잘 울었다. 그래서 그럴 때마다 사람들이 "쟤 왜 저러냐?" 하고 당황해야 했다.

흡은 항상 저기압이었다. 그래서 항상 오락가락해 불행해야만 했다. 흡은 항상 힘들어했다.

흡은 정말 고민이 많았다. 그래서 항상 걱정이 많은 아이가 되었다. 흡은 되는 게 없어 엄청 복잡했다. 그래서 항상 자기 자신이 답답해 자신을 때리게 되었다.

흡은 할 수 있는 게 없었다. 그래서 항상 멍 때리고 살아야만 했다.

흡은 자신에 대해 아는 것이 없었다. 그래서 자신이 하고 싶은 것도 몰라서 못하게 되었다. 그래서 매일 심심해야 했다.

흡은 밖에 나가지도 못했다. 돈도 없고 혼자 나가지도 못했기 때문이다. 그래서 쓸쓸해야 했다.

흡은 항상 아팠다. 그래서 항상 그 아픈 고통을 느껴야만 했다.

흡은 항상 다쳤다. 그래서 항상 병원에 입원했다.

어느 날은 병실에 앉아서 TV를 보는데 〈우리 집 아이돌〉이라는 프로그램이 나왔다. 유명한 아이돌이 나와서 신청한 사람에게 앨범을 주고 도와주는 프로그램이었다.

'아, 나도 참여하고 싶다.'

흡은 인터넷으로 신청했다.

'안 되겠지……. 그래도 한번 해 보자.'

> 저는 학교도 못 다니고 부모님도 안 계십니다. 할 줄 아는 것도 없고 집안이 가난해서
> 돈도 없고 사는 게 힘듭니다. 하지만 워너1을 보면 좋아집니다.

혼자 퇴원하는 날 홉은 돌아가신 엄마를 그리워했다. 하지만 홉은 기죽지 않고 긍정적으로 본인이 할 걸 하면서 더 이상 울지 않고 긍정적으로 살기로 했다.

홉은 이번에 아르바이트를 하기로 했다. 편의점 아르바이트를 하며 돈을 벌었다. 그러던 어느 날 워너1이 찾아왔다.

"헐! 진짜 왔어."

전에 신청했던 TV 프로그램에 당첨된 거였다.

"All I Want to do Want to One, 안녕하세요!"
"워너1이다!"
"〈우리 집 아이돌〉에서 왔습니다. 그동안 힘들었죠? 이거 받고 힘내세요!"

홉은 워너1의 위로에 용기가 나고 자신감이 생겼다. 그 프로그램을 보고 워너1 팬들도 위로를 해 주었다.

홉은 워너1 팬들과 워너1을 만난 후 자신이 좋아하는 것, 싫어하는 것을 알고, 본인도 무엇을 찾으면 알 수 있다는 걸 알게 되었다. 그래서 어떤 걸 해야 좋아질까 찾아보게 되었고, 나 자신이 바뀌기로 다짐을 하게 되었다.

이제 홉은 예전의 자신과 다르게 강하게 나가게 되었다. 하고 싶은 것에 대한 시도를 더 해 봤다. 그리고 계속 잘할 수 있을 때까지 하게 되었다. 무엇부터 해야 할지 모르던 일도 어떻게 해야 하는지 알아냈다.

그 방법은 빨리 끝낼 수 있는 걸 먼저 하고 나중에 더 오래 걸리는 걸 하는 식이다. 급한 걸 먼저 차근차근 하면 된다는 걸 깨달았다. 이제 홉은 모든 것을 다 할 수 있게 변했다.

워너1은 프로그램이 끝난 뒤에도 홉에게 연락을 해 주었다. 홉은 기분이 좋았다. 진에게서 톡이 왔다.

진: 안녕하세요. 워너1 진입니다. 그때 이후로 잘 지냈어요? 생각나서 연락을
　　해 봅니다.

홉: 그저 그렇게 지냈어요. 진은 잘 지냈어요?

진: 난 잘 지냈어요. 저번에 우리가 갔던 건 도움이 됐어요?

홉: 팬들이 응원도 많이 해 줘서 힘도 나고 혼자가 아닌 것 같아서 좋아요. 또
　　그때 받은 돈으로 병원도 가고, 학교도 가고, 먹는 것도 잘 먹어요.

진: 다행이네요. 도움되었다니 기쁘네요. 다른 건 부족한 거 없어요?

홉: 먹는 것까진 돈이 됐지만 집을 살 돈까진 안 돼서 여름에 비가 새는 게 좀
　　걱정돼요.

진: 아, 그럼 워너1 멤버들이랑 상의 후 다시 연락드릴게요.

홉: 그렇게까지 하면 제가 너무 죄송한데요.

진: 아니에요. 안 하면 몰라도 도와드리려면 확실하게 도와드려야지요.

홉: 감사합니다 ㅠㅠ.

　그리고 9일 뒤에 갑자기 워너1에게 연락이 왔다. 홉에게 집을 준다는 소식을 전해 줬
다. 홉은 집이 생겨 행복했다.

　그리고 집 걱정 없이 할 수 있는 것들을 다
해 보았다. 이제 홉은 자신감이 생겼다. 돈도
생겼고, 이제 홉은 문제없이 집에서 살 수 있
게 되었다.

　홉은 워너1 팬들이 도와주어서 공부도 할
수 있었다. 그리고 공부를 열심히 해서 순식
간에 잘하게 되었다. 이제 홉은 더 많은 공부
를 하게 되었다.

　하고 싶은 일을 계속 하다 보니 같은 일을
하는 새로운 사람들을 만나게 되어서 외로워
야 할 일이 없게 되었다. 이제 홉은 외로워할
일이 좀 더 많이 없게 차차 더 많은 것을 알

기 위해 노력을 했다.

하고 싶은 일을 하면서 사니까 스트레스가 확 사라지게 되었다. 이제 홉은 스트레스를 받지 않게, 하고 싶은 일을 많이 했다.

그러자 학교를 다닐 수 있게 되었다. 이제 홉은 집과 아르바이트 말고 혼자 밖에 갈 수 있는 일이 생겨 좋았다.

홉은 자신이 좋아하는 것, 싫어하는 것조차 몰랐었다. 하지만 천천히 자신이 좋아하는 것, 싫어하는 것이 무엇인지 찾게 되었다.

이렇게 하는 게 있으니 자기도 무엇을 하면 된다고 깨달았다.

이제 홉은 그걸 보고 좋아하는 것을 계속 해 보기로 했다.

하고 싶은 일이 생기자 심심하지 않게 되었다. 이제 홉은 하고 싶은 일을 많이 하게 되었다. 할 수 있는 걸 만들고 모든 것을 할 수 있게 되었다. 이제 홉은 모든 것을 더 많이 하게 되었다. 할 수 있는 게 생겨 걱정이 없게 되었다.

그리고 기분 조절을 해 봤더니 전보단 괜찮게 되었다. 이제 홉은 더 기분이 괜찮아지기 위해 조절을 하게 되었다.

스스로가 바뀌고 난 뒤 힘든 게 없어졌다. 이제 홉은 여유로웠다.

주변 사람들이 위로를 해 주어서 이제 홉은 혼자 나가는 게 무섭지 않았다. 이제 홉은

밖에 혼자 나갈 수 있기 때문에 쓸쓸하지도 않았고 하고 싶은 일을 다 하게 되었다.

약을 먹고 나니 그렇게 아프던 고통이 없어지게 되었다. 이제 홉은 몸 관리를 하게 되었다.

뛰지 않고 앞을 잘 보고 걸었더니 입원하는 일이 없게 되었다. 이제 홉은 길에 다니거나 놀 때 조심하도록 해야겠다는 다짐을 했다.

"옛날에 했던 말은 미안해. 안 본 사이에 많이 바뀌었구나. 나랑 친구 해 줄 수 있니? 늦었나?"

"옛날에 했던 말은 오해야. 많이 바뀌었네. 나랑 친구 하자."

"헐! 쟤 언제부터 공부 잘하게 되었대? 많이 바뀌었네."

"너무 많이 바뀌었다. 미안해, 나랑 친구 하자."

"옛날에 했던 말은 미안해, 많이 바뀌었고, 공부 잘하네. 내 사과를 받아 줄 수 있어?"

"와, 많이 바뀌었다. 옛날에 했던 말은 오해한 것 같아."

노력을 하다 보니까 친구가 생겼다. 이제 홉은 친구가 생겨 외로움은 잠시 내려놓고 친구를 찾기 위해 더 노력을 했다.

어느 날 와서 놀아 준다는 친구가 생겼다. 이제 홉은 그 친구와 함께 놀러 다니게 되었다.

친척들과 할 수 있는 일도 일어났다. 이제 홉은 친척은 물론이고 가족들도 함께 다 같이 하게 되었다.

사람들이 가엾게 여겨서 위로와 격려를 해 주었다.

그리고 홉이 그 마음을 받아들였다.

이제 홉은 괴롭지 않게 살 수 있게 되었다.

이제 홉은 세상에서 가장 행복한 아이가 되었다.

(3) 세상에서 가장 불행한 아이, 키보

나는 세상에서 가장 불행한 아이이다. 만날 동생들을 돌보아 주어야 하고, 자유시간도 없이 나 혼자서 동생 2명을 돌보아 주어야 한다.

동생들은 다섯 살 남자아이이다. 한 명은 키루, 또 한 명은 키유이다.

이 두 명은 쌍둥이인데 너무너무 성격이 까탈스럽다. 그것만이 아니다.

"야! 키유, 키루! 장난감 정리 얼른 하라고!"

"얼른 내 장난감 줘!"

"싫어! 싫어! 이건 내가 먼저 갖고 놀았던 거야!!"

"근데 그건 내 거잖아!"

우당탕탕!!

"야, 너네 뭐해! 또 전쟁이니?!"
"엄마~! 으에엥."

자기들이 갖고 논 장난감을 내가 치워야 하는 건 물론이고 자기들이 사고 친 것도 내가 다 정리를 해야 한다.
난 그래서 쉴 틈이 없어서 너무 속상하다. 왜냐고? 부모님은 맞벌이를 하시고 늦게 들어오신다. 그래서 난 숙제할 시간도 없다.

"학교 다녀오겠습니다!"
"그래 차 조심하고 잘 다녀와."
"오늘도 지각이네. 뛰어야겠다."
드르륵~!
"키보야! 너 또 지각이니?"

또 혼이 났다.
그런데 이제 난 예전처럼 동생들을 그렇게 힘들게 돌보아 주진 않아도 된다. 왜냐? 우리 엄마가 일을 저녁엔 안 하시기 때문이다!

"왜냐하면 아빠께서 승진을 하시게 되었어!"

그 이후로 엄마는 저녁에 동생들을 돌보아 주신다.

'동생들은 아침에 어린이집을 가서 마음 편히 학교도 갈 수 있었어!'

그래서 난 학교 다녀와서 자유를 만끽할 수 있다. 부모님이 나한테 수고했다고 주신 닌텐도를 한 시간 할 수 있기 때문이다.

"우와! 형아, 나도 해 볼래!"

"너네 거 장난감 많으면서!"

"우리 건 새 거가 아니잖아."

"야! 너네 또 형아 괴롭혀? 너네는 방에 가서 놀아!"

"네……."

엄마가 동생들을 방으로 보내서 나는 다시 자유를 만끽했다. 이것만이 아니다. 나는 이제 내가 가장 하고 싶었던 아이돌 콘서트를 갈 수 있는 것이다! 그것도 나의 베스트 프렌드와 갈 수 있어서 너무 기분이 좋다.

부모님이 나에게 이러한 기회를 주셔서 너무 기분이 좋고 설렌다. 부모님이 힘드신 걸 내가 느껴 보니 너무 힘들고, 부모님이 존경스럽다.

부모님, 사랑해요!

나는 세상에서 가장 행복한 아이일 것 같다.

4) 이름의 의미

이야기를 시작할 때 주인공의 이름을 한글로 '홉'이라 정하였다. 이야기를 끝맺고 난 뒤 이름에 담긴 뜻이 '호프(hope)'임을 알려 주고 그에 대한 감상이나 내담자의 희망 등을 이야기한다. 영어 이름의 경우 의미를 알아차릴 가능성이 높다면, 일본어, 불어, 독일어 등 다른 외국어에서 '희망' 또는 '아름답다' '행복' '웃음' 등 긍정적 뜻을 가진 단어를 골라 이름으로 제시할 수 있다.

제 **7** 장

기법과
도구를 활용한
동화 창작

제7장

기법과 도구를 활용한 동화 창작

1. 개작과 패러디

개작이란 원작이 되는 작품을 고쳐서 다시 짓는 것을 말한다. 몇 가지 기법을 통해 동화 창작에 쉽게 접근할 수 있다. 그중 대표적인 개작 방법이라 할 수 있는 패러디는 특정 작품의 내용 또는 작가의 문체, 그림체, 서술 방식, 말투 등 특징적인 부분 등을 흉내내어 재생산하는 것으로, 그저 모방하는 것에서 그치는 것이 아니라 풍자와 해학을 담아 새로운 메시지를 담기도 한다.

1) 기존 동화 개작하기

(1) 읽은 책과 비슷한 모방 동화 만들기

벼농사 과정을 표현한 『모모모모모』(밤코 글 · 그림, 2019)와 같이 물물물물물(자연과 날씨), 쑥쑥쑥쑥쑥(과수원 이야기), 커피커피커피커피커피(커피 내리는 이야기), 돈돈돈돈돈(돈을 모아 갖고 싶은 것을 사는 이야기)처럼 여러 가지 사물이나 가치를 다섯 번 반복해서 표현하여 하나로 엮어 표현하기와 같은 형식의 다른 이야기를 쓸 수 있다.

(2) 끼워 넣기

같은 형식의 내용이 반복되는 나열식 이야기의 경우, 같은 형식의 새로운 내용을 끼워 넣어 패러디 동화를 만들 수 있다. 『사라지는 것들』(베아트리체 알레마냐 글·그림, 2021), 『살아 있다는 건』(다나카와 순타로 글·요카모토 요시로 그림, 2020), 『고맙습니다』(경운초등학교 어린이 27명 글·그림, 밀가지 엮음), 『사랑 사랑 사랑』(맥 바넷 글·카슨 엘리스 그림, 2020), 『모모모모모』(밤코 글·그림, 2019) 등 기존 그림책을 활용할 수 있다.

> **예시 1**   『사랑 사랑 사랑』(맥 바넷 글·카슨 엘리스 그림, 2021)
>
> ~에게 물었어요.
>
> "사랑이 뭔가요"
>
> "사랑은 ○○야."(○○의 뜻 설명)
>
> "(반박하는 내용 또는 은유를 알아듣지 못하고 현상 그대로 생각하여 되묻는 내용)"
>
> ~이/가 (어떤 표정으로, 어떤 자세로, 무엇을 하며) 말했어요.
>
> "네가 사랑을 어떻게 알겠니?"

> **예시 2**   『모모모모모』(밤코 글·그림, 2019)
>
> 벼농사나 유통, 쌀밥이 되기까지의 과정 중 생략된 부분을 끼워 넣기

> **예시 3**   『엄마가 너에 대해 책을 쓴다면』(스테파니 올렌백 글·데니스 홈즈 그림, 2017)
>
> "~으로 쓸 거야. 너는 어떠한(형용사 또는 부사) 아이라고."

(3) 선택지 바꾸기: 등장인물이 다른 선택을 했을 때 펼쳐질 이야기 만들기

(4) 이름에 괄호 하기: 등장인물을 다른 사람으로 바꿔 읽기

> **예시**
>
> (선녀가) 연못에서 목욕을 하고 있었습니다. → (나무꾼이) 연못에서 목욕을 하고 있었습니다. / 하늘에서 (선녀가) 내려왔습니다. → 하늘에서 (엄마가) 내려왔습니다.

(5) 사건에 괄호 하기: 동화의 사건을 다른 사건으로 대체하기

예시

산신령은 손에 나무꾼의 도끼를 들고 올라와 역정을 내었습니다. "제발 좀 조용히 하지 못할
까! 나무하는 소리가 호수 밑바닥까지 울리잖아!" 층간소음에 시달리던 산신령은 도술을 부려
서 나무꾼을 사슴으로 만들어 버렸습니다.

(6) 인물과 사건에 괄호 하기

동화의 등장인물을 다른 사람으로 바꾼 뒤, 그 사람에 맞게 사건의 전개를 바꿀 수 있
다(예: 민호는 선녀의 옷을 훔치라는 사슴을 크게 혼내고 경찰서에 끌고 갔습니다.).

(7) 여러 가지 개작과 패러디 방법

- 제목 이외에 각 장면에 제목 붙이기
- 동화 표지 새로 만들기
- 등장인물의 이름의 의미를 생각해 보고 새 이름 만들어 붙이기
- 등장인물의 별명 만들기
- 등장인물의 SNS 계정(ID와 닉네임) 만들기
- 등장인물끼리 이름 바꿔 쓰기
- 읽은 책과 같은 주제로 동화 만들기
- 시점 바꿔 다시 쓰기
- 희극을 비극으로, 비극을 희극으로 바꿔 쓰기
- 책에서 한 장면을 골라 해당 장면의 핵심감정을 주제로 동화 만들기
- 책에서 한 장면을 골라 해당 장면의 핵심단어를 주제로 전개 바꾸기
- 이야기 순서 바꾸기
- 읽은 책에서 마음에 들지 않는 부분의 이야기 각색하기
- 등장인물의 역할 바꾸기
- 같은 주인공으로 후일담 쓰기

- 이어질 장면 상상하여 동화 만들기
- 원하는 부분에서 동화를 끊고 뒷이야기 새로 만들기
- 그림책의 글을 가리고 이야기 새로 만들기
- 등장인물을 대신해 자기 자신을 넣어 동화 만들기

2) SCAMPER 아이디어 발상법

개작과 패러디를 위해서는 새로운 아이디어를 얻는 것이 중요한데, 이때 아이디어 발상법을 활용하면 도움이 된다. SCAMPER 아이디어 발상법은 널리 알려진 창의적 아이디어 발상법 중 하나로, 광고회사 최고경영자였던 알렉스 오스본(Alex F. Osborn)이 개발한 체크리스트법을 밥 에버를(Bob Eberle)이 발전시킨 것이다. 일곱 가지 기법에 따라 기존의 아이디어를 바꿔 가다 보면 새롭고 구체적인 발상이 가능하게 된다.

〈표 7-1〉 SCAMPER 아이디어 발상법

구분		원작	패러디한 동화
제목			
S (Substitute)	대체하기		
C (Combine)	결합하기		
A (Adapt, Adjust)	적용하기		
M (Modify, Magnify, Minify)	수정- 확대-축소하기		
P (Put to other use)	다른 용도로 사용하기		
E (Eliminate)	제거하기		
R (Rearrange, Reverse)	재배치하기, 반전하기, 거꾸로 하기		

3) 패러디 예시(강새로운, 2020c, pp. 389-392)

(1) 전래동화 잡화점

예시

■ 날개옷 설명서–구매 전 비행 가능 무게를 꼭 확인하세요! (주)구름옷

Free size, 입는 사람 치수에 맞게 하늘하늘, 펄렁펄렁하게 늘거나 줄어들어요.

비행 가능 무게 80kg 이하 (추가금에 따라 더 무거울 경우에도 비행이 가능한 큰 날개를 달아 드립니다.)

날개 관리 햇살클리닝 필수

습도가 지나치게 높은 날은 사용을 자제해 주세요.

비틀어 짜기 금지, 날개 작동은 섬세한 작업이므로 날개에 손상이 가지 않도록 주의하세요.

비행경로에 주의하여 안전운전하세요. 날개옷 착용자의 음주 및 졸음운전으로 인한 사고에 대하

여 당사는 일체 책임지지 않습니다.

잘못된 상품은 구매처에서 교환해 드리며, 주문 상품의 경우 1년간 무상 A/S를 해 드립니다.

■ [10할 할인 진행 중] 나무꾼 도끼 주문 제작합니다.

행운을 부르는 쇠도끼, 금도끼, 은도끼 주문 제작 전문 업체 (주)산신령

■ 전래동화 중고장터 게시판

선녀 옷 팝니다. 날개옷 작동 가능. –꽃사슴

└ 장물거래 신고 접수되었습니다. –포졸이

줄줄이 꿴 호랑이 한 묶음 팝니다. (예약 중) –기름댕댕이

콩, 팥 나눔 합니다. –콩팥장군

(2) 전래동화 기사 쓰기

예시

■ 옥황상제, 사유지 침해 및 연못 무단사용으로 고소당해

땅 주인, "사유지의 1급수 연못에서 선녀들이 목욕을 했다. 상상도 못한 일이다. 1급수 연못을 망

쳤다. 끝까지 갈 것."

■ 나무꾼 나모 씨, 선녀탕에서 옷 훔치다 덜미!

"사슴이 시켰다." 파문!

최근 연속되었던 선녀탕 의복 도난 사건의 범인의 덜미가 잡혔다. 범인은 30대 나무꾼으로 산속에서 홀어머니를 모시고 사는데, 어느 날 나무를 하다가 만난 사슴에게 선녀탕에서 옷을 훔치면 색시를 얻을 수 있다는 말을 듣고 범행을 시도했다고 시인했다. 지역 포도청에서는 나무꾼의 자백을 바탕으로 공범인 사슴을 특정하고 공개수배하기로 했다.

■ (주)산신령, 구 버전 도끼 보상 선물로 화제!

최근 온라인 커뮤니티에서 어느 회사의 보상 서비스가 화제이다. 한 온라인 커뮤니티 게시자에 의하면, 자신이 잃어버린 도끼를 찾는 게시물을 보고 도끼의 제조사인 (주)산신령 측에서 도끼를 수배하여 찾아 주었을 뿐만 아니라, 최신 고급 도끼도 추가로 주었다며 인증샷을 올렸다. (주)산신령 측에 따르면, "사용자가 이제는 품절된 지 오래된 클래식 버전 도끼를 현재까지 소중히 사용하고 있었으며, 새로운 도끼를 사지 않고 애타게 찾았다. 자사의 도끼를 아껴 주는 마음에 감동하여 이런 선물을 준비해 보았다."라고 하며 "(주)산신령은 언제나 소비자들에게 감사의 마음을 가지고 성심성의를 다하고 있다. 앞으로도 소비자 여러분의 많은 관심을 부탁드린다."라고 전했다.

(3) 전래동화 일기 쓰기(동화 속 인물이 되어 일기 쓰기)

예시

■ 놀부 일기

요즘 흥부 놈이 또 빌붙으러 오기 시작했다. 못된 놈이 제 자식 입에 풀칠하려면 몸이 부서져라 일은 못할망정 편하게 벌어 보겠다고 매타작을 대신 하러 갔다가 앓아누웠더란다. 쯔쯔. 건강을 잃으면 돈이고 뭐고 아무것도 없는 것을. 저놈의 정신머리를 어찌할꼬. 내일 또 오면 혼쭐을 내야겠다. 나중에 제수씨만 따로 불러 조용히 한 가마니 챙겨 줘야지. 못난 놈이 부인 복은 좋아서는 제수씨가 고생이렸다, 에잉.

내일 지출 내역: 노인정 회비 닷 냥, 마누라 모꼬지 스무 냥, 제수씨 쌀 한 가마니, 다섯째 조카 생일 선물, 미역 한 다발

■ 포졸이의 사건일지

☐ 사건번호 一. 장화홍련의 모의 건

☐ 사건번호 二. 장물아비 꽃사슴의 건

☐ 사건번호 三. 선녀탕 몰카사건

☐ 사건번호 四. 나쁜 사또의 건

☐ 사건번호 五. 호랑이파의 건(곶감농가 가택침입, 떡장수 강도 상해, 오누이 공갈협박 외 13건)

☐ 사건번호 六. 사기꾼 토선생의 건

☐ 사건번호 七. 토끼의 간 밀매업자 소탕의 건

(4) 명언 만들기

동화 속 인물이나 가상의 인물로 동화 내용에 어울리는 속담이나 명언을 만든다. 그리고 문장 뒤에 이니셜이 들어간 이름이나 적당한 수식어를 붙인 이름을 적어서 누군가 유명한 인물이 말한 것처럼 그럴듯하게 연출할 수 있다. 이 방법으로 내가 듣고 싶은 말이나 남에게 하고 싶은 말, 미래의 자신이 지금의 자신에게 해 주는 말, 이루어지기를 바라는 말로 명언을 만들 수 있다.

"정의의 이름으로 용서하지 않겠다." ㅡ암행어사, 이몽룡

"결국 우리에게 남는 것은 나 자신뿐이다." ㅡ자연인, 첫째 돼지

4) 내담자의 경험을 각색하기

에피소드 1

여름휴가에 대가족이 다 모인 자리에서, 증손자와 증손녀들이 오리고 붙이며 만들기를 하면서 시간을 보내는 그 옆에서 나는 아이들이 할머니께 더 다가가길 바라는 마음에 할머니의 손에 딱풀을 쥐어 드렸다. 안타깝게도 증조할머니가 낯설었던 아이들은 할머니 곁으로 가려 하지 않았다. 나는 아무 말씀도 없이 풀을 꼭 잡고 계시던 할머니의 손에서 풀을 조금 힘주어 당겨 가져왔다. 한참 뒤에야 딱풀을 꼭 잡고 있던 작은 힘에 담긴 마음이 어땠을까 싶어서 가슴이 먹먹해졌다. 할머니와의 시간에 그런 걸 같이

해 볼 수 있었을 텐데. 뒤늦게 다른 어르신들과 미술 활동을 하며 종종 생각한다. 우리 할머니도 이런 거 잘하셨을 텐데.

에피소드 1 각색

증손자까지 옹기종기 모여 앉은 자리는 웃음꽃이 활짝 피었다. 알록달록 색종이와 온갖 모양의 스티커가 데굴데굴 주위를 굴러다녔다. 할머니는 연신 "이런 거도 다 있고, 희한하다 희한해."라며 도안에 색깔도 슥슥 칠하고, "우리 때는 어데 이런 게 어디 있노. 밥풀 가 하모 잘 붙는데이." 하며 딱풀로 색종이 조각도 철썩철썩 감각 있게 붙이셨다. "와! 우리 할머니 정말 잘하신다! 역시 우리 엄마, 이모, 나까지 손재주 좋은 건 다 할머니 피를 타고난 게 분명하네요, 그죠?" "하모!"

에피소드 2

외할머니는 요양병원 옥상에서 동네를 내려다보며 시집 왔을 때 고생했던 이야기를 하셨다. 몇 개만 남아 할머니를 아프게 하던 앞니를 지나 스쳐 가는 바람처럼 흘러나오던 짧은 인생 이야기에 가슴이 아렸다. 조금 더 일찍 그 마음을 헤아릴 수 있었더라면 좋았을 텐데. 할머니가 돌아가시고 나서야 후회가 되었다.

에피소드 2 각색

손 녀: 할무니, 제철 음식이 몸에 좋대.
할머니: 암만, 보약이지 보약.
손 녀: 근데 제철 음식이 뭐야?
할머니: 요새 아들은 그런 것도 모르나? 그 계절에 나는 음식 말한다이가. 수박 같은 거 안 있나. 봄에는 새콤달콤하고 쌉싸름하게 봄나물 비벼 먹고, 여름에는 시원하게 수박 썰고, 식혜에 얼음 동동 띄워 먹고, 가을 하면 가을 전어지. 그리고 달달한 과일도 풍성하고, 겨울에는 아랫목서 뜨끈한 군밤이랑 군고구마 까 먹고.
손 녀: 와, 맛있겠다. 근데 요새는 마트 가면 없는 거 없는데?
할머니: 하기사 요새는 하우스다 뭐다 하제. 외국에서 사 오제. 뭐가 언제 나오는가 모

를 만도 하네. 옛날에는 그른 게 어디 있노? 때가 돼야 먹는 기지. 보릿고개 오
믄 나무뿌리도 캐 묵고, 나무 껍데기도 벗기가 쑤어 먹는데.

손 녀: 우와, 나무껍질을 어떻게 먹어? 할머니 진짜 힘들었겠다.

할머니: 오야. 힘들었제. 내는 어릴 때 시집 와가 을매나 고생을 했는가 모른다. 사시사
철 농사 짓제, 밭 갈제, 맨날 산에 가서 나물 캐고, 날 봐가 바닷가 가서 개발 캐
고. 이 좋은 세상에, 내가 시대를 잘못 태어나가 그래 고생을 했다 아이가. 그
고생을 해가 내 자식들 다 키우고, 요 앞에 밭도 내가 다 샀니라. 내 그래 고생
한 거 아무도 모른데이.

손 녀: 아니야. 할무니! 인제 내가 알아!

할머니: 어이구, 우리 강아지가 아나? 우리 강아지밖에 없다. 아나, 우리 강아지는 고생
하지 말고 이걸로 좋은 거 마이 사 무래이. 내는 인자 마 몇 번이나 그런 거 먹
어 보겠노. 니는 마이 무래이. 건강이 최고다.

손 녀: 아이, 할무니, 그런 말 하지 말고 같이 먹어.

할머니: 오야, 그라면 우리 오늘 할미가 캔 제철 음식 무 보까? 쫌만 기다리래이.

손 녀: 아싸! 할머니 마이 마이!

할머니: 오야, 마이 해 주꾸마.

손 녀: 우리 할무니 최고! 사랑해요.

2. 도구를 활용한 동화 창작[1]

동화의 소재를 찾기 어렵거나 이야기를 시작하는 자체가 어렵다면 이야기 만들기를
돕는 여러 가지 도구를 활용할 수 있다.

---

1) 자세한 내용은 [동화치료: 창조적 통합치료(강새로운, 2020c)]를 참조.

1) 시각적 자료 활용하기

난화 그리기, 콜라주 작업, 명화 작품이나 도형, 사물, 사진, 감정카드, 상황인지카드 등 미술작품이나 학습카드와 같은 시각적 자료를 보면서 떠오르는 소재나 감정, 생각 등을 기반으로 동화를 만든다.

2) 이모티콘 활용하기

메신저에서 최근에 사용한 이모티콘 페이지를 연다. 자주 사용하는 이모티콘을 보면서 연상되는 이야기로 동화를 만든다. 최근 사용한 이모티콘들을 모아 보며 최근에 경험한 일들을 떠올릴 수 있고, 그에 따른 나의 감정 상태와 변화에도 주목할 수 있다. 한편, 이모티콘 활용 시 각각의 이모티콘을 어떠한 의미로 사용했는지 확인하는 과정이 필요하다. 종종 일반적인 의미가 아닌 다른 의미로 이해하여 평소에 이모티콘을 잘못 사용하고 있는 경우도 있기 때문이다.

[그림 7-1] 다양한 이모티콘

3) 게임 활용하기

(1) 이야기 주사위 게임

① 주사위 면에 인물, 배경, 소재, 사건, 감정 등 이야기 구성 요소를 쓴다.

② 모든 주사위를 동시에 던져 나온 각각의 요소를 조합하여 이야기를 만든다.

③ 주어진 시간 안에 이야기를 만들지 못하면 탈락하는 게임을 진행할 수 있다.

④ 또는 주사위의 각 면에 점수를 기입하여 이야기를 만드는 데 사용한 요소의 점수
　 를 합산하여 게임의 승패를 정할 수 있다.

● **육하원칙 주사위**

	누가	
언제	어디서	무엇을
	어떻게	
	왜	

● **이야기 문법 요소 주사위**

	배경	
계기 사건	시도	내적 반응
	결과	
	인물	

● **누가/인물 주사위**

	왕자	
공주	기사	거지
	마법사	
	도둑	

● **언제/시간/시대배경 주사위**

	다음날	
아침	공룡 시대	미래
	어제	
	한 시간 후	

● **어디서/장소배경 주사위**

	마을	
성	시장	전쟁터
	들판	
	이웃 나라	

● **무엇을/소재 주사위**

	공부	
칼	마법	돌
	빵	
	보석	

[그림 7-2] 이야기 주사위 예시

(2) 이야기 카드 게임

이야기 카드는 직접 만들 수도 있고, 기존의 스토리텔링 도구를 활용하기도 한다. 직접 만드는 경우 이야기 주사위 게임과 같이 이야기 구성 요소별로 카드를 더미를 만들고 무작위로 섞은 다음 카드를 뽑아 이야기를 만든다. 이야기 카드 게임 또한 각 카드에 점수를 매겨 누가 더 높은 점수의 이야기를 만드는지 대결할 수 있다.

기존의 도구를 활용하고자 하는 경우에는 동화치료게임, 페어리 타일, 전래카드; 끝없는 이야기, 이야기톡, Fairytale(Spin to play), Once upon a time(한글판: 옛날 옛적에),

Dixit, 여러 가지 타로카드 등을 사용하여 이야기를 만들어 볼 수 있다.

(3) 동화 소재 보드게임

① 사다리 타기나 뱀사다리 게임판을 만든다.

② 게임의 주제와 관련된 배경이나 소재 그림을 그려 보드게임판을 꾸민다.

③ 빈칸에 이야기의 소재가 될 만한 요소를 적는다.

④ 게임 진행을 위한 규칙을 정하고 게임을 진행한다.

⑤ 시작점부터 도착점에 이르는 동안 자신이 거쳐 온 칸의 소재들로 동화를 만든다.

⑥ 게임 만들기에 익숙해지면 일러스트와 함께 자유로운 형태로 게임칸을 배열하여 나만의 게임을 만들 수 있다.

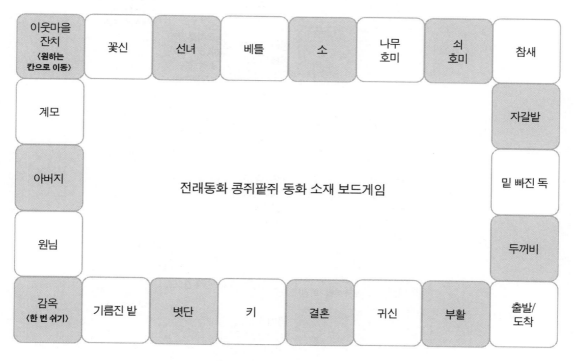

[그림 7-3] 동화 소재 보드게임 예시

(4) 이야기 보드게임

뱀사다리 게임판이나 부루마블 형태의 게임판을 만든다. '오늘의 일기, 지루한 학교 생활, 학교에서 집으로, 수영장에서 일어난 일, 마트에 갔더니, 목욕탕 귀신, 서울에서 부산까지, 가니의 세계여행, 최애의 콘서트, 아프리카 탈출' 등 게임 주제를 정한다. 시작점부터 도착점까지 말의 이동 방향에 맞춰 서사를 나누어 전개한다(예: 물에 들어가기 무서워!/파도에 밀려서 튜브가 떠내려갔어.) 각 칸의 이야기에 알맞게 게임 규칙을 추가한다[예: 물에 들어가기 무서워!(한 번 쉬기)/파도에 밀려서 튜브가 떠내려갔어.(2칸 뒤로)].

| 아프리카 탈출 |

황오리는 아프리카 관광권을 얻어서 여행을 갔지만 사기였다.
겨우 구조헬기장 지도를 얻어서 가는데, 어떤 위험과 고난이 나타날지……

[그림 7-4] 이야기 보드게임 예시 1

| 수영장에서 있었던 일 |

롯데월드 수영장에 간 비비! 수영장에서 무슨 일이 있었을까요?

[그림 7-5] 이야기 보드게임 예시 2

(5) 게임 스토리 만들기

① 게임 캐릭터를 디자인하듯 주인공 캐릭터를 설정한다.

② 서두제시 기법으로 이야기의 시작을 정해 주고, 해당 상황에서 캐릭터가 어떻게
   대처할지 생각해 보고 이야기를 만든다.

〈표 7-2〉 게임 스토리 만들기 양식

어느 날 눈을 떠 보니……?

어느 날 눈을 떠 보니, 나는 게임 속의 캐릭터가 되어 있었다.
게임의 이름은 (   ).
(   )하는 게임이다.
나는 이 게임에서 (   )해야 한다.
그래야만 (   ) 할 수 있다.
나는 침착하게 내 상태를 먼저 살펴보았다.
나는 이제 막 만들어진 초보자 캐릭터였는데, 현실의 내가 그대로 반영되어 있었다.
캐릭터 스펙과 인벤토리를 열어 보니……

이름		공통 스킬(스킬 숙련도 & 경험치 %)	
성별		계획력	%
레벨(1~100)		실행력	%
칭호		모방력	%
성향/속성		감정조절	%
〈초보자 평균 스탯 5, 최소 1, 최대 10〉		눈치	%
미분배(잠재력)		눈썰미	%
근력(힘)		손재주	%
체력(지구력)		개별 스킬(스킬 숙련도 & 경험치 %)	
지력(지능)			%
순발력(민첩)			%
공간 지각력			%
공격력			%
저항력(방어력)			%
회복력		인벤토리	
친화력(사회성)			
매력			
행운			
현재 걸려 있는 상태 이상			

4) ChatGPT를 활용한 동화 창작

키워드, 상황, 인물 묘사 등 원하는 조건을 입력하여 동화로 만들고, 수정, 각색한다. 동화에 어울리는 표지나 삽화를 AI로 만들어 볼 수도 있다. 이후 완성된 동화를 읽고 질문을 만들고 스스로 대답해 본다. "내 생각에는……."

(1) ChatGPT로 만든 그림책 콘티

예시 1 **고양이가 나오는 그림책의 콘티**

1장: 고양이의 아침 일상

- 고양이가 일어나서 눈을 비비며 느긋하게 늘어지는 모습
- 주인공 고양이가 아침 일상을 보여 주며 소소한 일상을 나열

2장: 고양이의 모험

- 고양이가 밖으로 나가 모험을 떠남
- 고양이가 집 근처에서 새로운 친구를 만남
- 둘이 함께 놀며 새로운 장소를 발견

3장: 고양이의 대결

- 고양이가 다른 동물과 대결을 하게 됨
- 대결에서 승리하여 자신감을 얻음

4장: 고양이의 휴식

- 고양이가 피곤해져 쉬는 모습
- 주인공 고양이가 편안하게 쉬는 모습을 보여 줌

5장: 고양이의 밤

- 고양이가 밤에 새로운 장소를 탐험함
- 놀이터에서 노는 모습을 보여 줌

6장: 고양이의 꿈

- 고양이가 잠을 자면서 꿈을 꿈
- 꿈에서 고양이가 미지의 세계에서 모험을 떠나는 모습을 보여 줌

7장: 고양이의 하루 끝

● 고양이가 마지막으로 자신의 집으로 돌아와서 쉬는 모습
● 고양이가 마지막으로 주인을 만나 인사를 하는 모습

예시 2 펭귄이 나오는 그림책의 콘티

1장: 펭귄의 일상

● 펭귄이 일어나서 아침 일상을 보여 줌
● 먹이를 먹고, 물에 들어가 놀며, 친구들과 놀이를 즐기는 모습을 보여 줌

2장: 펭귄의 모험

● 펭귄이 다른 동물들과 모험을 떠남
● 함께 놀며 새로운 장소를 발견하고, 새로운 친구들을 만남

3장: 펭귄의 대결

● 펭귄이 다른 동물과 대결을 하게 됨
● 대결에서 승리하여 자신감을 얻음

4장: 펭귄의 휴식

● 펭귄이 피곤해져 쉬는 모습을 보여 줌
● 친구들과 함께 쉬는 모습을 보여 줌

5장: 펭귄의 밤

● 펭귄이 밤에 새로운 장소를 탐험함
● 별을 보며 노는 모습을 보여 줌

6장: 펭귄의 꿈

● 펭귄이 잠을 자면서 꿈을 꿈
● 꿈에서 펭귄이 미지의 세계에서 모험을 떠나는 모습을 보여 줌

7장: 펭귄의 하루 끝

● 펭귄이 마지막으로 자신의 집으로 돌아와서 쉬는 모습을 보여 줌
● 주인공 펭귄이 마지막으로 친구들과 함께 인사를 하는 모습을 보여 줌

(2) ChatGPT로 만든 창작 동화와 질문

① 광장

옛날 어느 작은 마을에는 다양한 사람이 살고 있었어요. 그리고 그들은 모두 같

은 광장에서 만나게 되었죠. 그 광장에는 금지당하는 것이 있었는데, 그것은 바로 아이들의 놀이였어요.

그들은 광장에서 뛰어놀며 즐거움을 찾았지만, 어느 날 그들의 놀이가 금지되었어요. 이유는 광장에서 뛰어놀면 다른 사람들에게 피해를 줄 수도 있기 때문이었죠. 하지만 그러한 금지에도 불구하고, 어떤 아이들은 여전히 광장에서 뛰어놀았습니다. 그들은 금지를 어기고, 자신들의 즐거움을 위해 노력했어요. 그러나 어느 날, 그들은 이를 풀어 주는 사람을 만나게 되었습니다. 그 사람은 그들의 놀이를 이해하며, 금지를 푸는 방법을 찾았죠. 그는 그들에게 안전하게 놀 수 있는 장소를 제공해 주었습니다. 그리고 그 아이들은 그 장소에서 안전하게 뛰어놀며, 새로운 친구들을 만나고, 다양한 경험을 쌓았어요.

- 나에게 광장은 어디인가요?
- 나에게 놀이는 무엇인가요?
- 내게 금지된 것은 무엇인가요?
- 무언가를 금지당했을 때 나는 어떻게 되나요?
- 내가 가장 안전하고 편안하게 느끼는 곳은 어디인가요?
- 혹은 그러한 관계를 맺고 있는 사람은 누구인가요?

② 세상에서 가장 아름다운 옷

옛날 어느 작은 마을에는 100명의 재단사들이 살고 있었어요. 그들은 각자 다른 재능과 기술을 지니고 있는 옷 재단사였죠. 어느 날, 세상에서 가장 아름다운 옷을 짓는 대회가 마을에서 개최되었어요.

그 대회는 날씨와 관련된 주제로 열렸어요. 재단사들은 자연의 요소들을 표현하며 세상에서 가장 아름다운 옷을 만들어야 했어요.

첫 번째 재단사는 맑고 화창한 날씨를 표현하기 위해 옷에 푸른 하늘과 햇살을 담았어요. 그 옷을 입은 사람은 마치 하늘을 걷는 듯한 느낌을 받았답니다.

두 번째 재단사는 부드러운 바람과 함께 떠도는 구름을 옷에 녹여 내었어요. 그 옷을 입은 사람은 바람에 흔들리는 구름과 함께 자유로운 기분을 느낄 수 있었어요.

세 번째 재단사는 비 오는 날의 분위기를 담은 옷을 만들었어요. 옷에는 작은 빗방울이 떨어지는 장면이 그려져 있었어요. 그 옷을 입은 사람은 빗속에서 행복한 기분을 느낄 수 있었답니다.

네 번째 재단사는 천둥을 주제로 옷에 번쩍이는 번개 모양의 자수를 더했어요. 그 옷을 입은 사람은 마치 천둥을 품고 다니는 듯한 느낌을 받았어요.

다섯 번째 재단사는 번개를 주제로 옷에 번개 모양의 패턴을 새겼어요. 그 옷을 입은 사람은 움직일 때 번개가 번쩍이는 모습을 보여 주었어요. 사람들은 그 옷의 화려함에 감탄했어요.

여섯 번째 재단사는 옷에 비를 담은 소리 나는 장식을 달았어요. 소리 나는 장식은 비가 내리는 소리를 듣는 것처럼 착용자의 주위에서 빗소리를 내었어요. 사람들은 그 옷의 신비로움에 놀라움을 금치 못했어요.

마지막으로, 일곱 번째 재단사는 눈이 내리는 겨울의 아름다움을 옷에 담았어요. 옷에는 흰 눈송이가 흩날리는 장면이 그려져 있었어요. 그 옷을 입은 사람은 겨울의 신비로움과 아름다움을 함께 느낄 수 있었어요.

대회의 우승자는 누구일까요?

- 나라면 어떤 옷을 만들까요?
- 사람들에게 가장 필요한 옷은 어떤 옷일까요?
- 나는 주로 어떤 옷을 가장 많이 입나요?
- 나의 옷장에 가장 많은 색과 가장 적은 색은 무엇인가요?
- 내가 생각하는 아름다움은 무엇인가요?

③ 날씨 모자

옛날 어느 작은 마을에는 날씨를 제어할 수 있는 특별한 모자가 있었습니다. 이 모자를 쓰면 그 날씨와 관련된 감정을 느낄 수 있었답니다. 하지만 이 마법 모자를 착용하는 사람들은 감정을 다루는 법을 잘 몰랐고, 자신의 감정을 제어하지 못하는 일이 많았습니다. 어느 날, 작은 마을에 한 소녀가 왔습니다. 그녀는 마법 모자를 착용하고, 감정을 이해하고 다루는 마법을 배웠습니다. 그녀는 마을 사람들에게 자신의 지혜를 나누어 주었고, 함께 마법 모자를 사용하여 감정을 힐링할 수 있도록 가르쳐 주었습니다. 마을 사람들은 마법 모자를 착용하고, 감정을 느껴 보며 서로를 이해하고 돌봄의 마음을 나누었습니다. 그 결과, 마을은 평화롭고 행복한 곳이 되었고, 모두가 서로를 지지하며 어려움을 극복할 수 있게 되었습니다.

- 날씨에 따라 감정이 어떻게 변화하나요?
- 지금 내 기분을 날씨로 표현해 본다면?
- 나는 우울할 때 어떻게 하나요?
- 나는 화가 날 때 어떻게 하나요?
- 나는 질투가 날 때 어떻게 하나요?

④ 상인과 학자

먼 옛날 어느 마을에 상인과 학자라는 두 부류의 사람들이 있었습니다. 상인들은 부와 이익을 추구했고, 학자들은 지식과 진리를 추구했습니다. 어느 날부터 두 집단은 서로를 적대시하기 시작했고, 끊임없이 서로를 모욕하고 무시했으며, 이로 인해 마을에 심각한 갈등이 발생했습니다. 그러던 어느 날 마을에 현명한 노인이 나타났습니다. 그는 양쪽의 말을 듣고 상인과 학자 모두 고유한 강점과 약점을 가지고 있음을 깨달았습니다. 그는 두 그룹을 하나로 모으고 협력하도록 격려하기로 결정했습니다. 현명한 노인은 두 그룹 사이에 회의를 주선하고 다양한 문제에 대한 의견을 표현하도록 요청했습니다. 처음에는 서로를 의심하고 머뭇거렸지만 대화를 계속하다 보니 공통점이 많다는 걸 알게 됐습니다. 그들은 둘 다 마을과 주민들의 삶을 개선하기를 원했습니다. 학자들은 과학과 기술에 대한 지식을 공유했고 상인들은 비즈니스 전문 지식과 자원을 제공했습니다. 그들은 마을의 인프라, 교육 및 경제를 개선하기 위해 함께 일하기 시작했습니다. 시간이 지나면서 그들은 좋은 친구가 되었고 서로의 차이점을 존중하는 법을 배웠습니다. 상인들은 학자들의 지성과 헌신에 감사하는 법을 배웠고, 학자들은 상인들의 실용성과 지략에 감사하는 법을 배웠습니다. 그들은 그들의 차이점이 약점이 아니라 위대한 일을 성취하기 위해 결합될 수 있는 강점임을 깨달았습니다. 결국 그 마을은 번성했고 다른 마을들이 따라야 할 모범이 되었습니다. 상인과 학자는 마을의 두 기둥으로 알려지게 되었고, 서로에 대한 협력과 존중은 조화롭고 번영하는 사회를 만드는 데 도움이 되었습니다.

- 내가 경험해 본 대립과 갈등에는 어떤 것이 있나요?
- 나의 강점은 무엇인가요?
- 나의 약점은 무엇인가요?
- 나의 약점을 보완하는 방법은 무엇인가요?
- 서로의 차이를 존중하기 위해서는 어떤 태도와 연습이 필요할까요?

⑤ 야근과 스트레스

한때 행복하고 활기찬 마을이 있었어요. 그러나 어느 날 마을 주민들은 모두 힘이 떨어져 버리고 야근과 스트레스에 시달렸어요. 이에 마을의 혼란과 슬픔을 알아차린 한 소녀가 등장했어요. 소녀는 '에너지의 마법 약초'를 만들기 위해 약초를 모았어요. 그녀는 마을 주민 하나하나를 찾아가며 약초를 선물했어요. 이 약초는 힘과 활력을 되찾는 데 도움을 주었답니다. 그다음엔 '휴식의 음악 상자'를 만들었어요. 이 작은 상자를 열면 마음을 안정시키고 힘을 되찾을 수 있는 음악이 흘러나와요. 소녀는 마을 주민들에게 이 음악 상자를 선물하여 힘들 때마다 들을 수 있게 했어요. 마지막에는 '자연의 힘을 담은 그림'을 그렸어요. 이 그림을 보면 자연의 아름다움과 힘이 느껴져 마음이 편안해지는 거예요. 그림은 마을 곳곳에 걸려 주민들을 위로하고 힘을 불어넣어 주었답니다. 마을 주민들은 힘을 되찾아 서로를 도와주고 격려해 주었고, 마을은 다시 활기차고 행복한 곳이 되었어요.

- 언제 가장 스트레스를 받나요?
- 내가 가장 생기 넘치는 시간은 언제인가요?
- 스트레스를 풀기 위한 방법을 몇 가지나 갖고 있나요?
- 오래도록 이어 오는 취미가 있나요?
- 나는 무엇을 할 때 가장 편안함을 느끼나요?
- 내가 힘들 때 함께하는 사람은 누구인가요?

⑥ 외로움과 그리움

어느 날, 작은 고양이는 산책 중인 사람을 만났습니다. 그 사람은 고양이가 귀엽다고 생각했지만, 그날은 바빠서 고양이를 데려갈 수 없었습니다. 그 후, 고양이는 매일 그 사람을 기다렸습니다. 하지만 사람은 다시 돌아오지 않았습니다. 고양이는 외로웠지만, 사람을 기다리는 마음을 포기하지 않았습니다. 많은 시간이 흐른 후, 고양이는 다시 그 사람을 만났습니다. 사람은 고양이를 알아보지 못했지만, 고양이는 사람을 기억했습니다. 사람은 고양이가 왜 그를 따르는지 이해하지 못했습니다. 사람은 고양이가 자신을 기다렸다는 것을 깨달았습니다. 그래서 그는 고양이를 집으로 데려갔습니다. 그들은 절친이 되었고, 매일 함께 즐거운 시간을 보냈습니다. 그들의 우정은 영원했습니다. 그들은 서로를 위해 항상 있었고, 그들의 이야기는 많은 사람에게 행복을 전달했습니다.

- 바쁘다는 이유로 미루고 있는 것들이 있다면 무엇인가요?
- 내가 외로움을 느낄 때는 언제인가요?
- 친구란 나에게 어떤 존재인가요?
- 다시 만나고 싶은 그리운 사람이 있나요?
- 인연이 오래도록 이어지기 위해서는 어떻게 해야 할까요?

⑦ 세 요정 이야기

옛날 어느 마을에 바람, 빛, 그리고 구름의 요정이 살고 있었습니다. 이 마을은 아름다운 자연과 행복한 사람들로 가득 차 있었지만, 어느 날 갑작스런 재난에 직면했습니다.

어둠과 괴로움으로 가득한 시기가 시작되었습니다. 세 요정들은 절망에 빠진 마을에 희망을 되찾기 위한 동력이 되어 주기로 결심했습니다. 세 요정들은 마을 주민들에게 힘을 실어 주기 위해 마을을 돌아다니며 작은 기적을 일으키기 시작했습니다. 바람의 요정은 강력한 바람을 일으켜 마을 주민들을 괴롭히던 어둠을 쫓아내고, 햇빛은 마을을 밝게 비추며 고난을 빛으로 변화시키고, 따뜻한 빛과 에너지로 사람들에게 희망을 전하려고 했습니다. 구름은 비를 내려 마을의 땅을 살림으로써 희망의 싹을 심었습니다. 마을 주민들은 요정들의 노력에 감사하고, 서로 도움을 주며 힘을 합쳐 어려움을 극복했습니다. 그리고 어둠의 시기가 지나고 봄이 찾아왔을 때, 마을은 더욱 아름다워졌고, 주민들은 새로운 희망과 용기를 얻었습니다.

- 어떤 키워드로 만들어진 동화일까요?
- 동화를 읽는 동안 어떤 생각이 들었나요?
- 동화를 읽고 어떤 질문을 만들 수 있을까요?

⑧ 공포의 멧돼지

옛날에 한 동물 마을이 있었어요. 그 마을에 멧돼지가 살고 있었는데요, 멧돼지는 자기보다 약한 동물들을 괴롭히는 걸 즐겼어요. 처음에는 다른 동물들이 약한 동물들을 그저 안타깝게만 바라보았지만, 멧돼지의 괴롭힘은 점점 심해져 갔어요. 다른 동물들은 그의 행동을 무시하려 했지만, 멧돼지의 행동이 점점 더 심해지자 모두가 걱정하게 되었어요.

멧돼지는 이제 다른 동물들도 괴롭히기 시작했고, 동물 마을은 공포에 휩싸였어요. 그래서 동물들은 모두 모여 회의를 열었어요. 그들은 멧돼지의 행동을 어떻게 멈추게 할지 고민했어요. 마을의 지혜롭고 강한 사자가 말했어요. "우리 모두는 마을을 지키기 위해 힘을 합쳐야 합니다. 멧돼지에게 그의 행동이 얼마나 잘못되었는지 알려 주고, 더 이상 다른 동물들을 괴롭히지 않도록 해야 합니다."

그래서 동물들은 멧돼지를 찾아갔어요. 그들은 멧돼지에게 그의 행동이 얼마나 잘못되었는지, 그리고 다른 동물들이 얼마나 고통받았는지 이야기해 주었어요. 하지만 멧돼지는 사과도 하지 않고 그들의 말을 듣지 않았어요.

그래서 동물들은 또 다시 모여 멧돼지를 처벌하는 방법을 생각해 냈어요. 사자가 제안했어요.

"멧돼지가 다른 동물들을 괴롭히지 못하도록, 우리 모두가 멧돼지를 멀리합시다. 그리고 그에게 우리 모두가 필요한 것임을 알려 줍시다."

동물들은 그 제안을 받아들였고, 모두가 멧돼지를 멀리했어요. 멧돼지는 처음에는 신경 쓰지 않았지만, 점차 외로워지고 친구가 없다는 것을 느꼈어요. 그래서 결국 멧돼지는 그의 잘못을 깨달았고, 동물들에게 사과했어요.

그 이후로 멧돼지는 다른 동물들을 괴롭히지 않았고, 동물 마을은 다시 평화를 찾았답니다.

- 어떤 키워드로 만들어진 동화일까요?
- 동화를 읽는 동안 어떤 생각이 들었나요?
- 동화를 읽고 어떤 질문을 만들 수 있을까요?

⑨ 잔소리하는 요정, 조언하는 요정 그리고 충고하는 요정

옛날에 세 명의 요정이 있었어요. 잔소리하는 요정, 조언하는 요정 그리고 충고하는 요정이었죠. 그들은 모두 사람들이 행복하게 살 수 있도록 도와주는 일을 맡았어요. 어느 날, 장난꾸러기 소년 토미가 나타났어요. 토미는 학교에서 집중하지 않았고, 그로 인해 성적도 좋지 않았어요. 요정들은 토미가 자신의 미래를 위험에 빠뜨릴 수 있다는 것을 깨닫고, 그를 돕기로 결정했어요. 먼저, 잔소리하는 요정이 토미에게 찾아갔어요. 그녀는 토미에게 학교에서 집중해야 한다고 잔소리했어요. 하지만 토미는 그녀의 말을 듣지 않았어요. 그는 잔소리를 듣는 것이 싫었기 때문이죠. 그다음, 조언하는 요정이 토미에게 찾아갔어요. 그녀는 토미에게 학교에서 집중하지 않으면 미래에 어려움을 겪을 수 있다며 조언했어요. 하지만 토미는 그녀의 말을 반만 듣고, 나머지는 무시했어요. 마지막으로, 충고하는 요정이 토미에게 찾아갔어요. 그녀는 토미에게 학교에서 집중하지 않으면 대학에 가기 어려울 수 있고, 우주비행사가 되기 힘들 수 있다며 충고했어요. 이 두 가지는 토미가 꿈꾸는 것들이었어요. 사실 토미는 어릴 때부터 우주를 탐사하는 우주비행사가 꿈이었어요. 그는 우주의 무한한 가능성을 탐구하고 싶었고, 그것이 그에게 흥분을 주었기 때문이죠. 토미는 이 충고에 깜짝 놀라 자신이 어떻게 해야 할지 고민하기 시작했어요. 그날부터 토미는 학교에서 집중하기 시작했어요. 그리고 그는 잔소리하는 요정의 말이 자신을 보호하려는 것, 조언하는 요정의 말이 자신을 이해하려는 것, 충고하는 요정의 말이 자신을 미래로 안내하려는 것이라는 것을 깨달았어요. 그는 이 세 가지 모두가 자신의 성장을 돕는 중요한 요소라는 것을 이해했어요. 그리고 그는 더 나은 학생이 되었고, 자신의 꿈인 우주비행사가 되는 데 한 걸음 더 다가갔어요. 그리고 무엇보다도, 행복해졌어요.

- 어떤 키워드로 만들어진 동화일까요?
- 동화를 읽는 동안 어떤 생각이 들었나요?
- 동화를 읽고 어떤 질문을 만들 수 있을까요?

⑩ 늦장부리 왕자

왕국의 왕자 '늦장부리'는 미루는 습관 때문에 왕국의 모든 일을 미루곤 했어요. 하지만 어느 날, 왕국이 위기에 처하게 되었어요. 악당 '마감몬스터'가 왕국을 공격하려고 했기 때문이죠.

늦장부리 왕자는 이것을 알고, "이번에는 미룰 수 없어! 나의 왕국을 지키기 위해 싸워야 해!"라고 생각했어요. 그런데 그의 미루는 습관이 다시 나타났어요. '내일이면 충분히 싸울 수 있을 거야……'라고 생각하며, 그는 다시 미루었어요.

평소에도 늦장부리 왕자의 미루는 습관 때문에 왕국의 모든 일이 늦어지곤 했어요. 이로 인해 왕국의 농사는 망치고, 건물은 무너지고, 사람들은 배가 고프고 힘들었답니다.

그런데 그가 미루는 습관 때문에 마감몬스터와의 전투도 미루게 되자, 마감몬스터는 더욱 강해져서 왕국을 공격했어요. 마감몬스터는 왕국의 모든 것을 먹어치우려 했고, 이로 인해 백성들은 더욱 큰 고통을 겪었답니다. 그러자 늦장부리 왕자의 친구 '행동하는 토끼'가 말했어요.

"늦장부리 왕자야, 너의 왕국이 위험해! 너의 미루는 습관 때문에 모두가 고통받고 있어. 이제 그만 미루고 행동해야 해!"

사실 왕자는 자신의 행동이 백성들에게 얼마나 큰 불편을 주는지 인지하지 못하고 있었어요. 토끼의 말을 듣고서야 그의 행동이 왕국에 어떤 영향을 끼치는지 깨닫게 되었답니다. 그의 미루는 습관이 모두에게 얼마나 큰 문제가 되고 있는지를 말이죠. 그래서 그는 결심했어요.

"나는 이제 미루지 않을 거야. 나의 왕국을 지키기 위해 지금 당장 행동할 거야!"

그리고 늦장부리 왕자는 마감몬스터와 대결하기 위해 무장을 장착하고, 왕국의 군대를 이끌고 싸웠어요. 그의 용기와 행동력은 마감몬스터를 물리치는 데 성공했어요.

그날 이후로 늦장부리 왕자는 미루는 습관을 버리고, 언제나 적시에 일을 처리하게 되었어요. 그리고 그의 왕국은 평화를 되찾았고, 모두가 행복하게 살았답니다.

- 어떤 키워드로 만들어진 동화일까요?
- 동화를 읽는 동안 어떤 생각이 들었나요?
- 동화를 읽고 어떤 질문을 만들 수 있을까요?

제**8**장

그림 없는
그림 동화

그림 없는 그림 동화

1. 그림 없는 그림 동화란

'그림 없는 그림 동화'는 여백을 채워 완성하는 이야기이다. 그림과 글을 채우면서 미완성의 그림 없는 그림 동화가 글과 그림이 어우러진 하나의 작품으로 완성된다.

'그림 없는 그림 동화'는 종종 하얀 스케치북이나 텅 빈 문서 화면에 무언가를 채우는 것에 막연한 걱정과 공포심을 갖는 이들에게 도움이 된다. 빈 스케치북이 부담스러운 이에게 종이에 테두리를 그려 주어 그 부담을 줄여 주는 것과 같이, 글의 테두리를 둘러 주면서 '해 볼 만한' 여백을 제시하기 때문이다. 이를 통해 내담자는 안전하고 손쉽게 작가가 되는 체험과 성취감을 얻을 수 있게 된다. 그러나 사실 이 작업은 주어진 틀이 있다는 점에서 내담자가 온전한 창조자가 되지는 않는다. 내담자가 작가로서 할 수 있는 표현의 영역을 비워 두고 있지만, 그 밖에 주어진 틀은 어떤 목적을 향해 전체적인 흐름을 유도하기 때문이다.

그래서 '그림 없는 그림 동화'는 주제 제시를 통한 동화치료의 갈래에 속한다고 할 수 있다. 주제 제시를 통한 동화치료는 독자가 자기 자신을 표현하는 것에 있어서 부담을 상당히 줄여 주면서, 해결 중심적인 성격을 갖는다.

'그림 없는 그림 동화'는 동화 읽기를 통한 동화치료보다는 직접적이고, 동화 창작을 통한 동화치료보다는 간접적으로 문제에 접근한다. 때문에 해결중심상담이나 문제행

동중재, 인지수정 등의 과정에서 활용하기 좋으며, 읽기와 창작 사이를 연결하는 중간
과정으로서 장점이 있다.

시중에 나와 있는 창의, 미술, 심리 워크북들과 '그림 없는 그림 동화'는 주제를 주고
그림이나 글로 자기 생각이나 느낌을 표현하도록 한다는 점에서 유사하다. 대개의 워
크북이 면마다 다른 주제를 단편적으로 제시하는 데 비해, '그림 없는 그림 동화'는 연
속된 장면 속에 개인이 가진 다양한 생각과 느낌을 표현하며, 이야기를 관통하는 하나
의 주제에 의해 각 장면이 하나로 완성되고 통합된다는 차이점이 있다.

2. 그림 없는 그림 동화의 구성

'그림 없는 그림 동화'는 기본적으로 그림책과 같은 구성을 취하며, 그림이 들어갈 자
리가 비워져 있을 뿐으로 글만 있는 동화와는 차이가 있다.

'그림 없는 그림 동화'는 크게 괄호형과 완성형으로 나뉜다.

괄호형은 이야기의 틀을 제시하고 괄호를 채워 이야기를 완성하는 방식으로, 내담자
에 따라 개성 있는 동화가 완성될 수 있다. 그러나 빈칸을 중심으로 이야기 전개를 파악
하고 적절한 구문을 넣어야 하므로 문장 흐름에 대한 이해가 필요하며, 구문의미 이해
력이 낮은 내담자의 경우에는 전체 줄거리에 대한 지도가 필요할 수 있다.

완성형은 빈칸 없이 완전한 글을 제시하고, 핵심 단어나 주제 또는 지시문에 따라 그
림을 표현한 뒤에 동화감상치료와 같이 활동을 확장하는 형태이다. 누구나 동일한 이
야기로 진행하지만 활동을 확장하며 내담자 자신의 이야기를 유도할 수 있다.

'그림 없는 그림 동화'에서는 그림책과 같이 모든 장면을 그림으로 그릴 수도 있지만,
경우에 따라 삽화와 같이 표현하고 싶은 특정 장면 몇 개만 표현할 수 있다. 또는 책의
지면에서 벗어나 조형이나 동작 등의 표현으로 확장하는 것도 좋다. '그림 없는 그림 동
화'를 진행하며 마음속에 떠오른 심상을 표현하는 것 자체가 활동의 중심이 되어야 한
다. 입체적인 작업을 책으로 완성하고자 한다면 사진이나 스케치로 현실세계의 표현을
지면으로 옮기면 될 것이다.

3. 코딩의 원리를 반영한 이야기

'그림 없는 그림 동화'의 괄호형 이야기는 코딩의 원리를 반영하고 있다. 이야기 속 빈칸을 제시할 때 같은 단어가 들어가야 할 부분은 같은 기호를 붙여 구분하고 있으며, 이야기의 구조는 같지만 빈칸에 들어가는 내용에 따라 이야기가 천차만별로 달라진다.

4. 그림 없는 그림 동화의 활용

첫째, '그림 없는 그림 동화'는 한 가지 테마로 여러 회기를 진행할 수 있다.

둘째, 괄호 뒤의 조사가 알맞지 않은 경우에 원하는 표현을 쓰고 기존 조사를 지운다.

셋째, 내담자가 그림으로 무엇을 표현해야 할지 모르는 경우에 상담자는 표현해야 할 핵심 단어를 제시할 수 있다.

넷째, 내담자의 그림 표현이 서툰 경우에 상담자는 동그라미, 세모, 네모와 같은 기본 도형을 응용한 '쉬운 그리기'를 지도하여 내담자의 표현을 도울 수 있다.

다섯째, 내담자가 그림의 시작을 어려워하는 경우에 상담자는 여백에 테두리를 그리거나, 표현해야 할 내용의 일부를 점, 선, 면, 도형, 형태 등으로 간단히 제시함으로써 내담자의 부담을 줄여 준다.

여섯째, 반복해서 나오는 주인공 등은 복사하거나 스캔해서 잘라 붙여 콜라주 형식으로 면을 채울 수 있다. 스캔한 그림을 라벨지에 인쇄하면 깔끔하게 표현할 수 있다.

5. 태초에 내가 있었어

1) 신화에 반영된 원형

분석심리학에서는 신화를 집단 무의식의 거울이라고 부르면서, 신화는 인간 정신의 무의식적 원형이 시대적·문화적으로 정교화된 표상이라 할 수 있다고 말한다. 신화에는 대지모, 영웅, 현자, 예언가, 어린아이, 용, 천사, 악마, 동굴, 해, 달, 별, 천둥번개, 물 등 우주적인 대상부터 인간적인 대상까지 다양한 원형이 등장한다. 신화 속의 원형과 자신을 동일시하고 또 이를 탈피하는 과정에서 무의식을 의식화하고 통합하게 되며, 이를 통해 자기 자신에 대해 더 잘 이해하고, 의식적으로 변화를 이루며 인격의 발달을 촉진할 수 있다.

2) 자기 신화 만들기

'태초에 내가 있었어'를 통해 내담자는 스스로 신이 되어 하나의 세상을 창조하며 자기 신화를 써 내려간다. '태초에 내가 있었어'는 세상을 창조하는 창세신화와 세상을 대표하는 세 부족의 영웅신화로 구성되어 있다.

창세신화는 우주와 세계를 구성하는 다양한 원형과 자기 자신을 연결하도록 한다. 그리고 이야기가 진행되면서 신화 속의 인간이 세상의 압박에 어떻게 반응하는지, 그 결과로 어떤 새로운 미래가 발생하고, 어떻게 살아가야 할지에 대해 서술하도록 되어 있다.

영웅신화는 영웅의 탄생, 성장, 특별한 힘과 위기와 시련, 극복의 과정으로 구성되어 있다. 영웅신화는 창세신화보다 더 인간적이고 주체적인 이야기로 완성된다.

각 장면당 핵심 내용과 관련한 지시문이 제시되어 있어 삽화 형식으로 그림을 채운다. 창세신화와 영웅 일대기의 서사 구조 안에 반영된 이야기를 돌아보며 내담자는 자기에 대해 보다 깊이 생각하고 이해하는 단서를 얻을 수 있다.

태초에
내가 있었어

글 · 그림 _____

어둠 속에서
내가 처음 만난 세상은   어떤   세상이었어.
작은 세상은 점점 자라서   어떤   세상이 되었어.

이 세상에
내   무엇   을/를 닮아 하늘이 생겼지.
내   무엇   을/를 닮아 해가 되고,
내   무엇   을/를 닮아 달이 되었지.
내   무엇   을/를 닮아 별이 되었고,
내   무엇   을/를 닮아 땅이 생겼지.
내   무엇   을/를 닮아 산이 솟아오르고,
내   무엇   을/를 닮아 강이 흘렀고,
내   무엇   을/를 닮아 바다가 되었지.
내   무엇   을/를 닮아 길이 생겼지.

<내가 처음 만난 세상은?>

<완성된 나의 세상>

내가 만든 세상을 가만히 보다 보니,

뭔가 허전한 느낌이 들었어.

그래서 나는 세상에 영혼을 불어넣고, 생명의 씨앗을 심었어.

많은 생명을 이 세상에 살게 했지.

나의 마지막 씨앗에서 태어난 _____무엇_____ 은/는

점점 늘어나 부족과 국가를 이루며 세상을 대표하게 되었지.

그렇게 나의 세상이 완성되었어.

<내 기분에 따라 춤추는 세상>

처음에 나를 닮은 세상은 내 기분에 따라 춤을 췄지.

내가 기쁘면 _____ .

내가 슬프면 _____ .

내가 화나면 _____ .

내가 즐거우면 _____ .

내가 힘들면 _____ .

내가 아프면 _____ .

내가 부끄러우면 _____ .

내가 고통스러우면 _____ .

내가 행복하면 _____ .

<그들이 보는 나>

나는 때때로 그들을 돕기도 하고, 휘두르기도 했어.

그래서 이 세상에 사는 생물들은 ＿＿＿＿＿ 어떻게 ＿＿＿＿＿ 살았어.

그들은 나를 ＿＿＿＿＿＿＿＿＿＿ 라고 불렀고,

나를 위해 ＿＿＿＿＿＿＿＿＿＿＿＿＿＿＿＿＿ 했지.

나는 그들이 ＿＿＿＿＿＿＿＿＿＿＿＿＿＿＿＿＿ .

그래서 ＿＿＿＿＿＿＿＿＿＿＿＿＿＿＿＿＿＿＿ 했어.

나의 세상은 그들이 있어서 ＿＿＿＿＿＿＿＿＿＿＿ .

〈내가 좋아한 것과 싫어한 것〉

나는 그들이 살아가는 걸 가만히 지켜보았어.

시간은 흐르고 세상은 변해.

이제 세상에는 아주 많은 것이 존재하게 되었어.

태초의 내가 만들지 않은 것들도 아주 많았지.

그중에 이 세상에서

처음부터 변하지 않고 존재하는 것은 _____ 무엇 _____ 이고,

나타났다 사라진 것은 _____ 무엇 _____ 이며,

내가 좋아한 것들은 _____ 무엇 _____ 고,

싫어한 것들은 _____ 무엇 _____ 였어.

<내 목소리를 들은 존재는 누구일까요?>

저들끼리 모이고 흩어지길 반복하며

마침내 세상은 처음처럼 내 뜻대로 되지도,

나의 기분에 따라 춤추지도 않게 되었어.

이런 세상에서 앞으로도 이들이 잘 지낼 수 있을까?

계속해서 많은 것이 생겨날 텐데.

나는 문득 그들에게 말을 걸고 싶었어.

나는 내 목소리를 들을 수 있는 누군가를 찾았지.

마침내 나를 알아챈 누군가를 찾았을 때 나는 말했지.

들어라, 나의 _____ .

너희 앞에는 _____

_____

_____ .

그러니 너희는 _____

_____

_____ .

그리하면 _____ 리라.

그렇게 세상은 _____ .

태초에 내가 있었어.

그리하여 지금 여기,

이 세상의 이름은 ＿＿＿＿＿＿＿＿＿＿＿＿＿＿＿＿ 이고,

신의 이름은 ＿＿＿＿＿＿＿＿＿＿＿＿＿＿ 라고 해.

⟨세상의 영웅들⟩

이건 내 세상의 영웅에 대한 이야기야.

내가 세상을 만들 때,

가장 마지막에 심은 생명의 씨앗은 이 세상을 대표하는 생물이 되었고, 그들은 셋으로

나뉘어 세상을 살아갔단다.

처음으로 ▲ _____ 이/가

　　　　　　　　　　　　　어디 _____ 에 자리를 잡고,

두 번째로 ■ _____ 이/가

　　　　　　　　　　　　　어디 _____ 에 자리를 잡고,

세 번째로 ● _____ 이/가

　　　　　　　　　　　　어디 _____ 에 자리를 잡았단다.

나는 그들 누구에게나 특별한 능력을 주었어.

그건 아주 오래도록 그들의 영혼에 머물며 그들을 지켜 줄 힘이었지.

먼 훗날 피가 흐려져 그들이 스스로의 힘을 잊을 때가 올지도 몰라. 하지만 나는 그때가 오

더라도 그들의 영혼만은 잊지 않도록 영혼 깊숙이 이 힘을 새겨 두었어.

▲ _____ 부족은

이 세상의 _____ 을/를 차지했어.

그들이 지닌 능력은 _____무엇_____ 이야.

▲ _____ 부족 제일의 영웅은

_____ 시대 ____어디____ 에서 태어났지.

영웅의 이름은 ☆ _____ .

☆ _____ 은/는 ____어떻게____ 생겼어.

☆ _____ 은/는 다른 부족원과

_____ 점은 같았지만, _____ 점은 아주 달랐어.

☆ _____ 의 성격은 _____ .

☆ _____ 의 능력은 _____ .

☆ _____ 에게는

____어떤____ _____ 시련이 있었고,

그 시련을 통과하기 위해 ____어떻게____ 했어.

☆ _____ 이/가 가장 위기에 처했던 것은

____언제____ 이고,

____무엇____ 의 힘으로 시련에서 벗어났어.

그리고 마침내 ▲ _____ 부족은 ☆ _____ 의 인도

에 따라

지금은 ____어떻게____ 살고 있단다.

〈▲　　　　　부족의 영웅〉

■ _____ 부족은

이 세상의 _____ 을/를 차지했어.

그들이 지닌 능력은 _____무엇_____ 이야.

■ _____ 부족 제일의 영웅은

_____ 시대 ____어디____ 에서 태어났지.

영웅의 이름은 ◇ _____ .

◇ _____ 은/는 ____어떻게____ 생겼어.

◇ _____ 은/는 다른 부족원과

_____ 점은 같았지만, _____ 점은 아주 달랐어.

◇ _____ 의 성격은 _____ .

◇ _____ 의 능력은 _____ .

◇ _____ 에게는

____어떤____ 시련이 있었고,

그 시련을 통과하기 위해 ____어떻게____ 했어.

◇ _____ 이/가 가장 위기에 처했던 것은

____언제____ 이고,

____무엇____ 의 힘으로 시련에서 벗어났어.

그리고 마침내 ■ _____ 부족은 ◇ _____ 의 인도에

따라 지금은 ____어떻게____ 살고 있단다.

〈■   부족의 영웅〉

● _____ 부족은

이 세상의 _____ 을/를 차지했어.

그들이 지닌 능력은 _____무엇_____ 이야.

● _____ 부족 제일의 영웅은

_____ 시대 ____어디____ 에서 태어났지.

영웅의 이름은 ◎ _____ .

◎ _____ 은/는 ____어떻게____ 생겼어.

◎ _____ 은/는 다른 부족원과

_____ 점은 같았지만, _____ 점은 아주 달랐어.

◎ _____ 의 성격은 _____ .

◎ _____ 의 능력은 _____ .

◎ _____ 에게는

_____어떤_____ 시련이 있었고,

그 시련을 통과하기 위해 _____어떻게_____ 했어.

◎ _____ 이/가 가장 위기에 처했던 것은

_____언제_____ 이고,

_____무엇_____ 의 힘으로 시련에서 벗어났어.

그리고 마침내 ● _____ 부족은 ◎ _____ 의 인도에

따라 지금은 _____어떻게_____ 살고 있단다.

〈●   부족의 영웅〉

⟨질문하기⟩

1. 태초에 내가 있었어

- 내 세상의 최고의 축복 세 가지는 무엇이었을까?

- 내 세상의 최악의 재난 세 가지는 무엇이었을까?

- 내 세상의 장점은 무엇일까?

- 내 세상의 단점은 무엇일까?

- 내 세상의 숨겨진 자원은 무엇일까?

- 내 세상에 사는 생명들의 바람으로 작은 신들이 태어났다면, 어떤 신들이 무슨

  역할을 했을까?

- 내 세상의 사후세계는 어떤 곳일까?

- 시간을 되돌릴 수 있다면, 언제로 돌아가는 게 좋을까?

- 내 세상은 앞으로 어떻게 될까?

2. 세상의 영웅들

- 세 부족의 전성기는 언제였을까?

- 지금 세 부족의 관계는 어떨까?

- 세 부족에게 가장 필요한 것은 무엇일까?

- 앞으로 세 부족은 어떻게 될까?

- 나와 가장 닮은 부족은 어느 부족일까?

- 나와 영웅의 공통점과 차이점은 무엇일까?

- 내게 지금 필요한 영웅은 어떤 영웅일까?

6. 담장을 넘어온 나뭇가지

1) 지금 이 감정은 누구의 것인가

'오성과 한음' 이야기 중에 유명한 일화로 감나무 이야기가 있다. 오성의 집에 있는 감나무 가지가 옆집 대감댁으로 담을 넘어 뻗어 있었다. 가을이 되어 감이 열리자 오성은 하인들에게 옆집 대감댁으로 뻗은 가지에 있는 감을 따 달라 하였는데, 감을 따고 보니 대감댁 하인들이 자기네 감을 왜 따느냐며 감을 가져가지 못하게 했다.

그러자 오성이 대감댁 하인들이 주인을 믿고 자신을 무시했다고 여겨 대감을 찾아갔다. 그리고 대감의 방 앞에 가서는 대뜸 창호지를 뚫고 주먹을 밀어 넣은 뒤 무례에 대한 벌은 나중에 받겠으니 이 팔이 누구의 것인지 먼저 대답해 주기를 원했고, 대감은 당연히 그 팔은 오성의 것이라고 하였다. 그러자 오성은 "그러면 대감님 댁으로 넘어온 감나무는 누구의 것입니까?" 하고 물었고, 대감은 그 또한 오성의 감나무라고 답했다. 오성이 하인들의 행태를 고하자 대감은 대신 사과했고, 이것이 인연이 되어 훗날 대감댁 손녀와 혼인하게 되었다고 한다.

〈담장을 넘어온 나뭇가지〉는 이 이야기를 모티브로 만들어진 동화이다. 멋대로 담을 넘어온 나뭇가지에 탐스럽고 먹음직스런 열매가 달려있을 때 우리는 어떻게 반응할까? 그 가지에서 달콤한 열매가 아니라 고약한 냄새가 나는 열매나 벌레, 낙엽이 끊임없이 떨어져 내 담장 안을 어지럽힌다면 또 어떻게 할까?

이 이야기는 특히 타인의 감정에 쉽게 휘둘리는 이들에게 질문을 던진다. 지금 이 감정은 누구의 것인가? 나를 향해 쏟아지는 상대방의 감정에 나는 잘 대처하고 있는가? 내 것이 아닌 감정에 휘둘리고 있지는 않은가? 혹은 자신의 감정을 담 너머로 쏟아 내고 있지 않은가?

내담자는 〈담장을 넘어온 나뭇가지〉의 빈칸을 채우고 질문에 답하며 자신이 인간관계에 대처하는 방식을 점검할 수 있다.

담장을 넘어온
나뭇가지

글 · 그림 _____

담장이 있어.

담장 너머에는 다른 집이 있어.

그 집에는 커다란 나무가 있는데,

담장에 바짝 붙어 자란 나머지

어느 날부턴가

가지가 담장을 넘어오게 되었어.

〈나의 담장은 어떻게 생겼나요? 담장 너머는 어떻게 보이나요?〉

가지는 너무나 귀찮았어.

벌레도 살고,

잎도 떨어지고,

나를 귀찮게 하고,

힘들게 했지.

<나뭇가지가 담장을 넘어와서 담장이 어떻게 되었나요?>

하지만 꽃이 필 땐 예뻤고,

여름의 그늘은 시원했고,

가을의 낙엽은 운치 있고,

겨울의 눈꽃은 아름다웠어.

그래서 담장은 관리가 필요했어.

나는 가지 아래

내 자리를 만들었지.

〈담장 앞에 만든 내 자리를 표현해 보아요〉

그런데 말이야.

가지에 열매가 열리기 시작한 그해부터

이웃 사람이 자꾸만

뭐라고 하는 거야.

나만 보면

                                                    하고는 해.

내가 그 자리에 있기만 하면 말이야,

어느새 나타나거든.

<이웃 사람은 어떤 사람인가요?>

어제는 내가 말을 걸려고 했는데,

다짜고짜 꺼지라고 하더라고.

아마

때문인 것 같아.

이럴 때마다

나도 기분이 바뀌곤 해.

<이웃 사람을 대하는 나의 모습은 어떤가요?>

이것 봐.

담장을 넘어온 나뭇가지는

누구의 것일까?

나를 향해 화내는 마음은

누구의 것일까?

다른 사람을 바꾸는 건 참 힘든 일이야.

담장을 넘어온 화를 피하기 위해 나는

_____

                                          할 거야.

그러면 분명 담장에도 평화가 오겠지?

〈담장에 찾아온 평화를 표현해 보아요〉

⟨질문하기⟩

1. '담'이라고 하면 무엇이 가장 먼저 떠오르나요?

2. 누군가와 관계를 끊거나, 무언가에 관심을 끊고 관여하지 않는 것을 "담을 쌓는다." 또는 "벽을 쌓는다, 벽을 친다."라고 해요. 나는 무엇에 담을 쌓아 본 적 있나요? 왜 그랬나요?

3. 내가 쌓은 담은 어떨 때 무너지나요?

4. 나는 타인의 어떤 점에 민감한가요?

5. 나에게 주로 영향을 주는 사람은 누구인가요?

6. 나는 누구에게 어떤 좋은 영향을 받았나요?

7. 나는 누구에게 어떤 나쁜 영향을 받았나요?

8. 타의에 의해 내가 바뀌어야 했던 것은 언제인가요? 그것이 나의 어떤 점에 계속 영향을 주고 있나요?

9. 나는 타인에게 어떤 영향을 주고 있을까요?

10. 내가 생각하는 '선을 넘는 행동'에는 무엇이 있나요?

11. 누군가 내가 그은 '선'을 넘으면 어떻게 하나요? 그렇게 한 뒤에는 기분이 어떤가요?

12. 나는 평상심을 찾기 위해 주로 어떻게 하나요?

13. 다른 사람의 '선'을 넘어 본 적 있나요? 그럴 때 나는 어떻게 하나요?

14. 타인이 보는 내 담장의 뒷면은 어떻게 생겼을까요?

15. 나는 타인의 감정에 어떻게 반응하나요?

16. 이야기에 나오는 상황이나 감정과 비슷한 경험이 있나요?

상황	
당시의 생각	
당시의 느낌	
당시에 한 말	
당시의 행동	
당시의 결과	

17. 다시 같은 상황이 온다면 어떻게 하는 것이 좋을까요?

대처사고 (이렇게 생각하자)	
대처언어 (이렇게 말하자)	
대처행동 (이렇게 행동하자)	

7. 브레이브는 동물 마을에 살아

1) 치료교육을 위한 이야기

〈브레이브는 동물 마을에 살아〉는 '그림 없는 그림 동화'가 시작된 첫 번째 동화이며, 학대, 학교폭력 및 성폭력 예방, 심리치료를 목적으로 만들어졌다. 〈브레이브는 동물 마을에 살아〉는 이야기 속에서 내담자가 주변인과의 관계를 어떻게 인식하고 있는지 점검할 수 있으며, 친한 관계에서도 얼마든지 나쁜 비밀이 생길 수 있음을 알게 하고, 나쁜 비밀이 생겼을 때 어떻게 대처하는 것이 좋은지 생각해 볼 수 있게 한다. 부록으로 치료적 질문, 안전교육, 활동 가이드 및 인지행동시트를 포함하고 있다.

2) 이름의 의미

〈브레이브는 동물 마을에 살아〉는 '용기'라는 뜻의 이름을 가진 주인공 '브레이브'가 친한 동물과의 사이에서 나쁜 비밀이 생겨 어떻게 변화하고, 그 비밀을 어떻게 해소하는지에 관한 내용이다. 영어를 모르는 내담자, 혹은 주인공의 이름에 큰 의미를 부여하지 않고 활동을 진행한 내담자에게 활동 종료 후 주인공 이름이 '용기(Brave)'임을 알려주고 어떤 생각과 느낌이 드는지 이야기해 볼 수 있다.

3) 〈브레이브는 동물 마을에 살아〉 진행 사전 · 사후 DAS

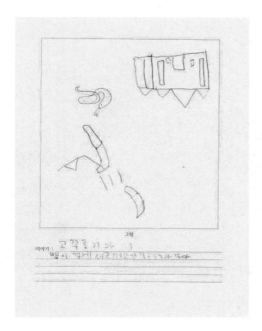

사전

사후

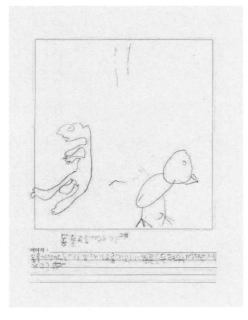

사전

사후

사전   사후

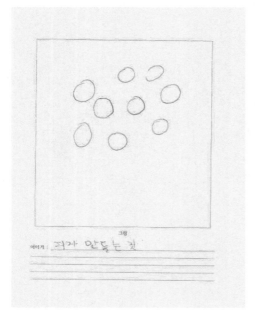

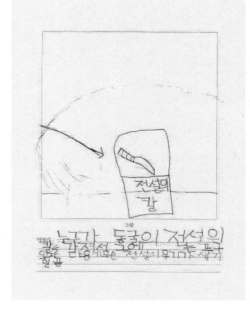

사전   사후

브레이브는
동물 마을에 살아

글 · 그림 _____

브레이브는 동물 마을에 살아.

동물 마을에는 아주 다양하고,

많은 동물이 살아.

특히 친한 동물도 있고,

아예 모르는 동물도 있지.

좋아하는 동물도 있고,

싫어하는 동물도 있어.

〈동물 마을 친구들을 표현해 보아요〉

어느 날 브레이브는

친한 동물 중 하나에게 초대를 받았어.

브레이브를 초대한 건 바로

▲ ＿＿＿＿＿＿＿＿＿＿＿＿＿＿ 였지.

▲ ＿＿＿＿＿＿＿＿＿＿＿＿＿＿ 는 브레이브에게 할 말이 있다고

자기 동굴로 와 달라고 했어.

그런데 어쩐지 '올래' 오라지 뭐야.

브레이브는 ▲ ＿＿＿＿＿＿＿＿＿＿ 의 동굴에 갔어.

▲ ＿＿＿＿＿＿＿＿＿＿ 의 말대로 올래.

고민을 들어 주는 건 ＿＿＿＿＿＿＿ 거든.

동굴 안에서 ▲ ＿＿＿＿＿＿＿＿ 가 브레이브를 반갑게 불렀어.

이때까지만 해도 브레이브의 기분은 ＿＿＿＿＿＿＿ 어.

동굴은 캄캄했지만, 브레이브는 천천히 동굴 안으로 들어갔지.

브레이브가 사라진 뒤, 동굴 밖으로는 한동안

아무 소리도 들리지 않았어.

동굴은 한참 동안 어둠에 덮여 있었어.

동물 마을 주민들은 동굴을 스쳐 지나갔어.

아무도 거기에 브레이브가 있을 거라는 건 몰랐지.

<동굴의 모습을 표현해요>

얼마 뒤에 브레이브가 동굴에서 나왔어.

브레이브에게 동굴 안은 ＿＿＿＿＿＿＿＿＿.

동굴에서 나올 때 ▲ ＿＿＿＿＿＿ 가 말했어.

"오늘 동굴에 온 것은 '비밀'이야.

네가 만약 비밀을 지키지 않으면, ＿＿＿＿＿ 할 테다!"

그래서 브레이브는 아무에게도 동굴에 다녀온 걸 말하지 않았어.

왜냐하면 ＿＿＿＿＿＿＿＿＿＿＿.

〈회오리 그림으로 동굴에 들어갈 때와 나올 때의 느낌을 표현해요〉

그 뒤로도 ▲ _____ 는 종종 브레이브를 동굴로 부르곤 했어.

동굴에 다녀오면 브레이브의 기분은 _____ 했어.

한 번씩 그 생각이 나면, _____ 했지.

브레이브는 그래도 비밀을 지켰어.

'동굴은 비밀이야. 말하면 안 돼.'

언젠가부터, 브레이브는 화가 나면 _____ 했고,

불쾌하면 _____ 했어.

그러면 종종 _____ 되거나, 방이 엉망이 되거나, 누군가 울음을 터뜨렸어.

<동굴에 다녀온 뒤 브레이브의 변화한 표정을 표현해요>

브레이브는 당연히 혼이 났지.

"내 잘못이 아니야!"

하지만 어질러진 방을 정리하는 건 언제나 브레이브가 해야 할 일이었어.

미안하다고 사과도 해야 했지.

"다들 왜 나만 혼내는 거야! 나는 나쁘지 않아!"

브레이브는 화가 났어.

다들 ▲＿＿＿＿＿＿＿＿＿＿＿ 한테는 그러지 않으면서!

브레이브가 왜 '내 잘못이 아니'라고 하는지 아무도 몰랐어, 아무도.

〈화내고 억울해하는 브레이브의 얼굴을 표현해요〉

하지만…… 정말 억울하지만

사실 방을 어지럽히거나 친구를 울린 건

▲   가 아니라 브레이브가 한 거니까.

브레이브가 책임져야만 해.

마찬가지로 ▲   는

▲   가 한 일에 반드시 책임을 져야 하지.

단지, ▲   가 야비하게 숨어 있는 사이,

브레이브가 쓴 반성문만 10장은 될 거야.

브레이브는 점점 외톨이가 되었어.

잠도 잘 안 오고, 화장실도 자주 가고,

아무리 혼자 있어도, 깊이 깊이 숨어도

갑자기 와락 눈물이 나기도 했지.

시계는 째깍째깍 돌아갔지만,

브레이브는 시간이 멈춰 버린 것만 같았어.

반대로, 세상은 너무 평화로웠어. 너무나도.

어느 날 브레이브는

이 상황을 더 이상 참을 수가 없게 되었어.

그래서 누군가에게 이 비밀을 말하기로 결심했어.

"저기요, 어…… 말할 게, 음, 말할 게 있어요. 내 말 좀 들어 봐요. 사실은요, 어,

그러니까 그게 저……"

브레이브의 목소리는 조그맣고, 느리고, 늘어지고, 자꾸 끊어졌어.

뭐라고 말을 시작해야 할지 알 수가 없었거든.

그렇게 브레이브가 머뭇거리자……

△ _____ 은/는 짜증을 냈어.

□ _____ 은/는 모른 척 지나갔어.

◇ _____ 은/는 바쁘다고 이따가 듣겠다고 했어.

☆ _____ 은/는 _____ .

〈브레이브의 말을 듣지 않고 지나간 동물들을 표현해요〉

브레이브는

말하기를 포기할까 싶었어.

과연 누가 브레이브를 도울 수 있겠어?

말해 봤자 결국 아무도, 아무런 도움이 되지 않을 거야.

지금까지 그랬듯이 앞으로도 그러겠지. 안 그래?

하지만 브레이브는 한 번만 더 목소리를 내기로 했지.

안 그러면 지금까지 기다린 시간이 ＿＿＿＿＿＿＿＿＿ 니까.

그렇게 한 번만 더…… 한 번만 더…….

그리고 이번에 말을 건

● ＿＿＿＿＿＿＿＿＿ 은/는

브레이브가 어떻게 말을 꺼내야 할지 모른다는 걸 알아차렸어.

● ＿＿＿＿＿＿＿＿＿ 은/는 브레이브가

첫 마디를 고를 때까지 가만히 기다려 주었지.

"말해도 괜찮아. 천천히 하고 싶은 말을 해 보자."

브레이브는 이번에야말로 말할 수 있게 되었다는 걸 알았지.

브레이브는 동굴에 대해서 이야기했어.

● ＿＿＿＿＿＿＿＿＿ 은/는 브레이브를 꼭 안아 주었지.

"브레이브, 말해 줘서 정말 고마워.

그동안 정말 ＿＿＿＿＿＿＿＿＿ 겠다.

너는 정말 용기 있구나!

누군가 너의 말을 들어 줄 때까지 포기하지 않은 점이 특히!"

〈브레이브의 말을 들어 주는 장면을 표현해요〉

끝까지 말하길 정말 잘했지 뭐야!

비밀이 알려지자 모든 것이 잘 풀리기 시작했어.

▲ _____ 는 곧바로 동물 마을에서 쫓겨났어.

이제 브레이브는 더 이상 동굴에 갈 필요가 없어.

▲ _____ 가 했던 말은 하나도 일어나지 않았어.

동굴도 멋진 놀이터로 바뀌었지!

브레이브의 시간도 다시 흐르기 시작했어. 가끔 동굴 일이 생각나긴 해.

그럴 때면 브레이브는 방을 어지르기보다, _____ 면서

그 기분에서 탈출했어.

브레이브는 알고 있거든.

나쁜 기분에서 탈출할 수 있다는 것도,

세상에는 그것보다 더 기분 좋은 것이 많다는 것도 말이야!

브레이브는 이제 _____.

⟨변화한 브레이브의 모습을 표현해요⟩

〈치료교육〉

브레이브의 이름은 영어로 'Brave'라고 씁니다.

그 뜻은 바로 '용기'랍니다. 브레이브의 이름이 무슨 뜻인지 알게 되니 어떤가요?

● 다음의 질문에 생각과 느낌을 나누어서 말해 보아요.

− 나와 닮은 동물은 무엇인가요?

− 내 주변 사람들을 동물로 나타낸다면, 어떤 동물로 표현하면 좋을까요?

− 내가 좋아하는 동물과 싫어하는 동물은 무엇이고, 그 이유는 무엇인가요?

− 화가 나거나 짜증이 나면 어떻게 하나요? (예: 소리 지르기, 인형 던지기, 베개 두드리

　기, 침대에서 뛰기, 춤추기, 노래 듣기, 노래 부르기, 만들기, 그림 그리기, 발 구르기, 종이

　찢기, 자리 벗어나기, 게임하기, 좋아하는 책 보기, 좋아하는 만화 보기 등)

− 걱정이 되면 어떻게 하나요?

− 스트레스를 받으면 어떻게 하나요?

− 언제 위험하다고 느끼나요?

− 언제 무섭거나 겁이 나나요?

− 기분이 좋으면 어떻게 행동하나요?

− 행복한 기분이 되려면 무엇을 하나요?

● 내 인생에서 숨기고 싶거나 바꾸고 싶은 순간, 도움이 필요했던 순간은 언제인
가요?

상황	
당시의 생각	
당시의 느낌	
당시에 한 말	
당시의 행동	
당시의 결과	

● 다음에 비슷한 상황에 처한다면 어떻게 하면 좋을까요?

대처사고 (이렇게 생각하자)	
대처언어 (이렇게 말하자)	
대처행동 (이렇게 행동하자)	

● 언제 쓰면 좋은 말일까요?

    – "싫어!"

    – "하지 마!"

    – "기분 나빠!"

    – "나는 그러고 싶지 않아."

    – "그럴 마음 없어."

    – "안 해!"

    – "누가 도와줘요!"

    – "그만해!"

    – "멈춰!"

    – "나는 그거 싫어, 그러면 마음이 불편해."

● 누군가를 따라가기 전에 생각해 봐요.

    – '무슨 일이 생기면 어떻게 할까?'

    – '내가 거기 가는 걸 또 누가 알지?'

    – '도움이 필요할 때 누가 와 줄 수 있을까?'

● 같이 나눠요!

"슬픔은 나누면 반이 되고, 기쁨은 나누면 두 배가 된다."라는 속담이 있어요. 주변 사람들과 함께 내 생각과 느낌을 나눠 봐요. 나의 일을 나눌 사람은 계속 바뀔 수 있어요. 많을 때도 있고, 적을 때도 있겠지요. 하지만 언제나 조금만 더 둘러보면 누군가 있을 것이란 걸 잊지 말아요!

    – 걱정이 생기면 ＿＿＿＿＿＿＿＿＿＿ 와 나눠요.

    – 기분 나쁜 일을 겪으면 ＿＿＿＿＿＿＿＿＿＿ 와 나눠요.

– 마음이 답답한 일이 생기면 _____ 와 나눠요.

– 도움이 필요하면 _____ 와 나눠요.

– 즐거운 일이 생기면 _____ 와 나눠요.

– 기쁜 일이 생기면 _____ 와 나눠요.

– 맛있는 것이 생기면 _____ 와 나눠요.

– 용기가 필요하면 _____ 와 나눠요.

– 그리고 나쁜 비밀이 생기면 _____ 와 나눠요.

● 이럴 때는 이렇게

- 집에 혼자 있을 때 전화가 오거나 문을 열어 달라고 하면?

"누구세요? 나중에 연락드릴게요. 뭐라고 전해 드릴까요?"

– 집에 혼자 있을 때 누가 와서 문을 두드리며 물 한 잔만 달라고 하면?

문을 열어 주지 않아요. "다른 집에 가 보세요."

– 친구 집이나 어디에 갈 때는?

내가 어디 있는지 어른들이 알 수 있도록 누구와 어디에서 언제까지 있을 건지 말해요.

– 길에서 무슨 일이 생기면?

크게 소리쳐요. "도와주세요!" 아무 가게라도 들어가서 어른에게 도움을 청해요.

– 모르는 사람이 도와 달라고 하면?

"저는 아이예요. 다른 어른에게 도와 달라고 해 보세요. 도움을 줄 수 있는 어른을 불러 올게요."

– 누군가 자기를 따라와서 친구를 불러 달라고 한다면?

낯선 곳에 따라가지 않아요. 모르는 친구를 대신 불러 달라고 한다면 거절해요. 아는 친구라면 전화로 확인해요. 그 누군가와 친구가 아는 사이라면 만나는 데 나의 도움이 필요하지 않을 거예요.

– 맛있는 것을 사 주거나, 돈을 주며 따라오라고 한다면?

　모르는 사람은 따라가지 않아요. 낯선 사람이 주는 음식은 함부로 먹지 않아요.

– 내가 좋아하는 무언가(매미, 사슴벌레, 장수풍뎅이, 개구리 등)를 잡아 준다며 따라오라고 한다면?

　낯선 사람은 따라가지 않아요. 아는 사람이라면 주변 어른에게 어디에 가는지 이야기하고, 깊은 숲과 같이 인적이 드문 곳까지는 가지 않아요.

– 상대방이 친절에 대한 대가로 무리한 것을 요구하면?

　이유 없는 친절이 지나치면 조심해야 해요. 단호하게 거절해요.

– 누군가 동의 없이 내 몸을 만지거나, 나를 데려가려 한다면?

　크게 소리쳐요. "싫어요! 안 돼요! 하지 마세요!" 나를 도와줄 수 있는 어른에게 누가 내 몸을 어떻게 하려고 했는지 즉시 알려요.

– 누가 나를 위협하거나 강요해서 으슥한 곳으로 부르려 한다면?

　나가지 않고 어른들에게 있는 그대로 말해요. "선생님, ㅇㅇ가 저한테 옥상으로 나오라고 했어요."

● 비밀이 생기면?

　〈임금님 귀는 당나귀 귀〉라는 동화가 있어요.

　옛날 어느 임금님의 귀가 갑자기 당나귀 귀처럼 길쭉하게 자라났어요. 임금님은 자신의 귀를 가리기 위해 두건쟁이를 불러 두건을 만들어 쓰고는, 두건쟁이에게 비밀을 지킬 것을 명령했지요. 두건쟁이는 임금님의 비밀을 지키느라 무척 답답했어요. 그러다 그만 마음에 병이 나고 말았어요. 여러 가지 방법을 찾던 두건쟁이는 아무도 없는 대나무 숲에 가서 큰 소리로 외쳤지요.

　"임금님 귀는 당나귀 귀~"

　그러자 답답한 마음이 싹 가시면서 병이 나았어요. 하지만 그날부터 대나무 숲에는 "임금님 귀는 당나귀 귀~"라는 메아리가 울리기 시작했어요. 점점 소문이 나기 시작하자 임금님은 대나무를 모두 베어 내었지요. 그리고 아무도 소문에 대해서 말하지 못하게 했어요. 대나무를 베어 낸 자리에서는 갈대가 자랐어요. 그런데 웬일인지 바람이 불면 갈대밭에서 소리가 나는 게 아니겠어요?

"임금님 귀는 당나귀 귀~"

이제 온 나라 사람들이 임금님 귀가 당나귀 귀 모양이라는 것을 알게 되었어요.

그때서야 임금님은 비밀을 지키기를 포기하고 당당하게 귀를 내놓았어요. 그리고 그 큰 귀로 백성들의 이야기를 귀담아 듣고 훌륭한 임금님이 되었답니다.

<나의 대나무 숲을 표현해요>

(예: 부모님, 형제자매, 선생님, 의사, 경찰, 친구, 인터넷 게시판, 일기 등)

● 질문하기

　　브레이브에게도 비밀이 있었어요. 브레이브는 그 비밀을 지키는 것이 힘들어서 비밀을 털어놓았지요. 그리고 모든 것이 잘 풀리게 되었답니다. 이와 비슷한 경험을 한 적 있나요?

－ 어떤 것을 비밀이라고 하나요?

－ 비밀을 지키기로 약속한 적 있나요?

－ 그건 얼마만 한 비밀이었나요?

－ 비밀을 지키기 위해 어떤 노력을 해야 했나요?

－ 그 비밀을 숨기고 있을 때 느낌이 어땠나요?

－ 그런 느낌이 들 때마다 어떤 생각이 들었나요?

－ 언제 그 비밀이 다시 생각나나요?

－ 비밀을 지키지 않으면 어떻게 되나요?

－ 비밀은 무조건 지켜야 하는 걸까요?

－ 어떤 비밀은 지키고, 어떤 비밀은 지키지 않는 것이 좋을까요?

－ 비밀의 종류를 나눠 보아요.

－ 나쁜 비밀을 말하고 나면 어떤 일이 생길까요?

－ 나쁜 비밀을 말하고 나면 느낌이 어떨까요?

● 따라 적고 소리 내어 읽어 보아요.

나의 믿음

내 몸과 마음은 언제 어디서나 나의 것이다.
그러므로 나는 나의 모든 것을 책임지며,
남이 나를 함부로 대하게 하지 않고,
나 또한 남을 함부로 대하지 않는다.

나에게는 상황을 바꿀 수 있는 힘이 있고,
나쁜 비밀을 말할 수 있는 용기가 있으며,
나는 사랑하고, 사랑받기 위해
태어났음을 의심하지 않는다.
나는 세상에 단 하나뿐인 소중한 사람이므로
언제나 나를 사랑하고, 아끼며 살아간다.

제 **9** 장

동화 창작
심리상담 사례

1 상담자가 만든 동화

2 내담자가 만든 동화

3 상담자와 내담자가 함께 만든 동화

제**9**장

동화 창작 심리상담 사례

1. 상담자가 만든 동화

1) 수박화채: 청각적 주의집중 동화

별도의 설명 없이 이야기를 들려 준 후, 이야기 속에 '수박'이 몇 번 나왔는지 또는 수박화채를 만드는 순서를 질문한다.

사각 사각 삭삭 사각 사각 삭삭, 무슨 소리일까요?

숟가락으로 수박 파는 소리예요.

동그란 수박을 반으로 써억 잘라서, 숟가락으로 푹푹 파내요.

수박 속이 바닥을 보이면, 숟가락을 거꾸로 잡아요.

그리고 빨간 수박 속을 박박 긁어요.

하얀 수박 속껍질이 보일락 말락!

그러면 수박 그릇 완성!

이제 숟가락으로 파낸 빨간 수박 속을 다시 수박 그릇에 담아요.

그리고 사이다를 콸콸콸콸 부으면~

시원~한 수박화채 완성!

와~ 시원해!

2) 열매채소를 좋아한 왕상어

채소를 좋아하는 자폐스펙트럼장애 아동에게 상담자가 즉석에서 만들어 들려주고, 언어 표현 확장 및 의사소통 의도를 촉진한 동화 작업이다. 완두콩을 먹는 장면에서 아동이 자발적으로 의성어, 의태어를 사용하며 이야기에 참여할 수 있다.

> 어느 큰 바다에 열매채소를 아주아주 좋아하는 왕상어가 있었어요.
> 그런데 바다에는 미역이랑 다시마 같은 해초만 있고, 열매채소는 없었어요.
> 왕상어는 열매채소를 먹기 위해 사람들이 사는 바닷가로 가야 했어요.
> 다행히 바닷가에는 어디선가 흘러온 완두콩이 잔뜩 있었어요.
> "우와~ 완두콩이다!"
> 냠냠 쩝쩝 아그작 톡톡!
> 왕상어는 바다 위에 동글동글 둥실둥실 떠 있는 완두콩들을 맛있게 먹었답니다.

3) 하얀 고래와 새우 이야기

자폐스펙트럼장애 아동이 좋아하는 크릴새우를 빨대를 잘라 만들고 상담자가 즉석에서 동화를 만들어 들려주는 것으로, 새우의 대사를 적어 주고 적절한 차례에 읽도록 하여 아동이 동화 창작에 참여하도록 했다.

> 저기 머나먼 바다를 여행하던 하얀 고래가 조그만 새우를 만났어요. 조그만 새우는 고래가 하품할 때 삼킨 물에 따라 들어왔다가 그만 고래의 수염 사이에 끼이고 말았어요.
> 친구들과 떨어진 새우는 이제부터 어떻게 해야 할지 몰랐어요. 외롭게 동동 떠 있는 새우를 본 고래가 친구가 되자고 했어요.
> "우리 술래잡기하자."
> 술래잡기는 고래가 이겼어요! 새우가 열심히 도망쳤지만 고래가 너무 컸거든요.
> "이번에는 숨바꼭질하자!"
> 새우가 말했어요. 이번에는 새우가 술래가 되었어요. 고래는 덩치가 너무 커서 금방 들켰

어요. 이번에는 고래가 술래가 되었어요.

"꼭꼭 숨어라, 새우 수염 보인다~ 어디 갔지?"

고래는 새우를 찾을 수가 없었어요.

"킥킥킥."

새우가 조그맣게 웃었어요.

"못 찾겠다. 거북이!"

그러자 새우가 고래의 등에 있는 숨구멍에서 쏙 고개를 내밀었어요.

"나 여기 있다~ 하하하."

둘은 사이좋게 놀았어요.

4) 하마와 바다독사

사회성 발달이 늦고, 친구와 함께 노는 것을 싫어하고 무서워하는 아동과의 활동으로, 병행놀이의 단계를 넘어 함께 놀이로 넘어갈 수 있도록 촉진 중에 진행한 것이다. 아동의 불안을 수용하고, "같이 놀자."라는 언어적 표현과 관계를 형성하는 과정을 짧게 반영하고 있다.

동화를 들은 아동과 함께 주인공 종이인형으로 역할을 나누어 구연하며, 아동이 하마 역할을 맡아 대사를 읽고, 상담자가 바다독사의 역할을 맡아 대사를 하며 바다독사의 춤을 재미있게 연출하여 보여 줌으로써 내담자가 재미를 느끼게 하고, 역할을 모델링한다. 그리고 역할을 바꾸어 아동이 바다독사의 역할을 하여 타인에게 다가가는 경험을 연습하도록 한다.

어느 날 하마에게 바다독사가 놀러 왔어요.

"쉭쉭. 하마야, 안녕? 우리 같이 놀자."

그런데 하마가 도망갔어요.

"싫어, 싫어! 넌 무서운 독사잖아~ 무서워서 나는 도망갈 거야!"

"아니야, 하마야! 나는 친구를 무섭게 하지 않아. 나와 같이 놀자! 내가 춤을 춰 줄게!"

그러자 하마가 멈췄어요.

바다독사는 쉭쉭 꿈틀꿈틀 멋진 춤을 추었죠.
이제 바다독사와 하마는 친한 친구가 되었어요!

5) 화만 내는 그리즐리 씨

〈화만 내는 그리즐리 씨〉는 ADHD 아동, 분노 조절이 어려운 아동, 감정 표현이 어려운 아동, 청각적 주의집중력 훈련이 필요한 아동 등을 대상으로 들려준 동화이다. 주인공 그리즐리 씨를 따라하며 표정놀이를 진행하고, 올바른 감정 표현 방법을 익히며, 들은 내용을 기억하여 그림이나 만들기로 표현하는 활동을 할 수 있다.

그리즐리 씨는 곰입니다.
매일매일 화가 잔뜩 난 얼굴이라 아주 무시무시합니다.
아침에도 점심에도 저녁에도 항상 화난 얼굴입니다.
덕분에 온 동네에 매일매일 화만 낸다고 소문이 났습니다.
그리즐리 씨가 나타나면 다들 도망갑니다.
그리즐리 씨는 그럴 때마다 슬픕니다.
하지만 그게 얼굴에는 잘 나타나지 않습니다.
그리즐리 씨는 아무도 자기 마음을 알아주지 않아 속상했습니다.
그리즐리 씨는 어떻게 해야 할지 몰랐습니다.
고민하던 그리즐리 씨는 지혜로운 땃쥐를 찾아갔습니다.
"나는 모두와 친하고 싶어요. 그런데 내가 나타나면 다들 무서워해요. 어떡하면 좋을까요?"
"그리즐리 씨, 한번 웃어보겠어요?"
그리즐리 씨가 웃었습니다.
콧잔등에 잔뜩 주름이 지고, 눈꼬리가 높이 올라갔어요.
잇몸이 다 보이게 벌린 입에선 송곳니가 번뜩이며 침이 튀었습니다.
크하하 웃음소리는 귀청이 떨어질 것만 같았습니다.

너무 무서워서 지혜로운 땃쥐는 딸꾹질을 했습니다.

"이크, 그리즐리 씨~ 우리, 히끅, 웃는 연습을, 히끅, 해야겠어요."

"그 정도인가요?"

"하~ 후~ 솔직히 말하면, 잡아먹히는 줄 알았어요."

그리즐리 씨는 거울을 보며 얼굴 근육에 힘을 주었습니다.

"끄응! 힘드네요."

"그리즐리 씨는 얼굴 근육을 별로 안 써서 그래요. 자꾸 웃다보면 편해질 거예요~"

"하~ 이렇게까지 해야 하는 건가요?"

"그리즐리 씨가 불편하지 않다면 그대로 있어도 괜찮아요. 하지만 지금은 모두와 친해지고 싶은 거잖아요? 자~ 눈을 크게 뜨시고요~"

"잇몸 넣으시고~ 따라해 보세요. 개구리~ 뒷다리~"

"리~에서 입술이 오른쪽으로 너무 몰렸어요."

"아뇨, 이번엔 왼쪽으로 너무 갔네요!"

"눈이 풀렸어요, 그리즐리 씨!"

"콧구멍 벌렁거리기 그만~"

"혀는 왜 나오는 거죠?! 혀 넣으세요! 혀!"

지혜로운 땃쥐와 그리즐리 씨의 특훈은 밤늦도록 이어졌어요.

그리즐리 씨는 이후로 매일 아침 거울을 보며 웃는 얼굴을 연습했습니다.

그뿐만이 아닙니다.

그리즐리 씨는 지혜로운 땃쥐와 함께 매일 모두와 친해지는 연습을 했습니다.

외출해서 누군가와 마주치면, 조금 떨어진 곳에서부터 말을 걸었습니다.

그리고 천천히 다가가서 한 발짝 떨어져 인사했습니다. 그리즐리 씨는 덩치가 큽니다.

그렇다 보니 너무 가까이 가서 갑자기 말을 걸면 놀라거든요.

잘 모르는 것은 혼자 해결하기보다 다른 사람에게 물어보기로 했습니다.

가게 문이 잘 열리지 않아서 힘껏 당겼다가 문을 통째로 뜯어 버린 일이 있었거든요.

사실 그 문은 옆으로 밀어서 여는 문이었는데 말이에요.

모두가 그리즐리 씨의 힘에 무척 놀라고 무서워했었답니다.

예전에는 왠지 부끄러워서 물어보지 못했지만, 그리즐리 씨는 이제 용기를 냈습니다.

"이 문은 어떻게 여는 거예요? 제가 잘 몰라서요."

누군가의 짐을 들어 주고 싶을 때는 먼저 물어보았습니다. 말없이 휙 들어 주면 강도인 줄 알거든요! 세상에!

"제가 도와줄까요?"

그리즐리 씨는 그 누군가가 혹시라도 짐을 빼앗긴다고 생각하지 않길 바랐어요.

"하지만 그리즐리 씨, 진짜로 화를 내야 할 때는 화를 내도 괜찮아요."

지혜로운 땃쥐는 화를 잘 내는 것도 필요한 거라고 말했습니다.

"나와 소중한 것을 지키기 위해서는 때때로 불타올라야 할 때도 있는 법!"

땃쥐가 어깨를 으쓱였습니다.

그래서 그리즐리 씨는 줄곧 숨기고 있던 비밀을 꺼내었습니다.

바로 '귀여운 모자 쓰기'입니다.

어릴 때 친구들이 덩치에 맞지 않는다고 다들 놀렸거든요.

그리즐리 씨는 아마 그때 화를 내었어야 했다고 생각했습니다.

'다음에 또 누가 놀리면 그러지 말라고 화를 내야지!'

그리즐리 씨는 항상 집에서만 귀여운 모자를 몰래 써 보았습니다.

하지만 이제는 외출할 때도 이 앙증맞은 모자를 쓰기로 했습니다.

"엄마! 저거 봐! 진짜 귀여운 모자야~ 아저씨, 모자 한번 만져 봐도 돼요?"

아이들이 제일 먼저 다가왔습니다.

"아저씨는 왜 이런 모자를 써요?"

"귀여우니까. 나는 작고 귀여운 걸 좋아하거든. 귀여운 모자, 작은 꽃, 작은 친구들을 좋아하지!"

무시무시한 얼굴과 달리 깜찍한 모자를 아이들은 무척 재미있어했습니다.

"크앙~ 다 잡아먹겠다~"

그리즐리 씨가 일부러 무서운 표정으로 아이들을 놀려 보았지만, 아이들은 이제 아무도 울지 않았습니다.

오히려 그리즐리 씨 등을 타고 올라가 모자를 빼앗아 썼습니다. 그러고는 한참을 꺄르륵꺄르륵 웃음나팔을 불며 도망을 다녔습니다.

그리즐리 씨는 한참이나 술래를 하다 항복하고 말았습니다.

아이들은 깔깔대며 모여들어 그리즐리 씨의 셔츠 주머니를 작은 꽃으로 장식해 주었습니다. 모자에도 작은 꽃을 달아 주었습니다.

"우리는 커다란 것과 높은 곳을 좋아해요!"

그리즐리 씨는 기분이 좋아져서 아이들에게 목마를 태워 주었습니다.

"와아~"

그리즐리 씨는 집으로 돌아와 아이들이 선물한 작은 꽃을 말려 브로치를 만들었습니다.

그러곤 외출할 때마다 작은 꽃 브로치를 달았습니다.

앙증맞은 브로치가 아이들 웃음소리 같았습니다.

하루, 이틀, 사흘, 나흘……

"안녕하시오, 그리즐리 씨."

"안녕하세요~ 그리즐리 아저씨~"

어느샌가부터 그리즐리 씨가 귀여운 모자를 쓰고 산책을 나가면 모두가 반갑게 인사를 했습니다.

그리즐리 씨는 곰입니다.

매일매일 화가 잔뜩 난 얼굴이라 아주 무시무시합니다.

하지만 이제 모두 알고 있습니다.

그리즐리 씨가 딱히 화나 있는 건 아니라는 걸요.

"안녕하세요~ 여러분! 모두 안녕?"

(1) 질문하기

- 그리즐리 씨의 고민은 무엇이었나요?
- 그리즐리 씨는 고민을 해결하기 위해 어떤 시도를 했나요?
- 그리즐리 씨처럼 오해 때문에 고민한 경험이 있나요?
- 어릴 때부터 지금까지 주로 어떤 고민들을 해 보았나요?
- 나의 고민을 해결하기 위해 어떤 시도를 했었나요?
- 지혜로운 땃쥐와 같이 나를 도와줄 수 있는 사람은 누구인가요?
- 그리즐리 씨의 고민은 그리즐리 씨 혼자만의 문제였나요?
- 거울 속 그리즐리 씨의 표정을 상상하며 따라해 봐요.

- 어릴 때의 자신에게 지금의 그리즐리 씨가 한마디를 해 준다면 뭐라고 말할까요?
- 화를 내야 할 때는 언제인가요?
- 화를 잘 내는 방법은 무엇일까요?
- 그리즐리 씨는 왜 작고 귀여운 것들을 좋아하게 되었을까요? 작고 귀여운 것들이 그리즐리 씨에게 어떤 영향을 줄까요?
- 아이들은 왜 커다란 것과 높은 곳을 좋아할까요?
- 반전매력이 있는 무언가를 소개해 주세요.
- 누구에게 이 책을 소개하고 싶나요? 왜 그런가요?
- 책을 다 읽은 뒤의 기분은 어떠한가요?
- 그리즐리 씨와 비슷했던 경험에 대해 이야기해 보아요.
  - 오늘 인사를 나눈 사람
  - 오늘 배운 것
  - 내가 좋아하는 것
  - 내가 좋아하는 옷
  - 내가 몰래 해 본 일
  - 오해받은 일
  - 오해했던 일
  - 무서운 사람
  - 최근에 들은 소문
  - 놀랐던 일
  - 속상했던 일
  - 즐거웠던 시간
  - 연습이 필요했던 일
  - 용기가 필요했던 일
  - 다른 사람을 도와준 일
  - 산책을 간 곳
  - 같이 놀았던 친구
  - 최근에 했던 놀이

(2) 청각적 주의집중

외출을 나가는 그리즐리 씨의 모습을 그려 본다.

(3) 표정놀이

거울에 비친 그리즐리 씨의 표정을 그리고 따라해 본다.

(4) 미술놀이

나만의 귀여운 모자와 브로치를 만들어 본다.

6) 다시 씨의 자동차

〈다시 씨(Mr. Darcy)의 자동차〉는 뇌병변에 의한 편마비로 걸음이 불편한 내담자가 보다 안전하게 자신의 경험을 꺼내고, 치료적 효과를 얻기 바라며 창작한 동화이다. 〈세상에서 제일 불행한 아이, 홉〉과 같이 이 이야기에도 이름에 의미를 부여했는데, 주인공 자동차 '데세아'는 스페인어로 희망이란 뜻이고, 다시 씨(Mr. Darcy)는 방법이나 방향을 바꿔 새롭게 한다는 우리말 '다시'의 중의적 표현을 고려하여 지은 이름이다. 은유를 이해할 수 있는 내담자들은 특별히 지시하지 않아도 동화 감상이나 창작 시에 자신의 모습을 투영하게 된다. 이때 상담자는 은유적인 표현을 통해 주인공의 마음을 읽고, 함께 공감하는 것으로 내담자가 자기 이야기를 직접적으로 꺼내는 부담을 덜어 줄 수 있다.

데세아는 자동차예요.

데세아가 태어난 라인은 수많은 자동차를 만들어 내는 곳이었어요. 똑같은 색, 똑같은 모양, 똑같은 크기. 모두 같은 부품을 달고 같은 색을 입고 나갔죠. 번쩍번쩍 광을 내고 나면 모두가 줄을 서서 어디론가 옮겨 가고는 했어요.

공장의 부품 벨트는 쉴 새 없이 돌아갔어요. 하지만 데세아의 라인은 이상하게도 너무나 느렸어요. 같이 태어난 자동차들이 모두 다 나가고 나서도 두 번이나 다른 동생들이 우르르 나갔지만 데세아는 겨우 뼈대가 만들어졌을 뿐이에요.

사람들은 말이 없었어요. 모두 심각한 얼굴로 땀을 뻘뻘 흘리고 있었죠. 가끔 누군가 와서 아직도 멀었냐고 채근하는 소리만 들렸어요. 데세아보다 늦게 태어난 동생들이 수군거렸어요.

"쟤는 이제 폐차될 건가 봐."

"우리가 태어날 때부터 다 클 때까지 계속 저러고 있잖아."

데세아는 덜컥 겁이 났어요.

사람들에게 물어보았지만 아무도 대답해 주지 않았죠. 최근에 태어난 다른 라인의 자동차가 으스대며 데세아를 놀렸어요.

"우리 라인 노동자들이 그러는데 저건 실패작이래. 봐 봐, 우리처럼 성공한 차들은 계속 만드는데 쟤는 달랑 저거 하나뿐이잖아. 만날 만들고 뜯고 바꾸고. 저러니 무슨 번듯한 차가 될 수 있겠어? 그리고 말야, 나로 말할 것 같으면, 우리 공장에서 제일 비싼 몸이라 이거지. 여기 일하는 사람들 말로는 내가 고급 라인이라 하더라고! 하하! 자 자, 앞으로 가자고. 고급 라인 나가신다～"

데세아는 분했지만 뭐라고 말해야 할지 알지 못했어요.

뭔가 하고 싶은 말은 너무 많은데, 톡 쏘아 주고 싶은데, 뭔가 저 녀석이 잘못하고 있는 것 같은데, 어떻게 말해야 이 기분이 풀릴지 전혀 알 수가 없어서 가슴앓이만 했어요.

푸르릉～ 티리릭～ 푸쉬식…….

마음이 아파서 그럴까요? 온몸에서 슬픈 소리가 났어요.

"어이! 이리 와 봐. 이거 다시 봐야겠는데?"

데세아의 앞바퀴는 작고, 뒷바퀴는 컸어요. 다른 자동차보다 엉덩이가 불쑥 올라가서는 영 어색한 꼴이었어요.

데세아는 언제나 벌을 받는 기분이 들었어요.

'대체 왜 나만 이런 자세람.'

열 번은 더 동생들이 세상에 나갔을 즈음, 부상으로 은퇴한 레이싱 선수인 사장 '다시' 씨가 나타났어요.

"이걸 폐차해야 한다고? 속도는 최고인데 왜 그래야 하지?"

"실험 결과 속도는 너무 느리게 오르고, 멈추기까지의 걸리는 제동거리가 다른 차보다 훨씬 더 깁니다. 설계를 다시 하지 않으면……."

"하지만 속도를 줄이면 스포츠카가 아닌 게 되잖아."

어쩐지 분위기가 어두웠어요.

데세아는 초조하게 그들의 말을 듣고 있었어요.

"비켜 봐! 난 이게 마음에 들어. 운전을 잘하면 그만이지!"

"하지만 사장님! 그러면 다른 사람들은 분명히 불만이……."

"그럼 다른 걸 만들어. 하지만 폐차는 안 돼. 난 이걸 탈 테니까."

다시 씨가 지팡이를 높이 들고 흔들며 말했어요.

"드디어 내 회사에서 스포츠카가 만들어졌다고! 이걸 버리다니 말이 되는 소릴 해야지. 이건 역사적인 1호란 말이야! 조금 느리고 빠른 건 문제가 아냐. 내가 감을 잡으면 그만이지! 잘 부탁한다. 데세아!"

다시 씨가 데세아의 운전석에 앉았어요.

다시 씨는 이내 데세아를 타고 고속도로에 올랐어요.

데세아는 처음 나온 세상에서 신나게 달렸어요.

다른 라인의 차들, 우리 공장이 아닌 다른 공장의 차들이 휙휙 스쳐 지나갔어요. 고급 라인이라던 차도 쌩 지나쳤어요. 우렁찬 데세아의 소리에 모두가 데세아가 달려간 쪽을 바라봤어요.

부와아아아아아~

"우와!"

"방금 누구야?"

하지만 데세아는 이미 저 멀리 달려 나가서, 다들 데세아의 꽁무니만 겨우 볼 수 있었어요. 데세아는 자신이 세상에서 가장 빨리 달리는 차일지도 모른다는 생각이 들었어요. 달리는 속도가 어찌나 빠른지, 조금만 머리를 들면 하늘로 떠오를 것 같았거든요.

잘못하면 머리부터 뒤로 넘어가 뒤집어질 것 같아서 데세아는 조마조마했어요. 하지만 낮은 앞바퀴 덕분에 데세아는 도로에 착 붙어 달릴 수 있었어요. 데세아의 머리 위로 세찬 바람도 부드럽게 흘러갔어요.

다시 씨는 데세아를 세울 때는 아주 멀리서부터 부드럽게 속도를 줄여서 세상 누구보다도 안전하게 주차했어요. 다시 씨는 데세아가 어떨 때 급발진을 하는지 잘 알았고, 브레이크를 밟으면 얼마나 더 나가서 멈추는지 잘 알았어요.

다시 씨는 도시에서는 도시에 맞게, 고속도로에선 누구보다 빠르게 데세아를 몰고 다녔어요. 다시 씨와 데세아는 정말 잘 맞았어요.

데세아를 운전할 수 있는 건 결국 다시 씨뿐이었지만, 데세아는 그게 마음에 들었어요.

이제 공장에서는 데세아의 라인에서 새로운 동생들이 태어나고 있어요. 도로에서 만나면 다들 반갑게 인사를 나누었어요. 데세아는 세상에 단 하나뿐인 스포츠카가 되어 오늘도 달리고 있답니다.

(1) 질문하기

- 데세아는 스페인어 'desear'에서 따온 이름이에요. 그 뜻은 바로 '희망(to hope)'이랍니다. 이름의 의미를 알고 나니 어떤 생각이 드나요?
- 누군가에게 비난받은 경험을 이야기해 봅시다.
- 나의 데세아는 어떻게 생겼나요?

7) 생의 맛

〈생의 맛〉은 '인생의 맛'을 주제로 한 청소년 및 성인 대상 상담과 관용 표현 및 구문 의미 이해력 향상을 위한 아동 언어치료에 활용한 동화이다. 동화 감상 후 내 인생에 있었던 맛을 표현해 보거나 관용 표현을 찾는 활동을 진행한다. 연계활동으로 〈인생 라면 맛집〉(강새로운, 와이즈박스, 2022) 게임을 통해 맛으로 감정 표현하기, 인생 라면 게임 등을 진행할 수 있다.

나는 바다가 내려다보이는 산동네 작은 아파트 화단에서 태어났어요. 엄마는 밤색 얼룩 고양이고요, 아빠는 멋진 턱시도를 입은 검은 고양이예요. 큰형은 아빠를 닮아 온통 새까만 검은 고양이예요. 둘째 누나는 엄마를 닮은 밤색 고양이죠. 나는 털도 길고, 색도 연하고, 덩치는 자그마해요. 좀 다르게 생겼죠. 어쩌면 할아버지나 할머니를 닮았는지도 모르겠어요. 본 적은 없지만요.

엄마의 꼬리를 요리조리 씹고 뜯고 맛보다 보면 시간 가는 줄 몰라요. 요즘 애들 말로 꿀잼 이죠. 형이랑 레슬링을 하는 것도 재미있어요. 그러다 열이 올라서 진짜로 콱 물어 버릴 때도 있지만, 대부분의 싸움은 싱겁게 끝나요. 엄마가 우리 사이에 엎드려 눕는 건 적당히 하고 열을 식히란 뜻이에요.

누나는 나를 자주 골탕 먹여요. 내 뒤에 숨어서 장난을 쳐 놓고 자기가 안 한 척하지요. 보통은 형이 나한테 화를 내서 고구마였지만, 오늘은 아주 사이다였어요. 누나가 딱 걸렸거든요. 깜짝 놀라 소리를 지르며 장독대 뒤로 굴러 떨어지던 누나가 얼마나 고소하던지! 아, 고구마는 답답하다는 소리고, 사이다는 속이 시원하다는 소리예요. 아이들이 하는 말을 들었지요. 나는 똑똑하거든요.

엄마의 냥냥펀치는 매우니까 조심해야 해요. 알콩달콩 깨를 볶는 엄마와 아빠지만 한 번씩 엄마가 아빠를 들들 볶을 때면 몸이 움찔할 정도로 사나워요.

무서워서 울었더니, 엄마가 '원래 지지고 볶고 싸우다가도 금방 사이좋게 지내는 게 가족'이래요. 원래 부대찌개마냥 부대끼며 살아가는 거라나요. 부대찌개가 먼지 모르지만 맛있을 것 같은 이름이에요.

엄마 품에서 꾹꾹이를 하며 우유를 먹고, 따뜻한 품에서 잠이 들면 너무나 달콤해요. 배도 부르고, 마음도 부른 이 시간이 천국이에요. 사랑해요 엄마!

사람 중에는 우리를 쫓아내는 무서운 사람도 있고, 엄마처럼 밥을 주는 좋은 사람도 있어요. 작은 사람들은 큰 사람보다 시끄러운데다 우릴 가만두지 않아서 작은 사람이 있을 때는 후다닥 엄마한테 뛰어와요. 하지만 둘째 누나는 자꾸만 밖으로 나가서 사고를 쳐서 엄마 속을 끓여요.

그럴 때마다 엄마는 저건 '끓지도 않고 넘쳐서 걱정'이라고 해요. 무슨 말일까요? 물그릇을 엎었다는 걸까요?

그러던 어느 날, 처음으로 사냥연습을 나간 날이었어요. 우리는 엄마의 소리를 따라 찾아가는 법을 배웠어요. 까만 도로 위에 무서운 소리를 내는 커다란 상자들이 쌩쌩 다녀요. 우리는 잘 기다렸다가 큰 길을 건너는 걸 배웠어요. 형은 잠시 뜸을 들이더니 얼른 건너갔어요. 누나는 어느새 건너가서 꼬리만 보였어요.

드디어 내가 건널 차례인데 바로 옆에서 사람이 지나가지 뭐예요. 깜짝 놀라서 숨었어요. 찰칵찰칵, 사람이 가지 않고 주변을 서성였어요. 한참 동안 마음을 졸이며 꼼짝 않고 있었더니 사람도 지쳤는지 자리를 떠났어요.

심장이 아주 쫄깃쫄깃했지 뭐예요! 아무튼 내가 이겼어요! 겨우 밖으로 나와 엄마를 애타게 불렀어요. 엄마! 엄마!

햇빛이 점점 뜨거워지던 어느 날에는 피부병이 생겼어요. 털이 빠지고, 빨간 점이 온 몸으로 번졌어요. 눈곱도 많이 생기고 몸에 점점 힘이 빠졌어요. 사람들이 한 번씩 나를 보고 쯧쯧 혀를 찼어요. 엄마가 열심히 핥아 주었지만 너무 가렵고 힘들어서 죽을 맛이었어요.

그러는 동안 누나가 사라졌어요. 씁쓸하지만 우리는 아무것도 못했어요. 엄마가 잠깐 사냥 간 사이에 작은 사람들이 들이닥쳐서는 우리를 동네 여기저기에 데리고 다녔어요. 그러고는 그만 누나를 데리고 가 버렸어요. 우리는 다행히 여기로 돌아왔지만…….

엄마는 밤새 누나를 불렀어요. 엄마의 목소리에서 눈물 맛이 났어요. 엄마는 속이 바싹 말라서 새까맣게 타 버렸대요.

그리고 얼마 후 아빠도 떠났어요. 누나가 없어졌을 때부터 조금씩 뜸하던 아빠는, 이제는 아예 소식이 없어요. 엄마는 요즘 우리한테 좀 차가워요. 형은 옆 동네에서 놀다 오는 시간이 길어졌어요. 어쩐지 나랑 마주칠 때면 느끼한 표정으로 의기양양하게 굴어요. 가끔은 상처를 달고 오기도 해요. 화끈하게 맞서 싸운 흔적이래요. 형의 영역이 생기려는 걸까요? 하지만 아직은 밥때가 되면 꼭 돌아와요.

그 즈음 동네에 갑자기 하얀 강아지 세 마리가 나타났어요.

어디서 왔는지 녀석들은 온 동네를 헤집고 다녔어요. 화단도 밟고, 채소도 밟고, 아무데나 똥을 싸는 골칫덩이들이에요.

그래서 형과 내가 나서서 매운맛을 보여 주기로 했어요. 한바탕 뜨거운 추격전이 벌어지고……. 녀석들이 겁을 집어먹었는지 멍멍멍 짖는 소리에 귀가 아파서 돌아왔어요. 일단 저녁을 먹고 다음에 혼내 주기로 했어요. 에이, 누나만 있었어도. 칼칼한 누나 목소리가 그립네요.

녀석들이 우리 밥을 탐내는 바람에 속 편하게 밥을 먹을 수가 없어요. 밥 먹을 땐 개도 안 건드린다는 말은 전혀 사실이 아니에요. 개는 우리 밥을 뺏어 먹어요!

집 앞에 종종 밥을 놓아 주던 작은 사람이 요즘은 맛있는 걸 많이 줘요. 촉촉한 밥을 양껏 먹고 깨끗한 물을 마시고 나면 이 맛에 산다 싶어요. 어쩐지 요즘 피부병도 좋아진 것 같아요.

지독하던 여름이 지나고, 나는 조금 자랐어요. 이제 좀 살맛이 나네요. 요즘 동네에 처음 보는 사람이 자주 와요. 이상한 상자를 들고 왔다갔다 하더니 강아지 세 마리가 나타날 때처럼 갑자기 사라져 버렸어요. 미운 정 고운 정 다 들여 놓고 찝찝하게 인사도 없이 가 버리네요. 이럴 줄 알았으면 짜게 굴지 말고 어제 저녁 정도는 양보해 줄 걸 그랬어요.

에이, 안녕, 잘 가. 어디서든 잘 살렴.

질기고 질긴 녀석들이니까 틀림없이 잘 살겠죠.

형이 옆 동네로 떠나고, 엄마는 요즘 배가 불러 오기 시작했어요.

동생들이 생겼대요. 나는 어떡해야 될까요?

엄마 말로는 이제 곧 겨울이 올 거래요. 여름이랑 반대로 너무너무 춥고, 배고픈 계절이래요. 잘 상상은 안 가지만, 가을밤 찬바람보다 훨씬 차가운 밤이 낮에도 밤에도 계속된다지요.

혀가 쩌억 들러붙는 차가운 얼음도 언대요.

"너 나랑 같이 갈래?"

나는 꾸준히 찾아와 밥을 챙기는 작은 사람을 집사로 삼기로 했어요. 엄마 말로는 저 작은 사람이 참 진국이래요. 진국은 또 무슨 국일까요? 맛있을까요? 아무튼 나도 이제 엄마와 헤어질 시간이에요.

엄마, 안녕. 동생들이랑 잘 지내야 해.

이제 곧 겨울이 온다는데, 엄마와 동생들도 잘 지낼 수 있을까요? 겨울이 좀 더 훈훈한 맛이면 좋겠네요.

사람의 집은 달콤하고 따뜻했어요.

그해, 엄마가 말한 겨울은 창문 밖에 내렸어요.

소복소복 쌓이는 겨울은 하루 종일 보아도 질리지 않았죠.

집에는 재미난 장난감도 잔뜩 있고, 한 번도 배고프지 않았어요.

난생처음 캣닢이란 것에 취해 보기도 했죠.

하지만 나른한 오후의 햇살에 취하는 것도 그만큼 좋아요.

녹진녹진한 츄르처럼 행복한 맛이에요.

시간은 흐르고 흘러 나는 엄마 나이가 되고, 할아버지 나이가 되고, 작은 사람 집사는 큰 사람 집사가 되었어요.

나는 가만히 앉아 식빵을 굽는 시간이 늘었고, 집사는 사냥을 나가 돌아오지 않는 시간이 늘었지요. 사냥이 힘들어진 걸까요?

토닥토닥. 힘내렴, 집사야. 토닥토닥.

요즘은 집사를 기다리다 아주 오래 잠이 들어요.

"이 상태라면 굉장히 괴로울 겁니다. 안타까운 말씀이지만 안락사를 고려해 보시는 것이 고통을 덜어 줄 수 있는 유일한 방법……."

오랜만에 집사와 병원에 다녀온 날, 집사는 나를 안고 한참을 울었어요. 어쩐지 누나를 잃어버린 날 엄마의 눈물 맛이 나네요.

토닥토닥. 그래그래, 집사야. 토닥토닥.

유난히 공기가 무거운 오후예요. 오늘따라 온몸이 쑤시고 숨이 차서 힘드네요. 눈도 흐릿하고, 팔다리가 저릿하니, 눈을 뜨고 있는데도 앞이 캄캄한 것 같아요.

"미안해, 조금만 참아 이제 곧 병원이야. 이제 편하게 해 줄 테니까. 미안해, 진짜, 진짜 미안해."

집사한테 또 눈물 맛이 나는데…….

오늘 집사의 품은 어쩐지 엄마 품이 생각나네요.

집사야, 조금만 더 안아 줄래?

"이제 다 왔어. 어? 엄마!"

어쩐지 아주아주 긴 잠을 자게 될 것만 같아요.

"아이고, 이 녀석도 알았나 보다. 어쩜 병원 앞에 내리자마자…….."

"어헝~ 미안해, 미안해."

집사의 목소리가 끝까지 귓가에 맴돌았어요.

토닥토닥, 괜찮아, 집사야, 다 괜찮을 거란다.

(1) 질문하기

- 이야기 속에 어떤 맛들이 등장하나요?
- 내 인생에는 어떤 맛들이 있었나요?
- 내 인생에서 기억에 남는 맛은 무엇인가요?

8) 구름왕자 몰랑몰랑 또 사고 쳤네!

조음치료 중 /ㄹ/ 읽기를 위해 창작한 동화이다. 상담자와 내담자가 누가 더 많은 /ㄹ/을 사용하는지 대결하는 형태로 진행한다. /ㄹ/이 더 많은 사람의 작품을 소리 내어 읽도록 한다.

TIP! 동화에 사용된 음소 개수 세는 법

> 한글 새문서에 내용을 입력한 후 다음을 순서대로 실행하면 초성이나 종성에 해당 음소가 몇 개 있는지 알 수 있다.
>
> [편집] ▶ [찾기: Ctrl+F] ▶ 선택사항에서 '자소 단위 찾기' 체크 ▶ 찾을 방향은 '문서 전체' 체크 ▶ 찾을 내용에 원하는 음소 입력[초성(예:ㄱ), 종성(예:~ ㄹ)] ▶ [모두 찾기]

옛날 옛날에 구름 위 뭉게뭉게 나라에 구름왕자 몰랑몰랑이 살았습니다. 어느 날 몰랑몰랑은 뭉게뭉게 나라가 너무 조용해서 심심했습니다. 그래서 여기저기 시끌벅적한 곳을 찾아 날아다니기를 좋아했습니다.

어느 날이었습니다. 구름왕자 몰랑몰랑은 뭉게뭉게 나라의 조용한 아랫마을을 구경하고 싶어졌습니다. 그래서 구름에서 폴짝 뛰어내렸습니다.

구름왕자 몰랑몰랑이 처음으로 내려선 곳은 바로바로 하늘에서 제일 가까운 산이었습니다. 그런데 발을 잘못 디뎌 엉덩이로 착지하고 말았습니다.

"아이고 엉덩이야~"

구름왕자 몰랑몰랑의 엉덩이가 땅에 닿자 산에는 지진이 났습니다. 땅에 떨어진 충격으로 몰랑몰랑은 커다란 구름 방귀를 뀌었습니다.

쿵쿠르릉 콰르릉 쾅쾅!

방귀구름은 날아가 마을 지붕을 날려 버렸습니다.

구름왕자 몰랑몰랑의 엉덩이에서 구름 먼지가 풀풀 날렸습니다.

"으악! 살려 주세요!"

마을 사람들은 모두 놀라고 무서워서 납작 엎드렸습니다. 그리고 벌벌 떨다가 구름 먼지가 산

사태처럼 산을 휩쓸고 내려가자 콜록콜록 기침을 하며 집 밖으로 도망을 쳤습니다.

"아이고, 이러려고 한 게 아닌데....... 사고를 쳤네."

구름왕자 몰랑몰랑은 멋쩍게 웃고 말았습니다.

소동을 일으켜 미안해진 구름왕자 몰랑몰랑은 마을에 커다란 구름 분수를 만들어 주고 떠났습니다. 구름왕자 몰랑몰랑이 떠나고 얼마 후에야 마을 사람들이 돌아왔습니다.

"이게 뭐지?"

구름 분수에서는 알록달록한 구름 솜사탕과 구름 솜, 구름 퐁퐁 같은 신기한 물건들이 샘솟았습니다.

"우와~ 맛있다."

"이건 아주 폭신폭신해!"

"그리고 무척 가벼운걸."

"이것 좀 봐~ 이 구름 위에서 뛰면 통통 튀어서 펄쩍펄쩍 뛸 수 있어~ 이야 재밌다!"

구름 솜사탕은 아주 맛있었고, 구름 솜은 아주 폭신폭신하고 따뜻했습니다. 구름 퐁퐁에는 아이들이 올라가 뛰어놀았고, 어른들은 구름을 떼어다 날아간 지붕 대신 새 지붕을 이었습니다. 어느새 마을은 온통 신기한 구름이 가득한 구름 마을이 되었습니다.

그때쯤 구름왕자 몰랑몰랑의 이름이 마을에 퍼졌습니다. 마을 사람들은 처음에는 구름왕자 몰랑몰랑 때문에 놀랐었지만, 나중에는 그 덕분에 마을이 멋지게 변한 것이 고마웠습니다.

"우리 마을 이름을 몰랑몰랑 구름마을로 하는 것이 어떻소?"

"좋아요!"

만장일치로 마을 이름이 '몰랑몰랑 구름마을'이 되었습니다.

몰랑몰랑 구름마을은 구름왕자 몰랑몰랑의 동상도 세우고, 인형도 만들어 구름왕자 몰랑몰랑의 방문을 기념했습니다. 그러자 신기한 구름마을을 구경하러 사람들이 몰려들었습니다.

몰랑몰랑 구름마을은 아주 유명한 구름 관광지가 되어 모두 모두 즐겁고 행복하게 살았답니다.

2. 내담자가 만든 동화

1) 들에 사는 파랑파랑

조음치료 중 /ㄹ/ 읽기를 위해 창작한 동화이다. 상담자와 내담자가 누가 더 많은 /ㄹ/을 사용하는지 대결하는 형태로 진행한다. /ㄹ/이 더 많은 사람의 작품을 소리 내어 읽도록 한다.

> 옛날 옛날에 해적 파랑파랑이 살았어요. 파랑파랑은 바다를 누비는 해적이 아니라 들을 누비는 해적이었어요. 들을 누비던 파랑파랑은 길을 잃고 말았어요. 막다른 길에 다다른 파랑파랑은 외로움을 느꼈어요.
> "흑흑, 돌아가고 싶다."
> 파랑파랑은 마음을 다잡고 다시 걸었어요.
> 그러다가 보물상자를 발견했지요.
> "와, 난 이제 부자가 될 수 있어!"
> 상자를 열어 보니 금은반지, 목걸이, 돈 등 엄청난 보물이 들어 있었어요. 파랑파랑은 돌아가기만 하면 엄청난 부자가 되는 거예요! 파랑파랑은 너무 흥분했어요. 파랑파랑은 생각을 하며 왔던 길을 되돌아갔어요. 파랑파랑은 무사히 들로 돌아왔어요. 파랑파랑은 들에 있는 사람들에게 보물을 나눠 주며 행복하게 살았어요!

2) 집고양이 꼬기의 특별한 하루

9분할 이야기 만들기로 창작한 동화이며, 〈세상에서 가장 불행한 아이, 홉〉의 구조를 반영하여 행복한 결말 만들기를 진행한 작품이다. 집 고양이 이야기이지만 원가정을 떠나 보호소에 정착하는 과정 전반에 내담자의 이야기가 반영되고 있다.

> 원래 꼬기는 집고양이였어요. 엄마 아빠랑 같이 오순도순 살았었어요. 그 집에선 꼬기가 맘껏 뛰어놀았어요. 공놀이랑 달리기를 벙실벙실했어요. 우당탕탕.

"헤헹." "야아아아아오오오옹."

그 집에선 가끔씩 소고기를 한 점 먹었는데 너무 맛있어서 기분이 좋았어요.

"엄마, 이 고기 너무너무 맛있어용. 더 먹고 싶어요."

그런데 엄마가 "야아아아아아아아아옹오오오오오오옹."("안 돼! 너 살찐다고!")이라고 말했어요.

그래서 꼬기는 "냐······."("힝 더 먹고 싶은뎅······.") 하고 시무룩했어요.

고기를 먹는 날엔 무조건 "더 먹고 싶어요."라는 소리를 했어요.

반면, 꼬기는 야채를 지이이이이이인짜 싫어했지요.

"냐냐냐냐냐야야야야야양오오오오오오." ("엄마, 나 야채는 죽을 정도로 못 먹겠어요.")

그러자 엄마가 "냐아아옹." ("음······. 아! 그럼 야채 먹으면 고기 한 접시 주마!")

그래도 꼬기는 먹기 싫다고 했어요. 야채를 먹을 땐 꼬기는 옆에서 구경만 했어요.

어느 날부턴가 우리 집 앞문에는 고양이 울음소리가 너무 시끄럽다는 민원이 왔어요. 하지만 우리 집 고양이들은 별나서인지 모르겠지만 계속 울어 댔어요.

그래서 참을 수가 없는지 윗집 주인아저씨가 너무 고양이 짖는 소리가 시끄럽다고 찾아왔어요.

"쾅쾅쾅."

"누구세요?"

"저 윗집에 사는 사람인데, 거 참 사람이 시끄럽다고 하면, 어! 조용히 좀 해 주지, 어? 안 그럼 그 고양이 동물보호소에 맡기쇼!"

어느 날, 주인님은 날 동물보호소로 보냈어요.

"냐야야야야아아오오옹."

그러자 주인은 "꼬기야, 미안해."라고 슬프게 말했어요.

꼬기는 슬프게 울었어요.

그리고 며칠 안 되자 엄마가 아기를 낳았어요. 그래서 꼬기는 아주 좋은 동생을 두었죠. 그 동물보호소에서 친구도 많이 사귀고, 그리고 가끔씩 고기를 주어서 좋았대요.

3) 운동하는 뚱뚱이

단순언어 발달지연 아동이 창작한 동화로, 내담자 본인의 나이, 성별, 행동양식, 숫자에 대한 흥미와 최근의 걱정거리, 하고 싶은 것 등이 일기처럼 반영되어 있다.

> 뚱뚱이는 코끼리입니다. 열 살이고요, 남자입니다.
> 뚱뚱이는 과자를 먹는 것을 좋아합니다.
> 그리고 가만히 있는 걸 좋아합니다.
> 오늘도 그냥 가만히 있었습니다.
> 그러다가 배가 고파서 냠냠 과자를 먹었습니다.
> 그런데 갑자기! 뚱뚱이가 진짜로 자기 이름처럼 뚱뚱해졌습니다.
> "어, 깜짝이야! 내가 뚱뚱해졌잖아!"
> 뚱뚱해지니까 몸이 계속 흔들렸습니다.
> 의사 선생님이 말했습니다.
> "과자를 너무 많이 먹어서 그래요."
> 뚱뚱이는 날씬하고 싶었습니다.
> "소화시켜야겠다."
> 뚱뚱이는 데굴데굴 왔다갔다 굴러갑니다. 105바퀴나 돌았습니다.
> 그리고 계속 흔들리니까 날씬해졌어요!
> "이제 쉴 수 있겠네. 과자를 조금만 먹어야겠다. 운동도 해야겠다."
> 뚱뚱이는 제일 재미있어 보이는 수영을 하기로 했어요.
> 첨벙첨벙! 뿌우~! 날씬해진 뚱뚱이는 운동이 재미있어졌어요.

4) 공룡들의 일상

지적장애 아동의 작품으로, 문장 길이가 짧고 표현이 나열적이다. 문장 사이의 연결을 자연스럽게 하기 위해 중재가 필요했고, 5어절 이상의 문장은 주로 어두를 제시하여 문장을 완성하는 방식을 사용했다. 또한 "그래서? 그다음은 어떻게 되었을까?" "뭐라고 말했을까?"와 같이 질문을 통해 이야기 전개를 촉진하여 창작된 동화이다.

우르케가 집에 있다. 우르케의 집은 바위가 많은 동굴이다.

우르케는 가족이 많다. 엄마, 아빠, 삼촌, 할머니, 누나 둘, 할아버지, 형과 동생까지 10명이나 된다. 우르케는 형제들 중에서 넷째다.

우르케는 친구도 많다. 케슈, 오스, 와스, 토스, 셀시 다섯 명과 우르케까지 여섯 명이 가장 친한 친구다. 누구와도 바꿀 수 없다.

우르케와 친구들은 공놀이를 좋아한다. 오늘도 친구들과 공놀이를 하다가 우르케가 공을 머리로 쳤는데 공이 화산으로 날아갔다.

휘이이이이이이이잉~

"어떡하지, 어떡하지!"

친구들이 떨면서 말했다.

사실 공은 우르케의 것이다.

"익룡한테 부탁해서 공을 되찾자."

우르케는 보라색 익룡 아저씨에게 공을 찾아 달라고 부탁했다.

익룡은 화산에 가서 공을 가져왔다. 화산에서는 용암이 튀고 있었다. 익룡은 날아서 용암을 피했다.

그때 화산 아래에 멧돼지가 나타났다. (앞의 일화와 뒤의 일화가 연결되지 않아 이야기를 연결하는 문장을 추가하도록 촉진함.)

멧돼지가 맛있게 생겼다. 사냥꾼이 돌멩이를 던져서 잡으려고 했다. 휘이잉~ 탁! 멧돼지가 맞았다.

그때 우르케가 나와서 사냥꾼을 이기고 멧돼지를 가져갔다.

"멧돼지도 먹고, 사냥꾼도 먹고, 머리카락은 털로 만들 거고, 사냥꾼이 입은 옷은 꿰매서 다시 새 옷으로 만들 거야."

우르케의 집 앞에서 파티가 펼쳐졌다.

우르케의 친구들이랑 익룡 아저씨도 파티를 즐겼다.

"워워워어! 다이노 포스~ 다크 문~"

파티는 오랫동안 계속되었다.

5) 어쩌다 보니 술래잡기

뇌병변 아동이 만든 동화로, '찾기'와 '갔다가 돌아오는 것'의 구조를 취하고 있다. 편마비로 인해 소근육 운동이 필요한 내담자이므로, 그림 대신 종이 오리기, 종이접기, 클레이 등으로 시각적 표현하기를 진행하여 그림책으로 완성한 작품이다.

해진이네 집에는 순순이와 토토이가 살고 있었어요.

순순이는 귀엽고 예쁜 햄스터예요. 색깔은 갈색이고 알록달록 줄무늬가 있었어요. 토토이는 핑크색 토끼예요. 둘은 사이좋게 지냈어요.

그런데 어느 날, 토토이가 없어졌어요.

"어? 토토이가 어디 있지?"

순순이는 토토이를 찾으러 해진이 방에 들어갔어요.

토토이가 보이지 않았어요. 의자 밑에도 찾았는데 없었어요.

"토토이! 어딨어?!"

하지만 대답이 없었어요. 부엌하고 화장실을 찾아봤는데 거기도 없었어요. 변기 속에 숨었나 하고 들여다보다가 빠질 뻔했어요.

"어이쿠!"

토토이는 신발장에도 없었어요. 구두 속에도, 운동화 속에도, 장화 속에도, 슬리퍼 속에도 없었어요. 집안에는 토토이가 없었어요.

이제는 도서관에 가 봤는데 거기도 없었어요.

"토토이! 어딨엉~"

이번에는 학교 운동장이랑 놀이터에 찾아가 봤는데 없었어요.

순순이는 뚜벅뚜벅 걸어서 집으로 돌아왔어요.

순순이는 해진이 방에 혹시나 하고 다시 들어갔어요.

"토토이!"

그런데 침대 밑을 둘러보니 토토이가 있었어요.

"순순이! 어디 있었어?"

알고 보니 토토이도 순순이를 찾고 있었어요.

> 어쩌다 보니 서로서로 술래잡기를 한 것 같아요.

6) 단풍잎

컴퓨터의 한글 프로그램에서 클립아트에 있는 그림을 불러와 화면을 구성하고, 선택한 요소들로 동화를 만든 것이다. 그림카드, 타로카드, 주변 사물, 메신저에서 자신이 자주 사용하는 이모티콘이나 최근에 사용한 상태 메시지 등을 활용하여 만드는 랜덤 소재 동화이다.

> 숲에서 나무들이 노래를 부르고 있어요. 그런데 단풍잎이 계속 가사를 틀리네요? 화가나 단풍잎을 주렁주렁 달고 있던 갈색 할아버지 나무가 몸을 흔들어 단풍잎을 모두 떨어뜨렸어요. 가사를 잘못 불러 혼나는 단풍잎의 모습이 안돼 보이네요.
> 하지만 즐거운 노래 시간에 선인장만 졸고 있네요. 그래도 단풍잎은 선인장을 좋아해요. 잔다고 혼내지 않거든요. 근데 불쌍하게도 선인장이랑 단풍잎은 말이 안 통한대요. 불쌍하죠?

7) 개미와 비둘기

랜덤 소재로 동화를 구성하는 과정에서 기존 동화의 이야기 구조를 모방한 사례이다.

> 어느 화창한 봄날 개미가 길을 걷고 있었어요. 그때 물속에 있던 개구리가 장난기가 발동했어요. 그래서 개구리는 개미를 물에 빠뜨렸어요. 그때 비둘기가 산책 삼아 푸른 하늘을 날고 있었어요. 그때 아래를 내려다보니 개미가 물에 빠져 허우적대는 것을 보자 개미를 구해 줘야겠다는 생각이 들었어요. 근데 개미는 자기를 잡아먹는 것인 줄 알고 무서움에 떨었어요. 하지만 자신을 잘 알고 있는 비둘기를 믿었어요. 그때 비둘기가 나무에서 나뭇잎을 하나 따서 개미에게 줘서 다행히 나뭇잎을 배 삼아 타고 땅에 도착했어요. 개미는 고맙다고 몇 번이나 되풀이했어요. 그리고 그들의 우정도 더 두터워졌겠지요?

3. 상담자와 내담자가 함께 만든 동화

1) 뚱뚱이 고봉수와 비실이 구봉수

학교폭력을 주제로 내담자의 짧은 줄거리 서술에 상담자가 이야기 확장을 위한 질문을 통해 구체적인 표현을 촉진한 것이다. 이야기의 개연성 확보, 이야기가 결말을 향해 전개되도록 하기 위해 상담자가 서술에 개입하되, 내담자가 주요 대사와 등장인물의 행동, 결말의 내용을 결정한다.

어느 날, 놀이터에서 뚱뚱이 고봉수가 비실이 구봉수를 또 괴롭히고 있었어요.

"야! 껌 좀 사 와라~ 500원 줄게."

건들건들거리는 고봉수의 말에 구봉수는 쭈뼛쭈뼛 물러섰어요.

"내, 내가 왜? 시, 싫어."

구봉수는 모기소리만 한 목소리로 싫다고 했지만, 그걸 본 고봉수가 인상을 확 그었어요.

"야! 임마! 왜 못 사 와, 임마! 후딱 교문 앞에 문구점 가서 ○○껌 사 와!"

막 휘두르는 두툼한 주먹이 닿으면 아플 것 같아서 구봉수는 비실비실 심부름을 가고 말았어요.

체육시간이 되었어요. 이번 시간은 피구를 해요. 모두가 신나서 제자리에 섰어요. 고봉수와 구봉수는 안쪽 팀으로 시작했어요. 구봉수가 바짝 긴장해 있는데 맞은편에서 고봉수가 구봉수에게 윈기옥을 날렸어요.

"자, 받아라! 윈기옥~"

쑝~ 퍽!

구봉수는 그걸 맞고 인도까지 날아갔어요. 진짜 그만큼 아팠다는 말이에요. 아찔한 머릿속으로 종이 뎅뎅뎅 울렸어요.

"예~ 구봉수 아웃~ ㅋㅋㅋ."

얼굴을 맞고 주저앉은 구봉수를 보고 옆에 친구들이 우습다고 깔깔깔거렸어요. 구봉수는 코피가 나진 않았지만 그만 눈물이 찔끔 났어요.

다음 시간은 창의 체육시간이에요. 태권 체조를 할 건데 다 같이 하는 거라서 구봉수는 조금 걱정이 되었어요. 쉬는 시간 동안 교실 한편에서 살짝살짝 연습을 하는데 고봉수가 씩 웃으며 다가왔어요.

"뭐하냐?"

"어, 나? 태권 체조 하는데?"

"그으래? 근데 그게 뭐냐~ 내가 한 수 가르쳐 주지!"

고봉수가 구봉수를 발로 찼어요. 엉덩이가 너무너무 아팠어요. 친구들의 목소리가 멀어졌어요.

구봉수는 이번엔 아예 지구 한 바퀴를 돌았어요. 정말로, 진짜로 딱 그만큼 아팠던 것 같아요. 온 세상이 빙글빙글 돌아갔죠. 그 순간을 다시 생각해 보면 세상에 색깔이 사라진 것처럼 떠오를 정도였어요. 구봉수는 학교에서 어떻게 집에 왔는지도 기억이 잘 안 났어요.

다음 날 구봉수 엄마가 학교에 나타났어요.

"네가 우리 봉수 때렸니?"

구봉수의 엄마는 웃으며 말했지만 고봉수는 그게 못마땅했어요.

'씨이, 엄마를 불러와? 치사빤스네, 구봉수 겁쟁이가! 그럼 나는 아빠를 불러 주지!'

"아빠~"

"왜 그러니? 어? 선생님! 왜 여기 있어요?"

"어머~ 선생님! 선생님 아들이에요? 이 아이가 우리 구봉수를 때렸다고 해서 왔어요."

알고 보니 고봉수네 아빠와 구봉수네 엄마는 같은 직장에 다니고 있었어요. 고봉수네 아빠는 이야기를 다 듣고는 구봉수에게 사과했어요.

"미안하다 봉수야. 우리 고봉수가 실수를 했구나. 아저씨가 다시는 그러지 않게 잘 타이르고 가까이 가지 않게 할게. 혹시 또 그러거든 꼭 아저씨한테 연락하렴!"

집에 온 고봉수는 아빠에게 혼쭐이 났어요.

"고봉수! 잘못했지? 벌 서! 친구를 괴롭히는 건 나쁜 일이야! 아빠는 네가 친구를 소중히 여기지 못해서 너무 화가 나고 속상해."

"잉, 난 잘못한 거 없다고! 난 시키는 대로 한 것뿐이야! 카메라맨이 시켰어! 그래 가지고 나도 하기 싫어! 근데 하라잖아 감독이. 아니면 나 잘라 버린대!"

다짜고짜 혼을 내던 고봉수의 아빠는 깜짝 놀랐어요.

"누가 시켰다고? 무슨 소리니 그게?"

"유튜버 감독이 시킨 거란 말이에요!"

알고 보니 고봉수는 유튜브에서 인기를 끄는 방법을 배웠던 거였어요. 고봉수는 인기 유튜버가 되는 방법을 알려 준 유튜버의 채널을 보여 줬어요. 거기에는 친구를 괴롭히는 방법들이 정말 많이 올라와 있었어요. '좋아요'와 '구독 수'가 올라갈수록 더 많은 사람이 댓글을 달아 주고, 영상을 올릴수록 더욱더 심한 장난을 찍어 올리라고 응원하는 글이 올라왔어요.

"이 사람이 이렇게 하면 된다고 했어요."

"봉수야, 유튜버가 되고 싶었어?"

"네. 나도 인기 있는 유튜버가 돼서 돈도 많이 벌고, 하고 싶은 거 다 해 보고 싶단 말이에요."

"그래, 봉수야. 아빠가 봉수의 꿈을 몰랐었네. 하지만 봉수야. 유명한 유튜버라고 해도, 해도 되는 일과 하면 안 되는 건 있어. 아주아주 나쁜 범죄자도 유명하긴 유명하잖니? 봉수가 되고 싶은 유명한 유튜버니, 아니면 유명한 범죄자니?"

"유명한 유튜버요."

"그래, 그러면 우리 약속 하나 할까? 아빠가 봉수가 유명한 유튜버가 될 수 있도록 같이 고민하고 도와줄게. 대신에 나쁜 짓들로 '좋아요'와 '구독 수'를 늘리는 일은 하지 않도록 하는 거야. 어때?"

고봉수는 아빠가 도와준다는 말에 너무나 기뻤어요.

어른들은 다 못하게 할 줄 알았거든요.

유명한 어린이 유튜버들의 엄마 아빠를 부러워하고, 멋있다고 생각했는데, 사실은 고봉수의 아빠도 그렇게 멋진 사람이었다는 게 너무나 행복했어요.

그리고 고봉수는 그때까지 같이하던 크루에서 나왔어요.

"나 안 해! 야! 임마! 감독이면 다냐! 나쁜 거나 가르쳐 주고 말이야!"

속 시원하게 일을 때려치웠어요.

그리고 그때쯤 유튜버들의 분위기가 바뀌었어요. 장난이 아니라 왕따나 친구를 괴롭히는 나쁜 장면을 찍어 올리는 유튜브가 손가락질당하기 시작했어요. 몇몇이 낄낄거리며 달아 주던 댓글들이 많은 사람에게 거꾸로 욕을 먹었어요. 고봉수가 있던 크루의 '감독'을 맡던 유튜버는 결국 시청자에게 계속 신고를 당해서 망해 버렸어요. 그걸 보고 고봉수는 가슴을 쓸어내렸지요.

"다시는 그러지 말아야지. 구봉수에게도 미안하다고 한 번 더 사과해야겠어. 요즘도 나만 보면 피해 다니던데……. 어떻게 해야 하지?"

고봉수는 구봉수에게 사과할 방법을 고민했어요.

"음, 내 이야기를 한번 올려 볼까?"

고봉수는 정식으로 시작한 자기 유튜브 채널에 자신이 잘못 생각했던 일들을 올리고, 구봉수에게도 공개적으로 사과했어요.

많은 댓글이 달렸어요. 친구를 괴롭혔다는 것 때문에 욕을 하는 댓글도 많았지만, 또 사과를 하고 잘못을 반성하는 모습을 격려해 주는 사람들도 많았어요. 많은 이야기를 보고 들으면서 고봉수는 앞으로 친구를 괴롭히지 않고 정의로운 사람이 되어서 깨끗한 유튜버가 되기로 다짐했어요. 그리고 좋은 유튜버 친구들과 만나 크루를 만들어서 믿고 보는 유튜버가 되었답니다.

시간이 많이 지난 후에, 고봉수는 공개 사과 영상에 달린 댓글에 '좋아요'를 누르고, 답글도 달아서 댓글 상단에 고정했어요.

bs9: 솔직히 아직 미워. 하지만 그때도 네가 지금처럼 활동했으면 친해졌을지도 모르겠네. 계속 좋은 유튜버가 되어라.
└ bsGo: 고마워.

2) 꼬리가 두 개인 토끼

내담자가 동화창작에 대한 이해가 낮아 주인공 그림을 먼저 그린 후 주인공의 특징을 포함한 에피소드를 만들도록 반구조화한 것이다. 질문과 문장완성기법을 활용하여 이야기 전개하고 있다.

예쁜 토끼는 일곱 살이다.

예쁜 토끼는 꼬리가 두 개다. 그래서 더 예쁘다.

예쁜 토끼는 당근을 좋아한다.

"당근을 먹으면 행복해~ 즐거워~"

예쁜 토끼는 훌라후프를 좋아한다.

예쁜 토끼의 훌라후프는 분홍색, 파란색, 노란색, 초록색, 빨간색…… 알록달록하다. 별무늬도 있다.

예쁜 토끼는 동생 토끼를 좋아한다.

동생 토끼는 꼬리가 하나다.

동생 토끼도 훌라후프를 좋아한다.

그래서 둘이 같이 훌라후프를 한다.

꼬리가 두 개인 예쁜 언니 토끼가 훌라후프를 더 잘한다.

3) 개구리의 구슬

'선녀, 개구리, 구슬, 콩, 별, 막내, 고집을 부렸어요'의 키워드로 동화를 만든 것이다. 상담자가 농부의 역할을 하여 이야기를 진행한다.

옛날 옛날에 고집을 부리는 막내 농부가 살았어요. 막내 농부는 자기 멋대로 안 되니까 짜증을 부리는 버릇이 있었어요.

막내 농부는 쌀을 팔러 다른 농부 집에 갔어요.

"여보시오~ 여기 쌀 팔러 왔습니다!"

그런데 그날따라 쌀이 안 팔렸어요. 그래서 머리를 쥐어뜯은 다음, '아, 다른 집 가서 쌀을 팔아야겠다.' 하고 다른 집에 가서 팔았어요.

돈을 받은 농부는 기분이 좋아졌어요.

농부의 집에 가는 길에는 선녀 집이라는 곳이 있었어요. 선녀 집에는 사람이 없었어요. 하지만 선녀가 산다는 소문이 있었어요.

농부가 선녀 집 앞을 지나갈 때였어요. 어디선가 개굴개굴 소리가 들렸어요.

"여기로 와! 개굴개굴." 농부는 깜짝 놀랐어요.

"개구리가 어떻게 말을 하지?"

농부는 개구리가 오라는 곳으로 갔어요.

우물 속에서 개구리가 헤엄치고 있었어요.

"개구리야, 뭐하고 있니?"

"나는 지금 헤엄치고 있어요."

"왜 거기서 헤엄치고 있어?"

"별 때문에요."

"별이 왜?"

"별이 싫어서요."

"별이 싫은데 왜 우물에 들어가서 그러고 있니?"

"그건 내 마음이죠~"

"그럼 난 왜 불렀니?"

"구슬 주려고요."

"구슬? 웬 구슬이야?"

"선물로 주려고요. 나는 반짝이는 게 싫거든요."

"고마워. 그런데 무슨 구슬이야?"

"개구리의 구슬이에요. 이걸 갖고 있으면 불빛이 나와요."

"오~ 좋은 구슬이구나! 고마워서 어쩌지. 개구리야, 뭐 필요한 건 없니? 내가 줄 수 있는 거라면 줄게."

"농부 아저씨, 고마워요. 그럼 콩을 주세요."

"이런 어쩌지. 나는 쌀밖에 없어."

"농부 아저씨, 그러면 쌀이라도 주세요."

"그래, 알았다. 여기에다가 밥해 먹어라."

농부 아저씨는 개구리에게 받은 구슬을 소중하게 들고 왔어요.

그리고 개구리도 농부 아저씨도 하루하루 사이좋게 살았어요.

4) 호랑이와 강아지 공주

내담자가 이야기를 더 이상 진행하지 못할 때 상담자가 개입하여 역할에 대한 힌트, 대사를 제시하여 이야기 진행을 촉진한다.

옛날 옛날에 강아지 공주가 살았어요.

공주는 왕궁에서 고기를 먹고 있었어요.

그런데 그때 호랑이가 창문으로 와서 강아지 공주한테 "나랑 싸울래?"라고 했어요.

강아지 공주는 호랑이를 보고 놀라서 뒤로 펄쩍 넘어갔어요.

강아지 공주는 고기를 먹다 말고 대답했어요.

"왜?"

"네가 내 고기 뺏어 먹었잖아!"

"아, 미안, 그런데 이 고기가 네 것인지 내가 어떻게 알아?"

"그러니까 우리 밖에서 대회하자. 싸워서 이기는 쪽이 먹기로 하자."

강아지 공주는 생각했어요.

'고기 먹고 싶은데…… 호랑이랑 싸워야 먹을 수 있어. 빨리 준비해야겠다.'

강아지 공주는 요술 지팡이를 엄마한테 받아왔어요.

그래서 빨리 뛰어서 호랑이 있는 데로 갔어요.

"호랑아, 난 준비 다 했어. 너는 준비 다 했니?"

"응. 빨리 싸우자!"

"그래! 그런데 뭐로 싸울래?"

"달리기로 싸우자. 저기 산꼭대기까지 먼저 가면 이기는 거야."

"그래."

강아지 공주와 호랑이가 달리기로 싸운다고 하자 구경꾼들이 왕궁에 왔어요.

모두가 강아지 공주를 응원했어요.

"준비~"

호랑이가 먼저 반칙으로 달려 나갔어요.

강아지 공주가 요술 지팡이로 호랑이를 넘어지게 했어요.

그래서 같이 출발했어요.

"시작!"

하지만 그래도 호랑이가 나무 스물다섯 그루만큼 빨랐어요.

강아지 공주는 뒤에서 따라갔어요.

그래도 이길 수 있다고 생각했어요.

강아지 공주는 호랑이가 가는 길옆으로 나뭇가지를 던지려고 했어요. 그러면 분명 호랑이는 나뭇가지를 물어 오려고 엉뚱한 길로 갈 거라고 생각했어요.

팍!

강아지 공주가 던진 나뭇가지가 멀리멀리 날아갔어요.

그런데 호랑이는 나뭇가지는 안 봤어요. 그냥 지나갔어요.

강아지 공주는 빨리 가고 싶어졌어요. 하지만 다리는 느렸어요.

많이 뛰어서 다리가 아팠어요.

그런데 꼭대기가 보였어요.

"아~ 내가 빨리 갈 수 있겠나? 위험한데? 내가 지는 건가?"

그때!

저 멀리 호랑이 앞에 뭔가 나타났어요. 그건 호랑이보다 더 크고 빨랐어요.

'호랑이 뒤에 누구지?'

강아지 공주는 뛰어가며 생각했어요. 사실 그건 호랑이의 엄마, 아빠였어요.

"이놈! 누가 허락 안 받고 가래!"

"아빠, 엄마, 근데요, 강아지가요, 내 고기를 뺏어 먹었어요."

"뭐? 너 고기 어디서 났어!"

"어...... 사실은...... 이거 강아지 거예요."

"이 녀석! 누가 거짓말하래!"

"죄송합니다......."

호랑이는 아빠, 엄마한테 혼나고 집으로 갔어요.

강아지 공주가 꼭대기에 도착했어요.

"어? 호랑이 어디 있지?"

"와~ 강아지 공주가 이겼다!"

강아지 공주는 기뻐했어요.

강아지 공주는 돌아와서 고기를 맛있게 먹었어요.

부록

[   ]

1) 동화 창작 심리상담 추천 도서

강새로운(2020). 동화치료: 창조적 통합치료. 학지사.

강새로운(2022). 심리상담 동화창작 노트. 한국동화치료연구소.

김효현(2023). 청소년의 자아성장을 위한 문학치료. 학지사.

마곳 선더랜드(2007). 스토리 텔링을 통한 어린이 심리 치료. 한국심리치료연구소.

수잔 페로우(2016). 마음에 힘을 주는 치유동화: 만들기와 들려주기. 푸른씨앗.

정여주(2015). 어린왕자 미술치료: 내면의 샘을 찾아가는 치유여행. 학지사.

2) 동화 창작 추천 도서

루이 스토웰, 메이건 컬리스 글 · 케이티 러벌 그림(2021). 하루에 한 장 생각이 술술 글쓰기 노트. 어스본코리아.

루이 스토웰, 케이티 데이니스 글 · 브라이오니 메이 스미스 그림(2020). 하루에 한 장 상상력 글쓰기 노트. 어스본코리아.

마루야마 무쿠(2015). 스토리텔링 7단계. 토트.

마루야마 무쿠(2020). 대중을 사로잡는 장르별 플롯. 지금이책.

마루야마 무쿠(2022). 같은 소재도 전혀 다른 이야기가 되는 글쓰기 매뉴얼. 지금이책.

앤 위트포드 폴(2017). 그림책 쓰기의 모든 것. 다른.

채인선(2016). 글쓰기 처방전. 책읽는곰.

채인선(2021). 일주일 그림책 수업. 위즈덤하우스.

채인선(2021). 채인선 작가의 이야기 코딩. 위즈덤하우스.

3) 그림책 만들기 추천 도서

다케우치 오사무(2008). 그림책은 재미있다. 문학동네.

도이 아키후미(2015). 시작, 그림책. 안그라픽스.

루이 스토웰 글 · 제스 브래들리 그림(2021). 하루에 한 장 상상력 만화 그리기 노트. 어스본코리아.

몰리 뱅(2019). 몰리 뱅의 그림 수업. 공존.

소피 반 데르 린덴(2021). album[S] 그림책. 시공주니어.

알리키 브란덴베르크(2004). 책은 어떻게 만들까요?. 비룡소.

앤서니 브라운(2011). 앤서니 브라운 나의 상상 미술관. 웅진주니어.

유리 슐레비츠(2017). 그림으로 글쓰기. 다산기획.

이수지(2011). 이수지의 그림책. 비룡소.

페리 노들먼(2022). 그림책론. 보림출판사.

현대어린이책미술관 외 공저(2015). 12시★분. 플랏프레스.

현은자, 김세희(2005). 그림책의 이해 1, 2. 사계절.

현은자, 최경, 윤아해(2012). 즐거운 그림책 쓰기: 그림책 작가를 위한 창작입문서. 학지사.

현혜수 글 · 김소영 그림(2014). 나만의 특별한 그림책 만들기. 풀과바람.

4) 동화와 심리학

김환희(2009). 옛이야기와 어린이책. 창비.

김환희(2019). 옛이야기 공부법. 창비.

김희경(1992). 명작동화의 매력. 교문사.

노제운(2009). 한국 전래동화의 새로운 해석. 집문당.

류혜인(2021). 심리학이 이토록 재미있을 줄이야. 스몰빅인사이트.

박성희(2007). 동화로 열어가는 상담 이야기. 학지사.

박재우(2016). 동화로 풀어낸 심리상담. 학지사.

베레나 카스트(1994). 동화 속의 남자와 여자. 철학과현실사.

베레나 카스트(1994). 어른이 되는 이야기. 철학과현실사.

베레나 카스트(2010). 동화와 심리치료. 열린시선.

베레나 카스트(2015). 동화의 행복법. 영남대학교출판부.

마리-루이제 폰 프란츠(2018). 민담의 심리학적 해석. 한국융연구원.

마리-루이제 폰 프란츠(2019). 창조신화. 한국융연구원.

브루노 베텔하임(1998). 옛이야기의 매력 1, 2. 시공주니어.

슈테파니 추 구텐베르크(2014). 그림형제의 동화약국. 파인앤굿.

오이겐 드레버만(2013). 어른을 위한 그림 동화 심리 읽기 1, 2. 교양인.

오이겐 드레버만(2016). 그림 동화 남자 심리 읽기. 교양인.

이부영(2011). 한국민담의 신층분석(2판). 집문당.

이성훈(2014). 동화치료. 건국대학교출판부.

이성훈(2015). 동화 힐링. 건국대학교출판부.

정운채(2006). 문학치료의 이론적 기초. 문학과치료.

정운채(2009). 설화를 활용한 문학치료 프로그램 개발 연구. 문학과치료.

조은상(2015). 옛이야기와 문학치료. 월인.

지그프리트 브로케르트, 기젤라 슈라이버(2000). 새천년 아이를 위한 마음을 치유하는 동화세계. 종문화사.

지그프리트 브로케르트, 기젤라 슈라이버(2000). 새천년 아이를 위한 마음을 키워주는 동화세계. 종문화사.

페리 노들먼(2001). 어린이 문학의 즐거움 1, 2. 시공주니어.

하인츠-페터 뢰어(2021). 괜찮아. 그건 네 잘못이 아니야. 나무의 마음.

한선아(2005). 한국 전래동화에 대한 해석학적 이해. 한국학술정보.

5) 그림책과 심리학

김세실(2021). 그림책 페어런팅. 한길사.

김수영(2023). 나를 알고 싶어서 그림책을 펼쳤습니다. 책읽는곰.

김영아(2022). 우는 법을 잃어버린 당신에게. 쌤앤파커스.

김영아(2023). 놓치는 아이 심리, 다독이는 부모마음. 쌤앤파커스.

그림책심리성장연구소(2022). 그림책으로 읽는 부모 마음 아이 마음. 학교도서관저널.

그림책심리성장연구소(2023). 그림책으로 배우는 에릭슨의 전 생애 발달. 사우.

참고문헌

강새로운(2018). 마음코딩 동화치료 1-2. 한국동화치료연구소.

강새로운(2019a). 감정식당. 한국동화치료연구소.

강새로운(2019b). 그림 없는 그림 동화. 한국동화치료연구소.

강새로운(2019c). 브레이브는 동물 마을에 살아. 한국동화치료연구소.

강새로운(2019d). 태초에 내가 있었어. 한국동화치료연구소.

강새로운(2020a). 담장을 넘어온 나뭇가지. 한국동화치료연구소.

강새로운(2020b). 돌. 한국동화치료연구소.

강새로운(2020c). 동화치료: 창조적통합치료. 학지사.

강새로운(2022). 심리상담 동화창작 노트. 한국동화치료연구소

권석만(2012). 현대 심리치료와 상담 이론. 학지사.

김강민 외 공저(2022). 옛날 옛날에. 한국동화치료연구소.

김영태(2002). 아동언어장애의 진단 및 치료. 학지사.

김재은, 이근후, 김정규, 박영숙(1991). 이화방어기제검사 실시요강. 하나의학사.

김효현(2023). 청소년의 자아성장을 위한 문학치료. 학지사.

박성수, 김창대, 이숙영(2000). 상담심리학. 한국방송대학교출판부.

배소영, 이승환(1996). 한국 아동의 이야기 산출 연구. 언어청각장애연구, 1, 34-67.

유지원, 유아름, 송다겸, 강다영(2020). 발달적 미술치료. 학지사.

이영자, 박미라(1992). 유아의 이야기 구조 개념의 발달에 관한 기초연구. 유아교육연구, 12(0), 31-51

이영자, 이지현(2005). 유아의 개인적 내러티브와 가상적 내러티브의 구조 발달 양상 및 구성요소에 관한 연구. 유아교육연구, 25(5), 173-206.

이윤주, 양정국(2007). 밀턴 에릭슨 상담의 은유와 최면. 학지사.

정옥분(2004). 발달심리학: 전생애 인간발달. 학지사.

정옥분(2007). 전생애 인간발달의 이론. 학지사.

정운채(2006). 문학치료의 이론적 기초. 문학과치료.

American Psychiatric Association. (1994). *Diagnostic and Statistical Manual of Mental Disorders* (4th ed.). Author.

Applebee, A. N. (1978). *The child's concept of story*. University of Chicago Press.

Bannink, F. (2015). 1001가지 해결중심 질문들[*1001 Solution−Focused Questions: Handbook for Solution−Focused Interviewing*]. (조성희, 신수경, 이인필, 김은경 공역). 학지사. (원저는 2010년 출간).

Denborough, D. (2017). 우리 삶의 이야기, 다시 쓰기[*Retelling the stories of our lives*]. (허남순 역). 학지사. (원저는 2014년 출간).

Detambel, R. (2017). 우리의 고통을 이해하는 책들[*Les livres prennent soin de nous*]. 문혜영 역. 펄북스. (원저는 2015년 출간).

Harris, T. (2020). 아임 오케이 유어 오케이[*I'm OK, You're OK*]. (이영호 역). 이너북스. (원저는 1967년출간).

Hoff, E. (2007). 언어발달 3판[*Language Development*]. (이현진, 박영신, 김혜리 공역). 시그마 프레스. (원저는 2004년 출간).

von Franz, M.-L. (2019). 창조신화[*Schöpfungsmythen*]. (김현진 역). 한국융연구원.

May, R. (1992). *The cry for myth*. Norton.

Pennebaker, J. W. & Evans, J. F. (2017). 표현적 글쓰기[*Expressive Writing: Words That Heal*]. (이봉희 역). xbooks. (원저는 2014년 출간).

Silver, R. (2007). 세 가지 그림심리검사[*Three Art Assessments*]. (이근매, 조용태, 최외선 공역). 시그마프레스. (원저는 2002년 출간).

Silver, R. (2013). 실버 그림검사와 그림 이야기 검사[*The Silver Drawing Test and Draw a Story*]. (조용태, 이근매, 유경미 공역). 시그마프레스. (원저는 2007년 출간).

Walker, S. F. (2012). 융의 분석심리학과 신화[*Jung and the Jungians on myth*]. (장미경 역). 시그마프레스. (원저는 2002년 출간).

Walton, F. X. (1998). Use of the most memorable observation as a technique for understanding choice of parenting style. *The Journal of Individual Psychology, 54*(4), 487-494.

Wright, J. H., Brown, G. K., Thase, M. E., & Basco, M. R. (2019). 인지행동치료[*Learning Cognitive−Behavior Therapy*]. (김정민 역). 학지사. (원저는 2017년 출간).

표준국어대사전 https://stdict.korean.go.kr/main/main.do
한국서지정보유통지원시스템 https://www.nl.go.kr/seoji/

| 치료 도구 |

강새로운(2020). 동화치료게임. 인싸이트.
강새로운(2021). 그림책 돋보기 카드. 인싸이트.

색인

저자 소개

강새로운(Gang Sae Ro Un)
고신대학교 대학원 의과학과 박사 수료
1급 언어재활사, 미술심리상담사 전문가, 놀이심리상담사 수련감독전문가, 독서심리상담사 수련감독전문가
전 해동병원 언어재활사
현 영도통합예술심리발달재활센터장
　한국동화치료연구소 소장

〈강의〉
학지사 에듀 카운피아 〈창조적 통합치료 동화치료〉(2022)
티처빌 〈창조적 통합치료 동화치료〉(2022)
학지사 에듀 카운피아 〈창조적 통합치료 동화치료〉 저자특강(2021)
부산디지털대학교 〈아이가 즐거운 놀이백과〉 실습강의(2019)
고신대 대학원 출강 외 자격강의 및 교육청 워크숍 등

〈저서〉
골인!(공저, 한국동화치료연구소, 2023)
심리상담 동화창작 노트(한국동화치료연구소, 2022)
옛날에 말이야(공저, 한국동화치료연구소, 2022)
동화치료: 창조적 통합치료(학지사, 2020)
그림 없는 그림 동화 시리즈 6권(한국동화치료연구소, 2019)
나의 바오밥 나무 이야기(공저, 좋은땅, 2018)
안녕, 마음 날씨(한국동화치료연구소, 2018)
마음코딩 동화치료 1~2(한국동화치료연구소, 2018)

〈기획〉
옛날 옛날에(공저, 한국동화치료연구소, 2022)

〈교구 개발〉
애착 행동 캘린더(인싸이트, 2023)
조음 마법사(공저, 인싸이트, 2023)
좋은 말 컬러링북(인싸이트, 2022)
인생라면맛집(인싸이트, 2022)
언어게임북 모음팩 & 언어게임북 플러스(인싸이트, 2022)
칭찬 고래(인싸이트, 2022)
그림책 돋보기 카드(인싸이트, 2021)
동화치료게임(인싸이트, 2020)
언어게임북(인싸이트, 2019)
좋은 말 샤워 카드 & 북(한국동화치료연구소, 2018)

인스타그램 https://www.instagram.com/fairy_tale_therapy_
카페 https://cafe.naver.com/fairytaletherapy
블로그 https://blog.naver.com/fairytaletherapy

내 인생의 작가가 되기 위한

동화 창작 심리상담

Fairy Tale Therapy Through Creative Writing

2024년 2월 5일 1판 1쇄 인쇄
2024년 2월 10일 1판 1쇄 발행

지은이 • 강새로운
펴낸이 • 김진환
펴낸곳 • (주) **학지사**

04031 서울특별시 마포구 양화로 15길 20 마인드월드빌딩
대표전화 • 02)330-5114   팩스 • 02)324-2345
등록번호 • 제313-2006-000265호

홈페이지 • http://www.hakjisa.co.kr
인스타그램 • https://www.instagram.com/hakjisabook/

ISBN 978-89-997-2998-0 93180

정가 23,000원

저자와의 협약으로 인지는 생략합니다.
파본은 구입처에서 교환해 드립니다.

출판미디어기업 **학지사**

간호보건의학출판 **학지사메디컬** www.hakjisamd.co.kr
심리검사연구소 **인싸이트** www.inpsyt.co.kr
학술논문서비스 **뉴논문** www.newnonmun.com
교육연수원 **카운피아** www.counpia.com
대학교재전자책플랫폼 **캠퍼스북** www.campusbook.co.kr